社会自由主義国家
ブラジルの「第三の道」

小池洋一
koike yoichi

新評論

まえがき

　2013年6月，翌年にFIFAワールドカップ開催を控えたブラジルでは，サンパウロ市でのバス料金値上げを契機に，全国で反政府デモが起こった。ピーク時には参加者総数100万人を超え，一部では暴動に発展した。デモのスローガンは「ワールドカップよりは貧困撲滅，教育普及を」であった。政府の汚職を批判する声もあった。これに対する日本のマスコミの反応は，「サッカーの国で何故」とか，「BRICsの一国とされてはいるが，まだまだ遅れた国だ」というものであったが，こうした理解は事実に反する。ブラジルでは今世紀に入り分配が改善し，貧困が一定程度解消され，中間層が増加した。政治的には民主化が進み，行政は透明性を高めた。こうした社会変化が政府に対するプロテストを生んだのである。

　この反政府デモから3か月後，アルゼンチンの首都ブエノスアイレスで国際オリンピック委員会総会が開催され，2020年の五輪開催国を決定するための最終プレゼンが行われた。候補国の一つである日本に関する最大の懸念は，福島第一原発事故の問題であった。これに対して日本の首相は「福島原発では汚染水は完全に封じ込められている」と告げ，JOC（日本オリンピック委員会）会長は，「東京は福島から250キロ離れているから安全だ」と語り，「2020東京五輪」を勝ちとった。これらの発言は原発被災者を中心に国内外で反発を招いたものの，オリンピック誘致による経済効果への期待が大々的に喧伝されるなかで批判の声は次第にかき消され，日本では「五輪よりはフクシマの解決を」ということにはならなかった。いったいどちらが「遅れた国」なのであろうか。

　一方，原発をめぐっては，日本経団連会長が「再稼動しなければ日本の産業は空洞化する」とわれわれを恫喝した。消極的な技術革新，積極的な生産の海外移転によって産業空洞化を引き起こしたのは彼らである。一方で日本経団連は国際競争力強化のため武器輸出の緩和を政府に要求し，現実に武器輸出三原

則が見直されようとしている。しかもいま日本の政府と産業界は，ブラジルとの間で原子力協定を結ぼうとしている。ブラジルでは現在2基の原発が稼動しており，1基が建設中である。その技術の輸入元であるドイツは，福島原発事故を契機に脱原発を宣言した。2015年にはブラジルとの原子力協定が期限を迎え，当然ブラジルへの技術輸出も停止すると予想される。日本はそうした間隙を縫って原発技術・設備を売り込もうとしているのである。何と姑息なことか。

日本の政治は著しく劣化している。自民党の復権とともに再び族議員が跋扈し，無駄な公共事業が復活しつつある。震災復興に名を借りた予算の流用も相変わらず野放しになっている。消費税など個人の税負担を引き上げる一方で企業の負担は軽減されている。財政規律はおざなりにされ，政府の債務残高は増加しつづけている。政治家は本来有権者の代理人（エージェント）であり，主権者である国民の利益を代表し，広く公益に沿って行動すべき存在であるが，現実には特定の利権と結びつき，自己の利益を広げようとしている。官僚は本来国民の公僕（パブリック・サーヴァント）であるが，彼らもまた特権を利用して私益を広げようとしている。膨大な政府債務は，政治家と官僚の私益追求の帰結である。

福島原発事故もまた，政官財の癒着のなかで発生した人災である。電力会社と一体となって原子力発電を推進してきた経済産業省は，事故後も原発再稼動に向けて情報を隠蔽し，言論を操作してきた。日本の経産省およびその前身である通商産業省は，後発の国々にとって一つのモデルとされてきたが，いまになってみればその政策の正当性は極めて疑わしい。日本は原子力の偏重によって，再生可能エネルギー分野において，ドイツなどヨーロッパだけでなく中国をはじめとする新興国からも遅れをとることになった。経産省が主導する産業政策の失敗は，地方の産業，商店街，テクノポリスの衰退などを見ても明らかである。文部科学省は原発事故後にSPEEDI（緊急時迅速放射能影響予測ネットワークシステム）の情報を公開せず，結果として多くの人々が放射線量の高い地域に避難してしまう事態を招いたが，これに対して十分な弁明がなされたであろうか。経産省，文科省に限らず，「政府の失敗」は枚挙にいとまがないが，その根幹的な理由は，あらゆる省庁が国民ではなく，自らと関係する産業

界のために働く組織となっていることである。他方で消費者保護のために設立された消費者庁はほとんど機能していない。

　政治家と官僚による国家支配は，ついには特定秘密保護法という世紀の悪法の制定にまで至った。法律に反対する市民のデモに対して自民党幹事長はテロの一種と非難を浴びせた。政権が実質的に任命したNHK新会長は秘密保護法を「決まったものは仕方がない」と容認し，さらに政府に反する報道はできないと語り，果ては報道の編集権が会長にあると発言した。国民の受信料で成り立ち，政治的に中立であるべき公共放送のトップにあるまじき暴言である。「国家の安全」「公の秩序」を理由に，主権者である国民の知る権利が奪われ，言論が封殺される懸念がある。

　企業社会，正確には企業トップマネジメントの劣化も著しい。日本企業はブラジルでのビジネスを活発化させている。あるシンポジウムでは多くの経営者が，ブラジルのルーラ前政権が実施した貧困層への現金給付や最低賃金引き上げなどの政策が，国民の購買力を高め，中間層を広げたと賞賛し，日本企業はその結果生まれたビジネス機会を逃すべきではないと発言していた。浅薄で滑稽な見解である。彼らは日本国内では，内部留保を積み増しする一方で，首切り・労働条件引き下げに躍起になってきた。いまや非正規雇用の割合は4割に迫ろうとしている。政府もまたそれに呼応して労働のフレキシブル化（柔軟化）に向けて制度改革を進めてきた。小泉政権下では2003年，製造業における派遣が自由化されたが，現安倍政権はそれをさらに推し進め，完全自由化を図ろうとしている。その上，事業縮小に伴う解雇を容易にするため，限定正社員制度を導入しようとしている。労働基準法は十分に機能せず，違法使用が横行し，若者を蝕む「ブラック企業」が横行している。雇用の不安定化，賃金のフラット化は，子供に高等教育を与えることを困難にする。年齢に応じて賃金が上昇しなければ教育費を負担できないからである。雇用の非正規化，賃金の抑制による分配の悪化は，需要が奢侈的消費と劣化した消費（ともに輸入品によって充足される割合が大きい）に二分化し，国内生産と雇用を抑制するという悪循環を生んでいる。

国家と企業社会の劣化はブラジルでも見られた。ブラジルでは1930年代以降，輸入代替工業化政策が進められたが，それは国家の強い介入を伴うものであった。長期にわたる過大な産業保護は，生産の非効率性，財政赤字，インフレ，対外債務などをもたらした。政府の強い権限と資金は企業によるレント・シーキング（特殊利益追求）を助長し，腐敗を生み出した。他方で大多数の人々は貧困と飢餓に追いやられた。1990年代以降の経済自由化は，こうした国家介入政策の病弊を一掃することを目的としていた。しかし，市場に過度な信頼を置いた新自由主義政策は，金融危機，経済停滞，失業，貧困，格差拡大などを引き起こした。国家の過度の，あるいは誤った介入が，非効率，不公平，モラル喪失を引き起こしたことは明確であるが，他方で市場が不完全な制度であることもまた事実である。ブラジルのような後発国では，政府と市場のいずれをも社会によって規制し，社会に適正に埋め込む諸政策が不可欠である。実はこれは後発国に限らず，日本にも当てはまることであろう。

　そのような埋め込みを可能にするためには，市場主義，国家主義を超える開発モデルが求められる。英国のブレア政権が目指した「第三の道」はその一つであったが，それは基本的には新自由主義に基づくものであり，新自由主義が引き起こした問題を解決することはなかった。本書で検討するブラジルの「社会自由主義国家」（Social-Liberal State）は，"もう一つの「第三の道」"とも呼ぶべき開発モデルである。それは，イノベーションを通じて経済をグローバルな市場に統合する一方で，教育や社会保障などの社会政策，科学技術政策を国家が担う経済体制である。国家は引き続き社会政策，科学技術政策の資金の大半を支出するが，それらの実施は「社会組織」（social organization）と呼ばれる非政府・非営利組織に委ねられる。行政は市民社会に奉仕する機関とされ，財政規律，効率性，透明性などが重視され，各レベルの行政府に対して財政の均衡を求める財政責任法が制定されている。間接民主主義を基本としながら，国民投票，参加型予算など市民の政治参加が制度化されている。経済自由化に伴い市場の役割は強まったが，企業セクターは社会的責任を強く求められている。こうした国家・市場セクターに加えて，協同組合，労働者自主管理企業などの連帯経済（solidarity economy）の活動が広がっており，政府がそれを支援して

いる。
　つまりブラジルは，市場か国家かという従来の二項対立的な議論を超えて，市場，国家，市民社会からなる多元的な経済制度を追求し，そのための具体的で革新的な制度を多数生み出しているのである。世界中で国家と市場が失敗を繰り返すなかで，ブラジルの挑戦は，開発途上国だけでなく日本を含む先進国の経済政策，制度設計にも多くの示唆を与えるものと言える。

　本書は三つの部分から構成される。まず第1章では，ブラジルの開発政策の変遷と「社会自由主義国家」の枠組みを議論する。つづく第2章～4章では，「社会自由主義国家」を支える諸制度を論じる。具体的には，参加型予算，連帯経済，CSR（企業の社会的責任）である。最後に第5章～7章では，「社会自由主義国家」の経済的基盤となる諸政策を議論する。ブラジルの産業政策と科学技術・イノベーション政策，労働政策を，持続的で公正な成長という観点から論じる。また，しばしば都市政策の成功例として取り上げられるクリチバ市を事例に，その虚実を含め，社会的包摂の観点からブラジルの都市政策を検討する。
　本書の目的は，ブラジルの「社会自由主義国家」への挑戦を紹介することにとどまるものではない。ブラジルで進められている国家改革の経験から，日本の改革に生かすべき教訓を学ぶことをも目指している。読者のなかには，後進国ブラジルから学ぶことなどあるのかと訝る向きもあるかもしれない。確かにこれまで，ブラジルは決して学ぶべき対象ではなかった。「日本のブラジル化」と言った場合，それは日本における貧困と格差の拡大，犯罪の増加などを意味していた。しかし，筆者はいまや積極的な意味で「日本のブラジル化」が求められていると考える。もちろんブラジルはまだ改革の途上にあり，制度にはいまなお欠陥もある。幾多の社会問題はすべて解決されたわけではない。にもかかわらず，参加型予算，連帯経済，イノベーション政策，労働政策，都市政策など，ブラジルが果敢に続けている挑戦からわれわれは多くを学ぶことができる。そして何よりも，「社会自由主義国家」における国家，市場，市民社会の関係性は，現在の日本にとって非常に示唆に富むものである。国民主権がこれ

までになく蔑ろにされているいま，政治，経済，社会のあらゆる局面において主権を取り戻す営為が必要である。ブラジルの「社会自由主義国家」の像は，そのための重要なモデルとなると確信している。

社会自由主義国家 ❖ 目次

まえがき ………………………………………………………………… 1

第1章　社会自由主義国家：多元主義的経済社会に向けて …… 15

はじめに ………………………………………………………………… 16
1．国家の失敗，市場の失敗 ……………………………………… 17
　（1）国家の失敗 …………………………………………………… 18
　（2）市場の失敗 …………………………………………………… 20
2．社会自由主義国家の可能性と課題 …………………………… 25
　（1）ブレッセル・ペレイラの社会自由主義国家論 …………… 25
　（2）社会自由主義国家の制度 …………………………………… 27
　（3）国家と市場を社会に埋め込む ……………………………… 32
3．イノベーションと社会的公正 ………………………………… 36
　（1）イノベーション ……………………………………………… 36
　（2）労使関係の柔軟化と制限 …………………………………… 38
　（3）社会的公正 …………………………………………………… 39
むすび …………………………………………………………………… 44

第2章　参加型予算：国家を社会的に統治する ………………… 47

はじめに ………………………………………………………………… 48
1．国家改革における参加型予算の意味 ………………………… 50
　（1）広がる参加型予算 …………………………………………… 50
　（2）参加型予算の普及の背景 …………………………………… 52
　（3）参加型予算の類型 …………………………………………… 56
2．参加型予算の仕組み …………………………………………… 58
　（1）ポルトアレグレ：住民の熟議による参加型予算 ………… 58

（2）ベロオリゾンテ：管理された参加型予算 …………………… 62
　　3．参加型予算の成果と課題 ……………………………………… 68
　　（1）参加型予算の成果 …………………………………………… 68
　　（2）参加型予算の問題点と課題 ………………………………… 69
　　（3）参加型予算と民主主義 ……………………………………… 72
　むすび ………………………………………………………………… 73

第3章　連帯経済：新しい経済を創る ……………………… 75

　はじめに ……………………………………………………………… 76
　　1．連帯経済の発展 ………………………………………………… 78
　　（1）生存戦略としての運動：連帯経済前史 …………………… 78
　　（2）国家連帯経済局（SENAES）の設立 ……………………… 80
　　（3）SENAESによる連帯経済の定義 …………………………… 81
　　2．連帯経済の組織形態と活動 …………………………………… 84
　　（1）連帯経済情報システムによる実態調査 …………………… 84
　　（2）連帯経済の主要な形態 ……………………………………… 88
　　3．連帯経済と公共政策 …………………………………………… 93
　　（1）連帯経済の支援体制 ………………………………………… 94
　　（2）連帯経済の支援政策 ………………………………………… 95
　　（3）連帯経済基本法案 …………………………………………… 99
　むすび ………………………………………………………………… 102

第4章　CSR：企業を社会的に統治する ………………… 105

　はじめに ……………………………………………………………… 106
　　1．CSRと企業の社会的統治 ……………………………………… 108
　　（1）CSRの範囲 …………………………………………………… 108

（2）ステークホルダーの範囲 ……………………………………………… 110
　　　（3）企業統治から社会的統治へ …………………………………………… 112
　　2．ブラジルにおけるCSRの発展と制度 ……………………………………… 113
　　　（1）CSRの歴史 ……………………………………………………………… 114
　　　（2）社会会計 ………………………………………………………………… 115
　　　（3）社会環境証券取引所 …………………………………………………… 118
　　　（4）社会的責任投資 ………………………………………………………… 120
　　3．CSRによる企業の社会的統治 ……………………………………………… 122
　　　（1）社会貢献活動 …………………………………………………………… 122
　　　（2）ステークホルダーの範囲拡大と企業統治 …………………………… 124
　　　（3）企業の社会的統治のための制度 ……………………………………… 126
　　むすび ……………………………………………………………………………… 129

第5章　社会的イノベーション：経済発展と社会政策の両立 … 131

　　はじめに …………………………………………………………………………… 132
　　1．産業政策とイノベーション ………………………………………………… 133
　　　（1）輸入代替工業化政策 …………………………………………………… 134
　　　（2）経済自由化と産業政策の不在 ………………………………………… 136
　　　（3）開発主義とイノベーション政策 ……………………………………… 137
　　2．産業クラスターと地域開発 ………………………………………………… 139
　　　（1）地域生産アレンジメント ……………………………………………… 141
　　　（2）リオグランデドスル州におけるAPLs支援政策の実例 …………… 145
　　　（3）生産チェーン …………………………………………………………… 148
　　3．社会的イノベーション ……………………………………………………… 151
　　　（1）社会的イノベーションの定義 ………………………………………… 151
　　　（2）産業開発と社会的イノベーション …………………………………… 153

（3）社会的デザイン ……………………………………………… 154
　むすび ……………………………………………………………………… 156

第6章　労使関係：経済自由化に伴う制度改革 …… 159

　はじめに …………………………………………………………………… 160
　1．統合労働法と労使関係 ……………………………………………… 161
　　（1）統合労働法の基本的な枠組み ………………………………… 161
　　（2）労使関係への国家管理の強化 ………………………………… 163
　　（3）統合労働法と経済成長 ………………………………………… 166
　2．経済自由化による労働市場の変化 ………………………………… 168
　　（1）雇用の停滞と失業率の上昇 …………………………………… 168
　　（2）雇用のインフォーマル化 ……………………………………… 171
　　（3）工業部門における雇用のグリーン・フィールドへの移動 … 173
　　（4）知識労働の需要拡大 …………………………………………… 174
　3．労使関係の柔軟化と制限 …………………………………………… 174
　　（1）労使関係への経済グローバル化の影響 ……………………… 175
　　（2）社会的負担の軽減 ……………………………………………… 176
　　（3）雇用の柔軟化 …………………………………………………… 178
　　（4）労働組合改革 …………………………………………………… 180
　　（5）労働基準監督の強化 …………………………………………… 182
　むすび ……………………………………………………………………… 184

第7章　社会都市：クリチバの都市政策と社会的包摂 …… 187

　はじめに …………………………………………………………………… 188
　1．クリチバ市の発展と都市計画の歴史 ……………………………… 189
　2．公共交通政策 ………………………………………………………… 192

（1）公共交通システムとゾーニング …………………………… 193

　　　（2）公共交通と社会的包摂 ………………………………………… 196

　　3．住宅政策 ……………………………………………………………… 198

　　　（1）ファベーラ対策 ………………………………………………… 198

　　　（2）工業都市 ………………………………………………………… 200

　　　（3）住宅政策と社会的包摂 ……………………………………… 202

　　4．社会政策 ……………………………………………………………… 204

　　　（1）貧困・飢餓政策 ………………………………………………… 204

　　　（2）青少年政策 ……………………………………………………… 206

　　　（3）母子衛生・社会扶助政策 …………………………………… 207

　　　（4）社会政策と社会的包摂 ……………………………………… 208

　　5．市民の政治参加と社会的包摂 ……………………………………… 210

　むすび …………………………………………………………………………… 212

　あとがき ………………………………………………………… 215
　参考文献 ………………………………………………………… 218
　索引（人名／事項／略号一覧）

社会自由主義国家

ブラジルの「第三の道」

小池洋一

ブラジル全図

第1章　社会自由主義国家：多元主義的経済社会に向けて

はじめに

　1970年代後半以降，開発の制度をめぐる議論は，国家の役割を強調するケインズ主義から市場の優位性を主張する新自由主義へと大きく変化してきた。国家が公共事業，福祉，所得再分配政策を担うケインズ主義的福祉国家は，経済成長の停滞と財政破綻によって維持が困難となり，民営化，規制緩和などを内容とする新自由主義的諸政策を経た「小さな政府」への転換が世界中で進んだ。それによって実現した経済自由化，市場化は経済のグローバル化を促した。しかし，国家と同様，市場もまた多くの失敗を犯してきたのであり，経済グローバル化がそのような「市場の失敗」を拡大し，深刻化させたという一面もある。通貨・金融危機，失業の増加，分配の悪化，環境破壊などがその例である。市場原理に依存した政策運営もまた限界に直面していると言える。国家は，市場の放恣を規制するよりも，市場に対抗する勢力を抑圧する制度と化した。
　市場と国家の失敗を抑制するためには，市場と国家が相互に牽制・規制しあうシステムを構築することに加えて，新たな原理，新たな制度としての市民社会やコミュニティの活動領域を広げていく必要がある。それは単に民主主義，福利厚生といった政治的・社会的意味だけではない。市民社会，コミュニティが強固になるには，経済基盤もまた強化されなければならない。地域の住民が，政治的にも社会的にも経済的にも自己決定権と能力をもつ必要がある。社会（市民社会＋地域コミュニティ）は，行政に対しては効率性を高め有用なサービスを提供するように，市場（企業）に対しては質の高い商品・サービスを提供し，反社会的な行動をとらないように見守ることで，国家と市場を規制する制度を構築する必要がある。さらに進めて，国家と市場を市民社会やコミュニティに埋め込む努力をする必要がある。
　ブラジルでも，非効率な投資，腐敗などの「国家の失敗」が財政破綻を引き起こした。財政赤字はインフレを招き，社会に災禍をもたらした。その帰結としてブラジルは経済自由化へと開発政策を転換したが，それは一定の経済安定化を実現した一方で，通貨危機，失業の増加，雇用のインフォーマル化をもたらした。国家の後退が行政サービスを縮減させ，市場競争の激化によって，企

業はもちろん人々の私益追求行動が強まった。その結果，社会には対立と暴力が増大した。

　他方で，ブラジルでは，市場と国家を市民社会，ないしはコミュニティの原理・制度によって規制しようとする試みも行われてきた。有名な参加型予算は，市民が予算編成に参加し決定していく制度であり，地方自治を実現する試みである。ブラジルではまた企業の社会的責任が重視され，企業は労働者，消費者，地域社会などに対する責任を果たすよう求められるようになった。さらに，企業倒産や失業が増大する経済困難のなかで，ローカルなレベルで，協同組合，労働者自主管理企業などによる連帯経済が立ち上がっている。これらの制度は，国家と市場に対抗し，市場でもなく国家でもない新たな経済を創造し，市民社会・コミュニティの活動領域を拡大する試みである。市場化が生み出したグローバル化や，国家の市場への隷属という事態に対抗して，政治，経済，社会のあらゆる領域におけるローカルなものを強化する試みでもある。

　それは国家と市場が主であった開発の制度に，新たに「市民社会」を参加主体として加えた多元主義的な国家，あるいは多元主義的な経済社会を目指す動向と言える。ブラジルではそうした国家を社会自由主義国家（Estado Social-Liberal, Social-Liberal State）として捉え，さまざまな政策を実行しつつある。この章は，国家主義的・市場主義的開発とその失敗を越えて，ブラジルが試みる社会自由主義国家の可能性と課題を探ることを目的とする。

1．国家の失敗，市場の失敗

　ブラジルでは長らく国家が開発の中心的な制度であったが，1990年代にその地位は後退し，市場が中心的な制度となった。しかし，国家，そして市場のいずれも，開発の中心となることを通じて，社会にさまざまな災禍をもたらしてきた。国家と市場が社会を侵食，蚕食してきたと言える[1]。

---

1) 開発の制度としての国家と市場に関する包括的な議論については小池・西島［1997］；西島［2011］を参照。

(1) 国家の失敗

　ブラジルでは1930年代以降，国家の強い介入に基づく開発政策を展開してきた。1950年代以降は，世界銀行など国際機関のサポートと海外からの直接投資により，輸入代替工業化を進めた。その結果ブラジルはフルセット型と言っていいほど多様な工業をもつに至ったが，国家による過度で広範な市場介入は結果的に資源の浪費と非効率な資源配分をもたらした。高率な関税で保護され，厚い恩典を与えられた工業製品は，価格が高く品質で劣った。工業保護は税収の減少と支出の増加によって財政赤字の要因になった。

　理論的には，規模の経済，不完全競争（独占，寡占），不完全情報，取引コスト，外部経済などが存在する場合，市場機能を高めるため，国家が市場に介入することが正当化される。たとえば市場が機能するには輸送，通信，金融などの制度を必要とするが，これらが欠如あるいは不足する場合，国家がそれらを整備する必要がある。つまり国家は市場を創造する役割をもつ。教育，医療などの社会政策も国家の重要な役割である。それらが不十分であれば人々の健康や労働能力が失われ，経済活動が損なわれるからである。所得の再配分も国家の役割である。公正な所得配分は単に倫理的な理由からのみ重要なわけではない。分配の不公正は多くの人々を社会的に排除し，能力の活用を困難にさせるばかりか，社会的対立と暴力を引き起こし，政治的な不安定の原因となり，一貫性をもった経済政策の実施を困難にさせる。

　しかし，国家の介入が常に成功する保証はない。計画経済の失敗が示しているように，国家が経済活動を完全に把握し運行するのは困難である。国家は社会の需要を完全に把握し，生産要素を含めて供給を100％統制することはできない。国家は「神の手」にはなれないのである。また，国家の過度に強力な介入は規律の欠如ないし不足をもたらす。ブラジルでも国家の強い介入は，国家と関係を結ぶことにより利益を得ようとする行動，すなわちレント・シーキング（特殊利益追求）を生んだ。国家が恩恵をふりまき，民間がそれに取り入るというクライエンテリズム（恩顧主義）が社会を支配した。「企業にとって，工場で10％生産性を上げるよりも，大臣室で10分待つ方が大きな利益を生む」というのは，ブラジルの有力な民族系企業グループ「ゲルダウ」の経営者 J. G.

ヨハンピーターの言葉である。つまり，この時期のブラジルの企業にとっては，政府と好ましい関係をもつことがビジネス成功の鍵であった。

　他方で，国家の強い介入は政治家と官僚に大きな利権をもたらし，それは腐敗の要因となった（エージェンシー問題）。本来委託者（principle）である有権者あるいは市民の代理人（agent）であるべきはずの政治家が，特定のグループないし階級の代理人と化し，政府と彼らを繋ぐことによってコミッション（手数料）を稼ぐ存在となった。また，本来は国家に奉仕し公益を実現する存在であるはずの官僚・テクノクラートが，時に公益に反する私益（金銭，名誉，権限など）をもつに至った。彼らは政治家と異なり選挙の審判を受けない。ブラジルでは，とくに上級職の場合，官僚は大統領などによって任命を受ける。任命制は，政権交代というスクリーニングを受けることや，所属官庁の利益を保全する保守的な行動を抑制するという利点があるが，任期中に私益の最大化を図る行動を助長してしまう面もある。政治家，官僚・テクノクラートの機会主義的な行動は，無用な公共投資，人件費支出，腐敗による公金の漏出などを引き起こした。それは一方で政府支出を肥大化させ，財政赤字と，それを重要な要因とするインフレを引き起こした。他方で，国民に還元されるべき政府支出を減少させ，国民の生活水準を低めた。

　このようにブラジルでは，「国家」が多くの失敗を犯してきたのは事実であるが，これについては多面的な検討が必要であろう。先に述べたように，市場が有効に機能していないとか，そもそも市場が欠如あるいは不足している場合，市場を創造したり，市場機能を高めるためになされる国家の介入は正当化される。ブラジルの輸入代替工業化が十分な成果を挙げられなかった理由は，国家が長期にわたって過度に介入したことである。政治・官僚組織と民間セクターの分離は，国家による適切な経済・産業政策が実行される条件であるが，ブラジルではそうした条件がなかった[2]。また，ブラジルの輸入代替工業化は，

---

2) エヴァンスは東アジアの開発が成功した理由として，政府が民間セクターとの濃密なコミュニケーションに基づき産業政策を実行する一方で，民間セクターの利害と国家の利害を分離していたことを挙げ，これを「埋め込まれた自律」（embedded autonomy）という概念で説明している（Evans [1995]）。

1970年代の債務累積と80年代初めのデフォルト（債務不履行）によって終焉するが，これらはブラジルの開発政策の失敗に一方的に帰せられるべきではなく，73年の石油ショックに伴うオイルダラーの還流，そして80年代初めのレーガノミクスによる金利上昇にも起因しているのである。対外債務による資源開発と輸入代替工業化の強化は，首尾よく運べばブラジルに多額の外貨と工業化の進展をもたらすはずであった。それはすべて叶わなかったが，現在成長著しい深海油田開発，セラード（サバンナ）農業，エタノール，鉄鋼，航空機，石油化学などの産業もやはり，輸入代替工業化政策に大きく依存しているのである。

輸入代替工業化期の成長率は他の時期と比べても概して高い。投資率も，効率性の問題があるにしても，他の時期に比べて高い（図1-1）。労働生産性（被雇用労働者1人当たりのGDP）をみても，一貫して低い水準にあるとは言え，1960～70年代の輸入代替工業化期は比較的高い。構成要素ごとの労働生産性成長率への寄与率をみると，資本の増加だけではなく，低率ながら技術進歩があったことがわかる（表1-1）。

したがって，ブラジルが必要としているのは，「国家の退場」ではなく，産業の進歩を促すような適切な産業政策，経済の安定を可能にする財政規律，民間セクターとの関係における規律の維持，すなわち「国家の適量の介入」なのである。

(2) 市場の失敗

ブラジルはこうした「国家の介入の失敗」の時代を経て，1990年代には輸入代替工業化から，市場原理に基づく経済自由化へと大きく転換した[3]。国家の介入は排除され，貿易自由化，金融自由化，民営化，規制緩和など一連の経済自由化政策が，急激かつ広範囲に実施された。関税は大幅に削減され，輸入に課せられていた量的制限（非関税障壁）は取り除かれた。金融取引，直接投資や，海外への配当・ロイヤルティ（技術使用料）の送金も基本的に自由化され

---

3) ブラジルの経済自由化については西島・浜口［2010］参照。

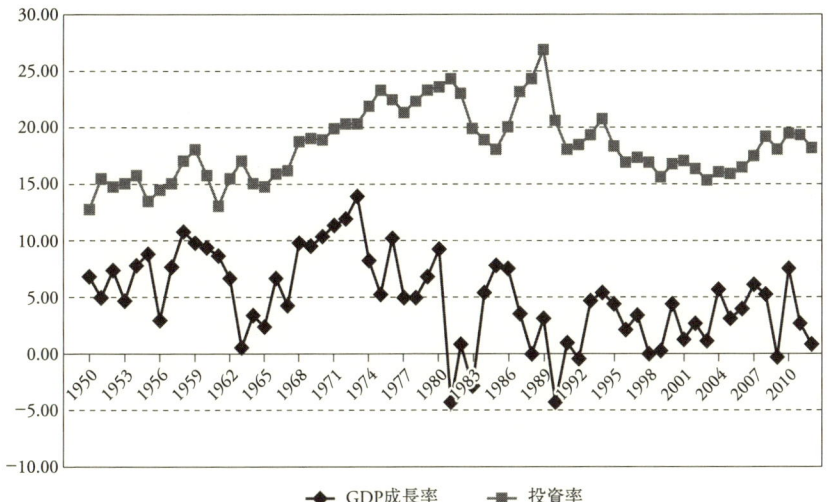

図 1-1 ブラジルの GDP 成長率と投資率の推移

出所：IPEA Data から作成（原資料は IBGE）。

表 1-1 労働生産性成長率と要素ごとの寄与率

	各成長率と労働生産性成長率への寄与率(%)		
	労働生産性	労働者当たり資本	全要素生産性
1961-1970	3.5 (100)	1.9 (55)	1.6 (45)
1971-1980	4.8 (100)	2.7 (58)	2.0 (42)
1981-1990	−0.9 (100)	−0.3 (−28)	1.2 (128)
1991-2000	0.7 (100)	0.4 (54)	0.3 (46)
2001-2012	1.2 (100)	0.4 (31)	0.8 (69)

出所：Bonelli e Fontes［2013］。

た。特定産業への参加を制限する外国企業への差別的な待遇や，自国の農業，中小企業などへの優遇的な金利は廃止された。多くの国営企業が民営化され，民営化への外国企業の参加も自由化された。こうした一連の自由化政策は，経済を市場に委ねれば，価格メカニズムが機能することにより資源が効率的に配

第 1 章 社会自由主義国家：多元主義的経済社会に向けて　21

分され，経済全体の効率性が高まり，厚生と公正がともに実現できるという，新自由主義の教義に基づいて実施されたものである。

ブラジルにおいて新自由主義に基づく経済政策がとられたのは，直接的には対外債務救済の条件（コンディショナリティ）として経済自由化を強制されたためである。1980年代にはケインズ主義が後退し新古典派経済学が優勢となり，もはや開発における国家の役割は終焉したという主張が主流となった。新古典派により，60～90年代の東アジアの成功は経済を市場に委ねる輸出指向型工業化政策によるものと喧伝され，ラテンアメリカ諸国に対しても比較優位に従った開発政策の実行が奨められた。ブラジルは，経済危機は他のラテンアメリカ諸国ほどは深刻ではなかったため，初めは徹底した経済自由化政策を実行しなかったが，1990年以降は貿易自由化，資本自由化，民営化，規制緩和などを相次いで打ち出した。

しかし，新自由主義が唱道する市場機能の実現には多くの障害が伴っている。新自由主義はあらゆる国，地域で合理的な経済人が存在し，また彼らには完全情報が与えられていると仮定するが，現実にはそうした条件は多くの国で成立しない。先に述べたように，規模の経済，取引コスト，外部経済がある場合には，市場を通じての最適な資源配分は実現しない。公共財も市場によっては供給されない。そのような場合，市場メカニズムは公正な所得配分を保証しない。こうした市場の失敗は，ブラジルのように市場が不完全で，経済力と情報が偏在している国では，より深刻なものとなる。翻って，失業の蔓延，リーマンショック後の停滞などをみると，先進国においてすら市場は十分には機能していない。極端に言えば，市場は国家の救済によって生きながらえている。「東アジアの奇跡」も，アムスデンやウェードが言うように，国家が市場を「正しく歪めた」結果である（Amsden［1989］; Wade［1990］）。

開発の初期段階には，市場が有効に機能するための制度基盤の整備において，国家の役割は決定的に重要である。また著しい社会格差が存在する国や地域でも，国家の役割は重要となる。ブラジルの場合，経済発展とともに市場の諸制度が整備されてきたが，輸送，通信，金融などの整備や，独占・寡占の規制などにおいて国家の役割はいまだ大きい。ブラジルにとってより重要な問題は，

土地，教育，金融，情報へのアクセスにおける著しい格差の存在である。こうした機会の偏在がある場合，そこから排除された人々は経済合理的な行動ができない。例えば，貧困層は，教育が高い収益率を生むことは理解していても，目先の収入を獲得するために自らの，あるいは子弟の教育機会を断念せざるを得ない。零細企業は資金不足のためにビジネス機会を享受できない。他方で富裕層，大企業は金融や情報における優位を利用して，より大きな利益を得ることができる。それらの層は，金融や情報の有利性を得るために国家に取り入り，格差が一層拡大するかもしれない。

　また，貿易自由化により，ブラジルの鉱物，農産物など一次産品の輸出は飛躍的に増加し，多額の貿易黒字を生み出したが，それは多額の資金流入と相まって為替を引き上げ，工業製品の流入を招いている。とくに中国など東アジアからの労働集約的製品の流入は国内製造業に大きな打撃を与えた。製造業の衰退によって投資率は低下し，労働生産性も低迷した（前出図1－1，表1－1）。一次産品の輸出により製造業が衰退し，失業率が高まる「オランダ病」が指摘された。さらに，金融の自由化はマクロ経済の不安定性の要因になった。1994年に実施された経済安定化政策「レアル・プラン」は，為替の固定と高金利政策を主な手段としていたが，為替の過大評価がヘッジファンドによる投機を増長し，1999年には通貨危機を引き起こした。

　加えて，多額の利潤をはじめとする要素所得の支払いは国際収支の不安定要因になっている。かつて輸入代替工業化期には一定率に制限されていた利潤送金が自由化されたことで，海外送金が多額にのぼっている。ロイヤルティの支払いも，以前は認められていなかった親会社への支払いが自由化され，多額の送金がなされている。ブラジルを含め新自由主義的自由化政策をとった多くの国は，直接投資，技術移転のためには規制の撤廃が必要であるとの認識に立って，利潤やロイヤルティの送金に限らず，果ては労働規制，環境規制まで緩和している。こうした言わばソーシャル・ダンピング競争は，投資受入国に不利益をもたらす危険がある。

　こうした市場の失敗による経済の停滞と市場競争の激化は失業を増加させた。産業は競争力向上を目指して合理化を進め，多数の労働者が職場から追われた。

とりわけ正規雇用は切り捨てられ，非正規雇用に代替された。景気は変動を繰り返したが，失業率は一貫して上昇し，また非正規雇用人口が増大した。1980年代に6％程度であった失業率は，90年代に10％台にジャンプした。90年代初めに60％であったブラジル大都市圏の正規雇用（労働手帳保有者）の割合は，2000年代初めには50％まで減少した。市場経済化は，産業が競争力を向上させ，それを通じて雇用を創出する以前に，雇用を減退させるのである。資金・技術不足などの市場制約のため，成長産業は容易には立ち上がらず，衰退した産業から排出された労働力はなかなか吸収されない。また，たとえ成長産業が立ち上がったとしても，それが必要とする労働力は，衰退産業から排出された労働力では必ずしもない。こうして失業は構造的なものとなる。

　新自由主義は，競争による淘汰を通じて社会が進歩するという社会的ダーウィニズムの考え方に立つが，競争一般が必ずしも資源配分の効率性を上昇させ，社会を進歩発展させるという保証はない。競争はしばしば短期的な視点に立ったものになりがちである。短期的に利益最大化を図る競争はむしろ，研究開発，教育，環境への配慮など，社会の持続的な発展にとって不可欠な行動を抑制する可能性がある。加えて，社会格差が大きいブラジルでは，競争は多くの人々を社会から排除し，人々の間に嫉妬，憎しみ，対立などの感情を醸成する。それはしばしば犯罪などの暴力となって現れる。競争がもたらす対立は，人々が協力して問題を解決するための場，すなわち公共空間を衰弱させると言える。

　これまで開発の制度をめぐる議論は，市場か国家か（State or Market）という二者択一に偏っていた。しかし，開発に成功した国々の経験は，市場と国家の適正な組み合わせと調整による経済運営が重要であることを示している。市場と国家を対立的なものではなく相補的なものと捉えて開発の枠組みを考える必要がある。さらに言うと，開発の制度は市場，国家に限定されない。市場でもなく国家でもない第三セクターもまた開発の担い手になりえる。ブラジルでは協同組合，労働者自主管理企業，アソシエーションなどが活動領域を広げており，開発は市場，国家，市民社会の三者による共同作業になりつつある。

　経済発展の過程は，直線的でも単線的でもない。それぞれの国の歴史的，社

会的経緯を背景として多様な発展パターンが存在しうる。ブラジルは，自らの歴史的，社会的な条件を考慮し，またこれまでの国家の失敗，市場の失敗を踏まえて，新たな開発と制度の創造を試みている。

2. 社会自由主義国家の可能性と課題

ブラジルが創造しつつある開発の新たな枠組みは，市場，国家，市民社会という三つの制度から構成され，それら三つが相互に協同，牽制しあう多元主義的な経済社会，すなわち社会自由主義国家である。

（1）ブレッセル・ペレイラの社会自由主義国家論

1990年代半ばに誕生したカルドーゾ（F. H. Cardoso）政権（1995～2012年）は，前述のレアル・プラン（前政権でカルドーゾが蔵相時代に実施した）を継続し，経済安定化を実現したが，それと引き換えに対外不均衡と国内景気の停滞を引き起こした。失政の根底には市場への過度の信頼があったが，カルドーゾ政権はすべての領域を市場に委ねたわけではなかった。カルドーゾが求めたのは市場，国家，市民社会から構成される多元的な経済社会，すなわち社会自由主義国家であった。社会自由主義国家は，カルドーゾの盟友であり，初代行政改革省長官となったブレッセル・ペレイラ（Bresser Pereira）が示した国家概念である。ブレッセル・ペレイラによれば，社会自由主義国家とは，経済成長と社会的公正を同時に実現する国家である。社会自由主義国家では，国家でも市場でもない第三セクターの役割が重視される[4]。

社会自由主義国家においては，国家は市民のための制度として存在する。そこでは主権者は国民であって，政治家でも官僚でもない。政治家は有権者を代表し法を作成し，その執行を監視する代理人（agent）である。官僚は法に基づき行政を執行する公僕（public servant）であり，国家は，主権者である国民に

---

4)「市場，国家，市民社会から構成される多元的な経済社会」は，内橋克人が議論してきた社会像と重なり合う。内橋は市民社会セクターの活動を共生経済と呼んでいる（内橋［1995］）。

与えられた社会的権利を保証し，それが実現されるよう職務を行う義務を負う。社会自由主義国家においては，市場向けの財，サービスの生産は原則民営化（私企業への所有権の移転）される。教育，福祉，科学技術などの社会・科学サービスも，中核領域は非国家公共セクターに移される。ブレッセル・ペレイラはそれを「公共化」（publicization）と呼んでいる。非国家公共セクターは，具体的には市民その他によって組織される非営利の社団・財団その他の社会組織（organização social : OS）を指す。社会・科学サービスの周辺領域は私企業に外注化される。さらに防衛，外交など，排他的に国家の役割に属する分野についても，その周辺領域は外注化される。「公共化」，外注化はともに，契約によって一定期間，社会・科学サービスの提供を代行させるものであるが，前者の委託先が社会組織であるのに対し，後者のそれが私企業である点が異なる（図1-2）。

　公共サービスは基本的に国家が提供するが，その管理は民間企業のように効率的に行われる必要がある。効率性追求が公共性を損なってはならないが，他方で効率性が実現できれば，サービスを広く提供することで公共性を高めることができる。社会・科学サービスは，引き続き国家がその費用を税などの手段で徴収するが，その実行は非営利の社会組織に委託する。例えば医療サービスについて言えば，入札によって公的医療機関を選び，サービスを委託する。政府は委託先の選定に当たって基準を定め，また委託後もサービスの内容（価格，質など）を監視する。つまり部分的に競争原理を導入する。社会自由主義国家の政府は，かつてヨーロッパにあった社会民主主義国家と同様，その機能にお

図1-2　社会自由主義国家の財・サービス提供の分担

	国家の独占領域	社会・科学サービス	市場向けの財・サービスの生産
中核的領域	民のための国家	非国家公共セクター	民営化された企業
周辺領域	外注	外注	外注

注：図中の濃い網掛けは政府がすべてを担う領域，薄い網掛けは一部を政府がファイナンスする領域であることを意味する。
出所：Bresser Pereira [1998]。

いて「大きな政府」であるが，サービスの実行を社会組織に委託するため，組織としては社会民主主義国家の政府よりは小さい。

　ところで，社会自由主義国家における「競争」とは何か。市場における実態のように，競争が公共性を損なうことはないのだろうか。これについてブレッセル・ペレイラは次のように答える。競争は必ずしも市場を意味しないし，絶対的に利潤を要求するものでもない。利潤を目的とせず競争しあう学校，大学，病院，博物館，交響楽団をもつことが可能である。社会自由主義国家における競争は，市民から寄せられる感謝や，専門家，政治家，市民からの肯定的な評価をもとに可能になるものである（Bresser Pereira［2001］）。つまり国家の管理下における競争が可能であり，競争原理の部分的導入が社会サービスの質と公共性を高めると主張しているのである。

　ブレッセル・ペレイラは，社会自由主義国家が，ジェソップ（Bob Jessop）（Jessop［1994］）が言う「シュンペーター的労働国家」（Schumpetarian Workfare State），すなわち開放経済のもとで産業の革新をすすめ，社会政策を市場のフレキシビリティと国際競争の要請に従わせ，それを通じて福祉を高める国家に近いとする（Bresser Pereira［1998］）。カルドーゾ政権は教育政策を重視した。福祉よりも教育が重要であるという主張は，英国のブレア政権（1997～2007）の理論的背景となったギデンズ（A. Giddens）の「社会投資国家」（Social Investment State）に通じるものである。社会投資国家は，教育をはじめとする社会への投資を通じて福祉を高めるという意味で，積極的福祉国家（Positive Welfare State）である（Giddens［1998］）。ブラジルが目標とする国家像は，ブレア政権が目指した「第三の道」に近いが，「第三の道」よりも，社会的サービスの提供者としての非国家公共セクターに，また資金供給者としての国家に大きな役割を与えている。

（2）社会自由主義国家の制度

　ブレッセル・ペレイラが描く社会自由主義国家の構成要素（制度）である市場，国家，市民社会は，それぞれ原理と目的を異にしている。市場は利潤，国家は公益，市民社会は友愛を追求する。しかし，現実の活動では，他の制度の

原理・目的を部分的に取り入れ，他の制度と競争，協力している。国家は市場を監視し規制する一方で，効率性を高める市場原理を取り入れ，企業とともに事業を営んでいる。地方政府では行政にあたって市民，住民の参加を求めている。協同組合のように市民社会の原理を取り入れながら経済活動を行う組織もある。企業は社会的責任を考慮し営利活動を営み，市民社会と共同して社会的活動を行っている（図1-3）。ブラジルでは市場，国家，市民社会が相互に牽制しあい，協同して多様な活動を展開している。

▶国家改革　ブラジルの1988年憲法は，主権が国民にあると明言し，国民が国家の意思決定に参加する方法として直接民主主義・間接民主主義を適宜採用するとした。憲法を受けて，カルドーゾ政権は国家に管理責任を要求し，また社会が国家を規制し統治する制度を整備しようとした。1995年に作成された「国家改革のマスター・プラン」では，行政の役割が市民へのサービスの提供と定められ，国家の統治能力，効率性，説明責任，透明性，情報公開などが重視された。そしてこれらの原理にしたがい，省庁再編，民営化，公共サービスの外

図1-3　社会自由主義国家を構成する三つの制度

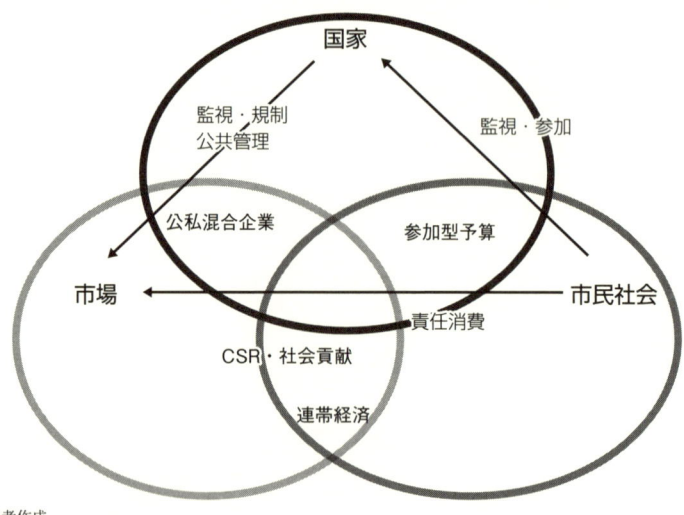

出所：筆者作成。

注化，政府機関間の情報ネットワーク構築，情報公開，政府支出のモニタリング・システム構築，公務員の業績評価倫理コード制定・キャリア形成システムなど，具体的な政策とプログラムを作成した。続いて2000年には国，州，ムニシピオ（基礎自治体）のすべてのレベルの政府に対して財政規律を求める財政責任法（Lei de Responsabilidade Fiscal）を制定した。さらに2001年に制定された都市法典（Estatuto de Cidade）では，住民とコミュニティを代表する多様なアソシエーション（associação）の参加による統治を原則とし，ムニシピオのレベルでは参加型予算（Orçamento Participativo：OP）をその手段の一つとすることが定められた（1988年憲法とカルドーゾ政権の法整備については，2-1-(1) も参照）。

　この大規模な国家改革の一環として，国営企業の民営化が実行された。民営化は財政均衡と経済効率向上に不可欠であり，国営企業の民営化は売却による国庫収入増と補助金削減につながる。国営企業が民営化によって効率的に経営されるようになれば，製品やサービスの価格低下と品質向上につながる可能性が生まれる。それは国営企業のみならず経済活動全体を効率化しうる。しかし，国営企業の事業のなかには，公共性をもつ故に国営という経営形態がとられたものも存在する。そうした事業が民営化された場合，公共性を損なう可能性もある。しかも多くの部門が民営化後も地域独占を続けるため，実際には民営化による競争は限定的である。

　ブラジルの民営化は1990年にコロール政権によって着手されたが，大規模に実行されたのはカルドーゾ政権期である。1995年には憲法改正第6号によって内外資本の差別を撤廃し，民営化への外資系企業の参入を認めた。また石油開発，通信などでコンセッション方式（特定の地域・事業部門において，事業者が免許や契約によって独占的な営業権を与えられる）による外資を含む私企業の参加を認め，独立系電力会社の設立と自家発電を認可した。これらは市場競争を通じて製品やサービスの価格を引き下げ，質を向上するためであった。さらにカルドーゾ政権は他方で，民営化後の事業が公益の実現を目指したものとなっているかを監視する機関として，電力エネルギー庁（ANEEL），通信庁（ANTEL），石油庁（ANP）を設立した。例えばANEELは，発送電の規制，料金体系・料金の規制，電力会社間の競争維持などを通じて，公共の利益を保護

することを任務としている。ANEELの活動の受益者は市民であるとされ，活動の透明性の維持，そのための情報公開，市民参加の必要性が強調されている（堀坂 [1998]）。

▶**参加型予算**　参加型予算は，人々の生活基盤であるムニシピオ（基礎自治体）の予算について，市民が議論・決定・実施に参加する仕組みである。1989年，ブラジル南部リオグランデドスル州の州都ポルトアレグレで始まった参加型予算は，いまや国内100以上の都市に広がっている。その背景には，政府の予算が政治的利権がらみで，発言力をもった人々の間でのみ配分が決定され，政治的なチャネルをもたない貧困層が道路，上下水道，住宅，教育などの社会資本から排除されてきたことがある。少数者による予算の独占は腐敗を生み，社会資本供給を減少させた。参加型予算の目的は，このような腐敗と非効率の状況を脱し，市民参加によって社会資本を効率的かつ公平に配分することにある。

　参加型予算については，それが現代民主主義の基本的な制度の一つである代表制民主制（間接民主主義）を否定するものだとの評価がありえよう。参加型予算はまた，行政権を侵食する可能性がある。しかし，参加型予算は代表民主制にとって代わる制度ではない。市民が決定した予算案がそのまま実行されるわけではなく，市議会によって審議・決議されて初めて正式なものとなるからである。行政は，市民の予算案作成に技術的な支援を行い，影響力を行使する。参加型予算はむしろ，市民のニーズに沿った予算案が作成されることによって，議会，行政の機能と正統性を高める。参加型予算は，代表民主制に直接民主主義の要素（市民の直接的な政治参加）を統合した制度であり，議会，行政，市民による共同統治の一形態である。

▶**連帯経済**　近年ブラジルでは，NGO，NPO，財団，協同組合など，国家でも市場でもない第三セクターが活動領域を広げている。またこれらのセクターの活動を，政府，企業が法整備や資金提供によって積極的に支援するようにもなっている。こうした第三セクターの活動のなかで，新しい経済領域という意

味で重要なのは連帯経済（economia solidária）である。

連帯経済は，伝統的な協同組合のほか，労働者自主管理企業，交換クラブ（市民がモノを持ち寄り交換するシステム），零細企業が組織するアソシエーションなど多様な形態の主体が関わる経済活動である。ブラジルではまた，連帯経済を支援し強化するため，地方政府，NGO や NPO，労働組合，大学などによって，マイクロクレジット（小額融資），信用組合，技術センター，商業施設など多様な組織が設立されている。連帯経済は1980～90年代の経済危機のもと，雇用が失われ，多くの人々が社会的に排除されていくなかで，人々の生存戦略として生まれた。2003年には連邦政府の労働雇用省（MET）に国家連帯経済局（Secretaria Nacional de Economia Solidária : SENAES）が設立された。SENAES は連帯経済を，既存の経済システム，とりわけ市場経済とは異なる方法で，生存のために生産し，売り，買い，そして交換する経済行為であると定義している。「異なる方法」とは，他を搾取せず，利益を求めず，環境を破壊しない経済活動のやり方である。こうしてブラジルでは，連帯経済が国家の保証するところとなり，公共政策の対象となった。その目的も，人々の日常的な生存戦略から，新自由主義改革による経済の市場化・グローバル化の負の結果として生じたさまざまな社会的排除（失業，貧困など）を解決することへと拡大している。現在，連帯経済に関わる諸セクターとその支援組織は，「連帯経済基本法」の制定を国に求めている。

▶企業の社会的責任　　企業は社会自由主義国家を構成する重要な制度である。経済自由化，民営化によってその活動領域は広範囲に及んでいる。一方で，企業の利潤追求活動が無制限に行われることで公共性が破壊されることのないよう，監視する必要がある。ブラジルは企業の反社会的行動を規制する法と制度を整えてきた。1988年憲法には消費者保護の原則が謳われ，90年には消費者保護法が制定された。94年の経済力濫用禁止法は自由競争の保護（＝独占，寡占の規制）とともに消費者保護などを謳っている。環境保護については，1981年に環境保護法，続いて98年には環境を破壊した者に対し刑事・行政罰を適用できる環境犯罪法を制定した。

市民社会が企業行動を監視・規制するうえでは，国家以上に NGO, NPO などの社会組織（organização social : OS）の役割が重要である。国家はときに市場と癒着し，法を発動しないことが考えられるからである。ブラジルには多様な社会組織，社会運動が存在し，その影響力を強めている。カルドーゾ政権は市民社会組織を，政府が社会政策を効果的に実施するための重要なパートナーとして位置づけた。

　ブラジルでは，国家と市民社会の側からの市場の監視・規制とともに，企業自らがその行動を自主規制する「企業の社会的責任」（CSR）の活動が活発である。経済自由化，市場化によって経済における企業の重要性が高まるに伴い，企業には社会的責任が求められている。CSR活動は，1960年代に開始された当初は宗教的な動機によるものが多かったが，次第により広範に，企業も社会の一員として責任を果たすべきという動機・要請が大きいものとなった。多くの企業が貧困，教育，環境保護などの社会貢献活動を行っている。また，自社のCSR活動を定期的に報告する企業が増加しつつある。一部の企業は，フランスの社会会計（bilan social）に倣い，企業の社会的な成果に関する報告書（balanço social）を発表している。国営企業などの年金基金や国営銀行は，CSRに意識的な企業に優先的に投資・融資する「社会的責任投資・融資」を行っている。サンパウロ証券・商品・先物取引所（BM&BOVESPA）は，社会環境証券取引所（Bolsa de Valores Sociais e Ambientais : BVSA）を設立し，投資家から資金を募り，NGOなどの社会組織が提案した社会的プロジェクトに提供している。ブラジル企業は，国連事務局長であったアナンが1999年の世界経済フォーラムで，人権，労働権，環境，腐敗防止などの10項目を順守し実践するよう企業に要請した国連グローバル・コンパクト（Global Compact : GC）に積極的に参加している。

（3）国家と市場を社会に埋め込む

　これまで述べたように，ブラジルでは国家主義，市場主義が本来的にもつ欠陥を補正し，克服する試みがなされてきた。参加型予算，連帯経済，企業の社会的責任は，国家と市場を社会に埋め込み，社会を強化する手段であり，多元

的な経済社会を創造する試みである。

　参加型予算は，単なるグッド・ガバナンスの一制度，効率的・効果的な予算作成の制度ではない。民主主義の新たな概念を創造する契機である。参加型予算はハーバーマスの言うラディカル・デモクラシーの装置の一つである。ラディカル・デモクラシーとは，住民・市民による討議によって支えられる民主制であり，討議民主主義（Deliberative Democracy）をその重要な性質とする。篠原一は，政治が正統性をもつには，これまでの代表民主制だけでは不十分であり，そこに市民の討議を導入することが不可欠であるとする。そこから生まれる新しい政治システム，つまりラディカル・デモクラシーにあっては，代表政治システム内の討議・決定と，生活世界に根ざした市民社会における討議という二つの政治的回路が機能するのである（篠原［2004］155-156; 188-189）。

　連帯経済は，直接的には失業や貧困に対する生存戦略としての性格をもっているが，一部の推進者たちはそれにより幅広い意義を見出している。彼らによれば，連帯経済は市場経済が本質的にもつ欠陥を補完するだけでなく，資本主義における生産関係・社会関係を揚棄する契機をはらんでいる。例えばナシメント（Nascimento［2004］）は，協同組合，労働者自主管理企業などの連帯経済が，マルクスが言う「自由で平等な生産者のアソシエーション」であるとし，それが自由主義，国家資本主義，国家社会主義を排して，自主管理社会主義の実現を可能にするとしている。資本主義経済では，人間の労働は利潤追求の手段となり，人間が労働力という商品と化して，資本に従属する存在となる。協同組合，労働者自主管理企業のような取り組みは，資本からの労働者の解放を可能にするとされたのである。

　しかしながら，現実の連帯経済の目的は，少なくとも直接的には，それに参加する人々の雇用創出，貧困からの脱出にある。互助組織として組合員の共益を追求する協同組合などの連帯経済が，非組合員も含めた公益の達成を目指せるような方向に転換していく必要がある[5]。

　資本制のオルタナティブとしての連帯経済の可能性について，柄谷行人は次のような理解を提起している（柄谷［2000］）。柄谷によれば，資本主義社会において資本の増殖運動を止める一つの方法は，この回路の外にあるような生産

と消費の形態を創造することである。その一つが,消費者‐生産者が参加する協同組合である。資本制のオルタナティブとしての協同組合の重要性に関連して,柄谷はマルクスを再評価している。歴史的には,協同組合はロバート・オウエンのような,エンゲルスらに「空想的社会主義者」と評された人々によって構想されたものである。柄谷によれば,マルクス以後のマルクス主義者の多くは,コミュニズムを専ら国有化による計画経済と理解した。しかし,マルクス自身は自由で平等な生産者のアソシエーションを積極的に評価し,そこにコミュニズムを見出していた。他方で,柄谷はそうしたアソシエーショニズムの限界にも触れている。消費者‐生産者協同組合は,いまのところ局所的に存在するに過ぎず,資本との競争に晒されている。資本に対抗し,かつ国家の支配の外部に位置するためには,消費者,生産者,労働者それぞれの利害を超えて,「消費者としての生産者・労働者」の運動を創出する必要があり,そこから生まれる消費者‐生産者協同組合のグローバルなアソシエーションが資本制のオルタナティブになりうるとした。

　金子勝もまた,市場に対抗する同種の制度の必要性を論じている。すなわち,市場(と政府)に対抗するには,市場を野放しにするのではなく,また廃絶するのでもなく,市場を社会に埋め込んでいく必要があり,そのためには市場で供給できないものを送り出す社会的交換ネットワークを創造しなければならないとしている。さらに,そうした社会的交換ネットワークの発展には,透明性の維持と,開かれた参加を保障する第三者評価機関が不可欠であると述べる。そして第三者評価機関には,①社会的交換ネットワークにモラルを課す自浄機能,②価格シグナルでは表せない評価基準を示すことによって市場を作り変えていくチャンネル機能,③市場に多元的な価値を埋め込み,それを社会的に制度化していく機能という三つの機能が要請されるとしている(金子[1999] 102-103)。

---

5) 例えばヨーロッパでは,1995年の国際協同組合連合(ICA: International Co-operative Alliance)原則の改定に伴い,協同組合が公益を目指すことを謳うようになった。1991年にはイタリアで「社会的協同組合」,94年にはベルギーで「社会的目的をもった企業」,ポルトガルで「社会的連帯協同組合」が法制化された(宮本[2003])。

CSR については，それが市場内部の制度であり，社会による市場の規制という意味では限界があるという見方がある。社会会計についても，社会が市場に取り込まれることを前提としているとする評価もありえよう。確かに，ブラジルに限らず，CSR は一般に社会的課題の解決よりも，企業が社会からの批判をかわし，自社のイメージを高め，利益を確保・増大させることが主目的となっているケースが多い。さらに言えば，CSR に高い宣伝効果があるからこそ，多くの企業が CSR に積極的に取り組んでいる面もある。カリニコスは『フィナンシャル・タイムズ』紙の記事，すなわち「なぜ役員たちは CSR がお気に入りなのだろうか。はっきりしているのは，人間や地球の敵と見られて，自社のブランドに傷がつくリスクを避けたいと彼らが考えていることである。だが，もう一つ重要なのは，企業は CSR 活動を行うことで，環境や人権への大衆の関心と結びつく積極的な価値を自社ブランドに付与する機会を得るという点である。この利点は，広告や広報活動を通じてそのような価値のあるブランドを新たに生み出すことと比較すれば，おそらく安上がりなのである」(Tomkins [2001]) を引用し，企業のグローバル・コンパクトへの参加が市民社会の協力をとりつけようとする試みだと批判している。(Calinicos [2003] 102-103)。

　CSR に関するこうした冷ややかな見方は間違ってはいない。資本主義経済下では，企業が自社利益よりも社会の利益を優先することはありえない。企業の反社会的行為に対し厳しい批判が寄せられるなかで，CSR 活動は企業の重要な防衛手段となった。ブラジルにおいても，経済自由化，グローバル化のなかで，CSR 活動は企業にとって自社のイメージを高め，生存競争に打ち勝つ手段となっている。そもそも，ブラジルに限らず貧困，格差，失業，環境破壊など数多くの深刻な課題を抱えた社会においては，企業がそれらを無視あるいは軽視して自社の利益や成長のみを追求すれば必ず批判に晒されるだろう。

　しかし，CSR 経営を企業の生存・成長戦略の一部とする理解は，CSR への関心の高まりの大部分を説明するとしても，すべてではないこともまた事実である。ブラジルにおいては，1960年代，経済自由化・グローバル化に先立って，数々の社会問題に対する企業経営者の内発的動機から CSR 活動が生まれている。さらに，重要なこととして，企業の経済活動に CSR の原理が導入される

ことで，市民社会，コミュニティなど非市場的なステークホルダーの影響力が増大し，市場原理に社会原理を埋め込むことが可能となる。

　CSR は市場内部の制度であり，さらに言えば市場を強化する手段としての側面をもっている。しかし，市場が経済と社会を覆い，圧倒的な存在となっている現状を一気に覆すのは容易でない。それを連帯経済と呼ぼうとコミュニズムと呼ぼうと，資本主義に完全にとって代わる新しい社会は遠い彼方にある。そうした状況のなかで，失業，貧困，環境問題などを解決していくための改良主義的な手段として，CSR は積極的に評価しうる。企業の経済活動に社会的責任の原理が導入され，市民社会が企業に影響力を行使しうるようになれば，市場の放恣は抑制される。この場合，一地域，一国の市民社会が影響力を行使するだけでは不十分であり，むしろそのような動きはときに企業を擁護することになりかねない。例えば特定の国で企業に雇用の保障を求めることは，他国の雇用を奪うことにつながるかもしれない。特定の地域で環境保護を求めることは，他の地域での環境破壊につながるかもしれない。つまり，孤立した CSR 要求は，市民社会と企業の共犯関係をもたらすかもしれない。市民社会は市場を規制するための活動を国際的な連携のなかで行う必要がある。

3．イノベーションと社会的公正

　社会自由主義国家では，イノベーション（革新）と社会的公正が重視される。それらはともにブラジルの持続的な発展の条件である。しばしば両者は対立的と考えられてきたが，それは正しくない。健康で能力の高い労働者の存在がイノベーションを可能にするし，公正な社会であればこそ多様な能力をもった人材がイノベーションに参加する機会が増える。公正は社会的対立を緩和し，一貫性のあるマクロ経済政策と持続的な発展を可能にする。

（1）イノベーション

　イノベーションは社会自由主義国家の経済的な基盤である。ここで言うイノベーションとは，新しい製品の創造だけではなく，革新的な生産技術や流通形態の創造など多様な内容を含む。イノベーションには研究組織，教育機関，職

業訓練組織，金融組織など多様な制度が必要である。ブラジルのように個々の私企業の技術や資金力が乏しい場合，また一般的に私企業が長期的な研究開発（R&D，とりわけ基礎研究）に消極的であることを考慮すれば，イノベーションにおける国家の役割は大きい。ブラジルでは，国家がイノベーションに必要な資金を提供し，またイノベーションのための制度として国家イノベーション・システム（National System of Innovation : NSI）を整備するなど，重要な役割を果たしている。

　ブラジルのイノベーション政策に関しては，しばしばその社会的役割が強調されている。イノベーションは，貧困，失業など社会問題を解決ないし緩和する契機になりうるが，そのためには多様な人々の知識，技能，経験を動員し，社会全体の要請を受け止めながら実行される必要がある。つまり目的においても過程においても社会に根ざす「社会的イノベーション」（social innovation）が求められている。より正確に表現するなら，それは「社会包摂的イノベーション」（socially inclusive innovation）と言いかえることができる。すなわち社会のすべての人々が参加でき，その利益をすべての人々が享受できるようなイノベーションである。

　ブラジルは，バイオ，航空機など先端産業の技術開発を目指す一方で，農業，軽工業など伝統的な産業を中心に，産業クラスターと生産チェーン（cadeia produtiva）の育成・強化を試みている。産業クラスターと生産チェーンへの中小企業の参加を促し，雇用と所得を創造することで，地域経済と社会の持続的な発展が可能となる。また地域企業間の協力と競争は産業の効率を高め，新しい製品やサービスの創造を促すと期待される。そこでブラジルでは，地方政府，企業者団体，大学などが連携し，地域イノベーション・システム（Local System of Innovation : LSI）を整備しつつある。そのほか，中小企業や連帯経済を支援する技術移転機関（TLO）を設置したり，NGOなどの社会組織が地域の中小企業に製品デザインを提供する試みも行われている。生産チェーンと流通網の革新を目指すフェアトレードなどの活動も活発である。

　しかし，イノベーションの分野では，なお多くの課題がある。投資率は20%程度と低い水準にとどまっており，民間企業のR&D支出は少ない。経済が自

由化された後も，わずかの例外を除き工業製品輸出は少なく，その多くが資源あるいは農産物加工品で占められている。技術・知識集約的で輸出に耐える工業製品を創造することが求められている。農産物加工品についても，品質と加工度の高度化による付加価値向上，安全性の向上などが必要である。地方の産業は，国家による産業クラスター，生産チェーン政策にもかかわらず，技術力と販売力においていまだ劣っている。産業クラスター政策は，貧困削減など社会政策の性格が強いが，経済的に高い競争力が実現しないと社会的な目的もまた達成されない。

(2) 労使関係の柔軟化と制限

労使関係の柔軟化（フレキシブル化）は新自由主義が求める改革の一つであり，有期雇用や成果給の導入，労働組合の制度改革などが目指される。ブラジルの労使関係は現在でも1943年の統合労働法（CLT）によって規制されているが，それは安定雇用，賃金引き下げの原則禁止，手厚い福利厚生，産業別組合との交渉などを内容としていた。1990年代以降，産業の競争力向上を目的に統合労働法の改定が試みられ，カルドーゾ政権になって有期雇用制度が導入されたが，それはきわめて制限的なものであった。すなわち有期雇用の労働者は一定割合に制限し，その実施も労使交渉と労働組合の承認を必要とするものであった。産業別，業種別の労働組合組織とそれらへの独占的な交渉権付与も変更されることはなかった。カルドーゾ政権は，部分的な雇用柔軟化の一方で，労働者の職業訓練を重視し，企業が実施する訓練に対して資金支援を提供した。有期雇用制と同時に導入されたレイオフ（一時的解雇）制では，期間中に政府資金による職業訓練を義務づけた。

ブラジルでは非正規雇用比率が高く，1990年代には50％に達した。新自由主義者，企業は，それが統合労働法の下での過大な労働者保護に起因するとし，社会的公正の観点からも労使関係の柔軟化が必要だと主張したのである。とりわけ賃金に法的に付加される多額の福利厚生が批判された。カルドーゾ政権では有期雇用の導入に伴い福利厚生支払いが減額されたが，制度を根底から変えるものではなかった。ルーラ（Lula）政権（2003～11年）は福利厚生が労働者

の権利だとして制度を堅持した。他方で，違法な労働契約に対する監視を強化し，非正規雇用を減らすことに努めた。その結果，経済成長に伴う労働市場の逼迫もあって，正規雇用が増加した。ブラジルの労働政策の背景にあるのは，産業の競争力が労働コスト削減よりも労働者の労働能力向上によって実現しうるという考えである。高い労働能力は健康で安定した生活のもとで形成しうるものである。安定した生活は子弟の教育を可能にし，優れた労働力の再生産も実現する。

（3）社会的公正

社会自由主義国家においては，社会的公正を伴った成長が目指される。ブラジルでは1995年のカルドーゾ政権成立以降，社会政策はマクロ経済政策の最優先課題とされた。連邦政府の社会支出額は，1995年から2010年にかけて，2340億レアルから6385億レアルに，1人当たり支出は1471レアルから3325レアルに増加した（ともに2011年12月価格）。社会支出を対GDPでみると，同期間に11.2％から15.5％に増加した（Castro e outros［2012］）。図1-4は，すべてのレベルの政府による社会支出の対GDP比の推移をみたものである。合計で1994-95年の19.5％から，1998-99年の25.9％に増加したことがわかる。

カルドーゾ政権では，幅広い層の人々を社会に包摂する手段として，とくに教育が重視された。1996年に公布された「教育の方針と基礎に関する法律」（Lei de Diretrizes e Bases da Educação Nacional : LDB）は，教育の普及と分権化のための制度改革の指針となった。この法律によって初等教育はムニシピオ，中等教育は州，高等教育は連邦政府の管轄となり，分権化が進んだ。また，初等教育の強化と地域格差の是正を目的に，「初等教育の管理・発展と教師の地位安定のための基金」（ENDEF）を設立した。さらにLDBが定めた学校の集団的・民主的な統治の原則に従い，教師，保護者など関係者が参加する学校審議会（Conselho Escolar : CE）を設置し，共同で学校の運営にあたることとした。2001年には，貧困層に教育を普及するため，全国奨学金プログラム（Programa Nacional de Bolsa Escola　ボルサエスコーラ）が作成され，1人当たり月額家計所得が90レアル以下の家庭に対して，初等就学児童（6〜15歳）1人につき月

図1-4　公的社会支出の対GDP比推移

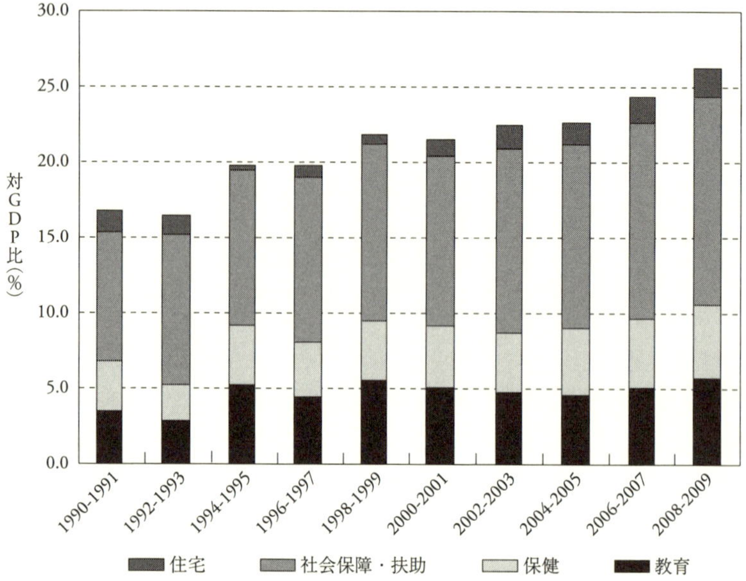

凡例：住宅／社会保障・扶助／保健／教育

出所：ECLAC, *Social Panorama 2011*.

額15レアル（上限3人）が支給されることになった。

　カルドーゾ政権を引き継いだルーラ政権は，2003年に包括的な貧困削減政策を実行した。ルーラ政権が最初に打ち出したのは「飢餓ゼロ・プログラム」（Programa Fome Zero）であった。これは食料購入カードを支給する食料カード・プログラム，低価格で食事を提供する大衆食堂，賞味期限切れや梱包の破損などで売れ残った食料を配布する食料バンクなどのプログラムから構成された。続いて同じ年に，全国奨学金プログラム，食料カード・プログラム，食料基金プログラム，ガス支援プログラム[6]を統合し，「家族支援プログラム」（Programa Bolsa Família：PBF　ボルサファミリア）」を作成した。これは，子供の有無に関係なく，1人当たり月額家計所得が70レアル以下の家庭に対して1人につき月額70レアルを支給し，15歳以下の子供がいる場合には子供1人当たり最高32レアルを追加支給するものである。これらの現金給付にあたっては，

子供の就学,予防接種,定期的に保健所に通うなどの条件が課せられる[7]。さらに現ルセフ(D. Rousseff)労働者党政権(2011年〜)は,2011年の「悲惨なきブラジル計画」(Plano Brasil sem Miseria)によって,こうした現金給付を妊婦・乳母にまで拡大し,また2002年の「愛情あるブラジル計画」(Plano Carinhoso)によって,0〜6歳の乳幼児をもつ家庭に対して追加的な支給を行った。

応用経済研究所(IPEA)の調査によれば,家族支援プログラム(PBF)の政府支出は2013年に240億レアルにのぼると見込まれる。この額はGDPの0.48%に相当する。他方でその受益者は1380万世帯と想定される。経済成長の効果も大きく,1レアルのPBF支出が1.98レアルの消費需要,1.78レアルのGDPを生み出すと推計される。貧困削減と分配改善への効果も大きい。2002〜12年にみられた極貧人口減少のうち28%がPBFによるものとされる。所得分配に関しては,同期間のジニ係数低下へのPBFの寄与率は12%と推計される。また,地域間所得分配の改善への寄与率も15%と推計される。PBFは現金給付の条件として子弟の就学,予防接種などを義務づけており,教育・保健の改善の効果も期待される(Campello e Neri [2003])[8]。

ブラジルではPBFのほかにも,2000年代以降,いくつかの社会保障政策,社会扶助政策が整備された。その結果ブラジルの貧困と所得分配をめぐる状況は大きく改善した。貧困人口比率(所得が必要食料費の2倍未満の人口比)は

---

6) 食料基金プログラムは,6歳以下の子供をもち,1人当たり月額家計所得が90レアル以下の家庭に対し,子供1人当たり15レアルを支給するものである(上限3人)。ガス支援プログラムは,1人当たり月額家計所得が最低賃金の2分の1以下の家族に対して,2か月に1度,ガス購入資金7.5レアルを支給するものである。
7) このように貧困層を対象に一定の条件を課して現金を給付する条件付現金給付(Conditional Cash Transfer: CCT)は,有効な貧困削減政策として国際的に注目されている。CCTは1997年にメキシコで実施された教育・保健・食料計画(プログレッサProgresa,のちにオプルトゥニダデスOportunidadesと改称)が最初で,その後ラテンアメリカを中心にアジア,アフリカに広がっている(Fiszbein et al. [2009])。
8) PBFは他方で,子供の就学などに関する条件が特に母親に大きな負担を強いている面もある。また,現金給付が政府支援への依存を高めるなどの問題も指摘されている(浜口 [2007])。

2001～09年に35.2％から21.4％に,極貧人口比(同,1倍未満)は15.2％から7.3％に低下した。所得分配も改善し,ジニ係数は同期間に0.596から0.543に低下した(図1-5)。

貧困削減と分配の改善に寄与したもう一つの政策は,ルーラ政権のもとで実施された最低賃金の引き上げである。これにより,最低賃金は名目でも実質でも大幅に上昇した(図1-6)。貧困層の所得が底上げされ,分配が公正化した。

このようにブラジルでは,社会的公正を目指す数々の政策が,幅広い層の所得を引き上げ,それによる消費拡大が経済成長を需要面から支えたのである。これまで経済的な目標と社会的な目標の間にはトレードオフの関係があると考えられてきたが,ブラジルの経験はそうした議論が常にあてはまるものではないことを示している。国際労働機関(ILO [2011])は,2009年のリーマンショック後にブラジルが採用した所得主導戦略(income-led strategy)が,経済

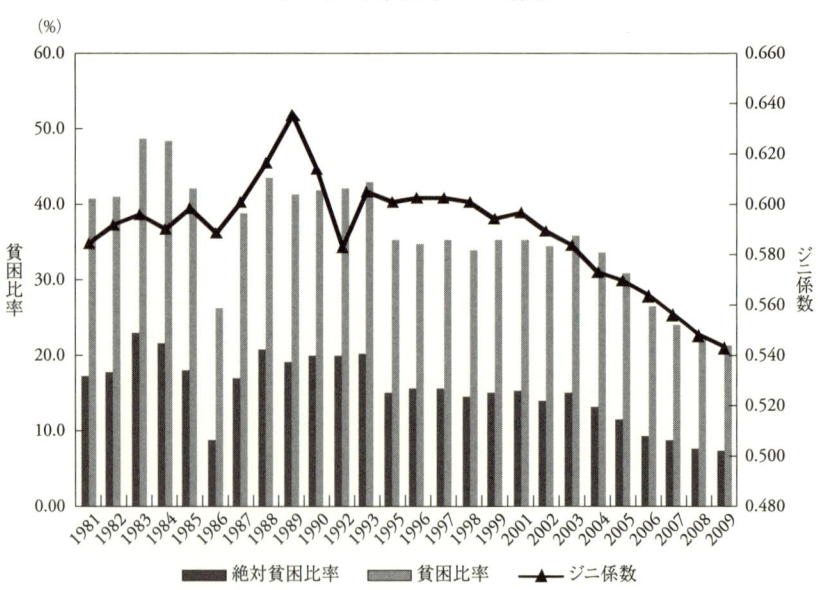

図1-5　貧困比率とジニ係数

出所：IPEA(原資料はIBGE)。

図 1-6　最低賃金(月額)の推移

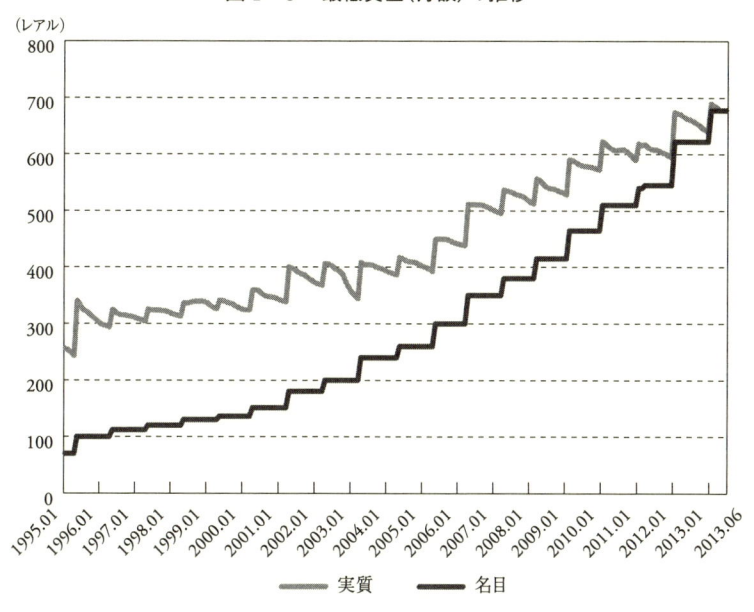

(レアル)

注：実質賃金は2013年4月基準。国家消費者物価数(INPC)で調整。
出所：IPEA Data.

成長軌道への速やかな回復を可能にしたと論じた。ブラジル政府は，リーマンショック以降の経済危機のなかで貧困政策を継続し，最低賃金を引き上げ，失業保険の支払期間を延長した。最低賃金の引き上げと失業保険の期間延長に関する政策合意においては，労使間の対話と国家経済社会開発審議会（Conselho de Desenvovimento Econômico e Social：CDES）[9]での議論が重要な役割を果たした。成長加速計画（PAC）に沿って産業基盤への公共投資を増加し，住宅建設を促すため「私の家，私の生活プログラム」（Minha Casa, Minha Vida）を作成し，自動車に対する工業製品税（IPI）を軽減した。政府系銀行は投資金融を

---

9) CDESは，大統領を補佐し経済社会政策の指針を作成することを目的に，2003年に設立された。議長は大統領，委員は労働者，企業家，市民団体の代表，省庁の大臣から構成される。

拡大した。これら一連の政策は消費および投資需要を増加させ，リーマンショック後の経済後退を相殺した。ブラジルがこのように公共支出・社会支出の増加や減税によって，総需要拡大と社会政策強化の双方を可能としたのは，財政の均衡が達成されているからである。

むすび

　現代社会は失業，雇用のインフォーマル化，労働強化，絶対的貧困，さまざまなレベルで存在する貧富の格差，金融危機，環境破壊など，多くの問題に直面している。グローバル化する世界のなかで，各国とりわけ後発国の多くは，経済成長の担い手である企業を誘致するために，労働条件を引き下げ環境規制を緩和する，いわゆるソーシャル・ダンピング競争を展開している。しかし，こうした「資本に媚びる政策」は成功していない。すべての国が誘致に成功してはいないし，たとえ誘致ができたとしても必ずしも開発は成功していない。一部の勝者を除いて雇用も所得も増加していないし，他方で格差と環境破壊は悪化している。繰り返し金融危機に襲われ，経済のボラティリティ（激しい変動）を経験している。そしてそのたびごとに企業は国家に救済を求め，社会に負担を強いている。国家とは本来，国民の総意に基づいて国を統治する制度であるが，特定の利害に左右されたり，統治能力の低さを露わにしているケースが各地でみられる。政治家は国民を代表せず，官僚は公僕たることを忘れている。われわれの眼前にある危機は，根底においては，資本による利潤追求，資本蓄積競争に起因しており，資本主義を克服することによってのみ危機からの真の脱出が可能になるが，現在のところ資本主義のオルタナティブは見えてこない。

　ブラジルが直面した政治・経済の危機も同根のものであった。国家はその役割を果たさず，政治家と官僚は私利を優先していた。無駄の多い公共投資で財政赤字を累積し，インフレを蔓延させた。経済自由化は，インフレの収束と一定の経済安定化を実現したものの，まもなく低成長，雇用の減少，非正規の増加を引き起こし，分配を悪化させた。幾度となく金融危機に晒され，社会は疲弊し，対立が激化した。こうした困難のなかで人々は，経済を市場に委ねる一

方で国家が社会政策を実施する方針を掲げた社会民主党政権（カルドーゾ政権）を選択した。次に，社会民主党政権が有効な経済政策を実行できないのをみて，原則的には市場原理を支持しながらも経済・社会開発において国家のより強い介入を主張する労働者党政権（ルーラ政権）を選択した。

　二つの政権は，軽重の差はあれ，いずれも国家と市場を組み合わせて開発を実行する体制，ブレッセル・ペレイラが社会自由主義国家と名づけた体制であった。社会自由主義国家では市民社会の役割が重視され，国家と市場に並ぶ開発の制度として位置づけられた。市民社会は参加型予算などを通じて国家を監視し，その政策決定と実行に参加した。市民社会はまた，協同組合など連帯経済の形態で，市場と並んで，時には市場に代わって経済活動を営むことが期待された。そして，社会自由主義国家においては，市場経済の重要な担い手である企業に対しては社会的責任が求められた。消費者保護法などが整備され，NGOやNPOは企業の反社会的行動を監視するとともに，企業が社会的責任を果たすための支援を行った。

　しかし，社会自由主義国家への道は緒についたばかりである。参加型予算は，市民参加の程度が過剰であったり，誤った参加の仕方によって，整合性のある予算編成がなされないなどの問題が生じるケースがある。連帯経済は技術や経営力などにおいていまだ非力な存在である。本来営利を目的とする企業に，広く社会的責任を要求することには限界がある。社会自由主義国家の経済的基盤となるイノベーションはなお脆弱である。社会自由主義国家が目標とする社会的公正は十分には達成されていない。ブラジル社会に存在する不平等は，大土地所有制度，間接税中心で逆進性の強い税制，教育機会の不平等など構造的な要因に起因するが，既得権益層の抵抗もあって，社会民主党，労働者党いずれの政権もその改革に着手できないでいる。

　しかし，ブラジルが既存の国家主義，市場主義に代わるオルタナティブな開発に挑戦していることは紛れもない事実である。ブラジルの挑戦は，開発の制度としてはそれぞれ不完全な国家，市場，市民社会を適正に組み合わせることで，経済発展と社会的公正を同時に実現しようとする試みである。われわれはそうしたブラジルの果敢な挑戦から多くを学び得る。

第2章　参加型予算：国家を社会的に統治する

はじめに

 とくに後発の国においては，国家は開発の重要な担い手である。しかし現実には国家は多くの誤りを犯し，その結果開発の担い手としての役割の多くを市場に譲ることとなったが，市場もまた不完全な制度である。規模の経済，公共性，外部性に関わる分野などでは，国家の役割は依然として大きい。国家が開発の制度としての役割を適切に果たすには，統治能力，説明責任能力を高め，良き統治（グッド・ガバナンス）を実現する必要がある。

 しかし，良き政府，良き統治は自動的に生まれるものではない。自由選挙は，政府の統治能力，説明責任能力を高める手段の一つではあるが，それだけでは十分ではない。開発途上国に限らず先進国おいても，議員は必ずしも社会を代表してはいない。特定の利権に結びついたクライエンテリズム（恩顧主義）とそれに伴う腐敗を完全に排除することは不可能である。政府を担う官僚もまた政治家と結託し，自身の利害を優先しがちで，しかも彼らは選挙によるスクリーニングを受けない。国家に対抗しうる装置の一つは市場であるが，新自由主義に基づく民営化，規制緩和などの帰結をみれば，市場もまた完全ではないことが明らかである。そして政治家と官僚組織はしばしば市場（企業）と癒着する。国家と市場に対抗しうる装置は市民社会（例えばオンブズマン活動や社会運動による監視・プロテスト）であるが，現状では情報と資金の不足からその対抗力は脆弱であると言わざるをえない。

 アッカーマン（Ackerman [2004]）は，ハーシュマンの退出（exit）と発言（voice）の議論（Hirschman [1970]）を援用しつつ，市場化による退出という方法も社会的プロテストによる発言という方法も問題を解決できないとし，社会的アクターを国家の中枢部分に参加させることによる共同統治（co-governance）が最も有効な手段であるとした。エヴァンス（P. Evance）（Evans [1996]）もまた，国家への市民社会の参加を重視し，それが国家と社会のシナジー（相乗効果）を生み出すとした。エヴァンスは，市民社会の国家への参加は，一方で国家の能力を高め，他方で国家が市民社会の参加を促す環境を創造するとしている[1]。こうした開発モデルは参加型開発と呼ばれ，経済開発協力機構（OECD），国

連開発計画（UNDP），世界銀行などの国際的な開発・援助機関においても，途上国の開発を進めるうえで，また援助を効率的・効果的に実行するうえで重視されている。

　ブラジルでは既得権益層が互いに恩恵を与え合うクライエンテリズムのもとで，長く劇的な政治変動は起こらなかったが，底流ではさまざまな社会運動が生まれていた。とくにヨーロッパから社会主義，社会民主主義などの社会思想や運動が移入された南部では，比較的早くから住民・市民組織が形成されたり，地方政府の先進的な首長が住民・市民が政治に参加する制度を導入したりしていた。参加型予算（participatory budgeting）はその一つである。1989年にブラジル南部のポルトアレグレ市で始まった参加型予算は，次第にブラジル全土に広がり，さらにラテンアメリカを含む開発途上地域ばかりでなく，いくつかの先進国まで広がった。それは多くの国で地方政府が，住民が必要とする社会資本[2]を提供できず，それと関連して代議制が住民の意思を必ずしも反映していないからである。

　参加型予算は，住民が必要とする社会資本を効率的に供給し，また予算決定における透明性を高めることによって腐敗を抑制し，それらを通じて社会開発を実現する手段である。先に挙げたアッカーマン（Ackerman [2004]）は，国家と社会による共同統治の例としてポルトアレグレの参加型予算を挙げた。エヴァンスもまた，ポルトアレグレの参加型予算を，公開の議論を通じて社会資本の効率的な供給を実現する熟議開発（deliberative development）の例だとした（Evans

---

1）エヴァンスはまた，国家と社会のシナジーに着目することは，開発と制度の議論に見られる二つの対立的な議論，すなわち信頼や社会的ネットワークを重視する社会資本の議論と，開発における政府組織の役割を強調するリビジョニスト（改良主義者）の議論を連結するものだとした。さらに，国家と社会の関係が深化することで，両者が混然一体となるという埋め込み（embeddedness）の議論を展開した（Evans [1996a]；[1996b]）。
2）ここで言う社会資本とは，道路，上下水道，教育など有形無形の社会的インフラストラクチャーを指し，信頼，規範，ネットワークなど，近年ではソーシャル・キャピタルとか社会関係資本と呼ばれるものではない。

[2004]）。ポルトアレグレ市の第二期労働者党政権の市長を務めたタルソ・ジェンロは，参加型予算は伝統的な代表民主制に市民の任意の直接的な政治参加を統合したものであり，両者による政治の共同統治（co-gestão）の形態であるとした（Genro [1997] 22）。同じようにバイオッシ（G. Baiocci）は，参加型予算が代表民主制の枠内において，公正と効率を保証する「強化された参加型統治」（Empowered Participatory Governance）の制度であるとした（Baiocchi [2003] 45-46）。

この章では，参加型予算の発祥の地であるポルトアレグレ市と，ブラジル東南部のミナスジェライス州都ベロオリゾンテ市を中心に，参加型予算の仕組み，およびその成果と課題を述べる。ポルトアレグレではすべての新規投資予算が住民の決定に委ねられてきた。これに対してベロオリゾンテでは行政が予算決定により大きな影響力を有している，あるいは住民の参加を制限している。後者は行政によって「管理された」参加型予算と言える。

1．国家改革における参加型予算の意味

前述のように参加型予算はいまや世界に広がっているが，この節ではまず，その普及の過程と背景を述べ，続いてブラジル国内の参加型予算の類型を議論する。

（1）広がる参加型予算

1989年にポルトアレグレで始まった参加型予算（Orçamento Participativo : OP）は，ブラジルの数多くの都市で導入された[3]。アブリッツァーとワンプラーの調査（Avrirzer and Wampler [2008]）によれば，国内で OP を導入している都市は200を超える（表2−1）。とりわけ1990年代以降の増加が著しい。その背景については後で詳しく述べるが，最も重要な理由は，多くの都市が深刻な社会問題をかかえ，他方で議会と行政は機能しなかったからである。そのほか民主化の進展や労働者党（Partido de Trabalhadores : PT）の躍進がある。OP を導入

3）「参加型予算」（Orçamento Participativo）という用語が国内・国外でどのように普及したかについては，山崎 [2009] を参照。

表 2-1　ブラジルの参加型予算導入都市数の推移

年	都市数	労働者党(PT)政権割合(%)
1989-1992	13	92
1993-1996	53	62
1997-2000	120	43
2000-2004	190	59
2005-2008	201	65

注：都市数はムニシピオ（município）を単位とする。
出所：Avrirzer and Wampler［2008］.

している都市の多くが労働者党政権のもとにある。その割合は上表にもある通り，1980年代末から90年代初めでは90％を超えていた。2000年代には60％程度に下がったが，導入都市数は増え続けている。これは，ポルトアレグレなどにおける成功に伴い，各地で住民のOP導入への要求が強まり，他の政党の市長も積極的に導入したことによる。また労働者党から他の政党の政権に変わっても，OPを継続しているケースが多いことも影響している。

2007年にはOPに関する知識を共有し，また実施に伴うさまざまな困難をともに解決することを目的に，OPを導入している諸都市による「参加型予算ブラジル・ネットワーク」（Rede Brasileira de Orçamento Participativo）が組織された。本部はベロオリゾンテ市庁に置かれている。参加都市は2010年10月時点で，南東部27都市（ベロオリゾンテ，ヴィトリアなど），北東部14都市（フォルタレザ，ジョアンペソア，レシフェなど），北部1都市（マナウス），南部15都市（ポルトアレグレ，カシアスドスル，ジョインヴィレなど）の合計57都市である。ほかにカンピナスなど南東部の2市が参加準備中である[4]。

1990年代には，ブラジル国内にとどまらず世界各国で参加型予算が導入されていく。ラテンアメリカではブラジルのほか，ボリビア，グアテマラ，ニカラグア，ペルーなど，アジアではバングラディッシュ，インド，インドネシア，フィリピン，タイなど，アフリカではケニア，モザンビーク，南アフリカ，タンザニア，ウガンダ，ザンビア，ジンバブエなどに広がり，さらに中東・北ア

4）参加型予算ブラジル・ネットワークのサイト（http://www.redeopbrasil.com.br/home/）による。

フリカ，ロシア・東欧・中央アジアにまで及んでいる[5]。

このように参加型予算が国際的に注目されている背景には，社会資本の効率的な供給と，それを可能にするグッド・ガバナンス（良き統治）が世界的に必要とされていることがある。とりわけ援助機関にとって，統治機構，行政能力，制度などの意味を包含する「ガバナンス」は，開発途上国における持続的成長を支えるための援助を効率的・効果的に実施するための前提条件とされている。経済協力開発機構・開発援助委員会（OECD/DAC）が1993年に発表した「参加型開発とグッド・ガバナンスの指針」では，「開かれた，民主的で説明責任を果たすグッド・ガバナンス」と人権の重視が，持続的な経済・社会開発の条件であるとされ，そのうえでグッド・ガバナンスの構成要件として①法の支配，②公共部門管理，③腐敗抑止，④軍事費削減が挙げられた（OECD/DAC [1993]）。

また2000年に発表された国連ミレニアム開発目標（MDGs）では，第8目標（開発のためのグローバルなパートナーシップの推進）にグッド・ガバナンスが加えられた。国連開発計画（UNDP）の『人間開発報告2003』は，ミレニアム開発目標の達成には民主的なガバナンスが不可欠であるとした。さらに，ミレニアム開発目標の一つであるスラム住民の生活水準を向上させ，飲料水と衛生設備への持続的なアクセスを可能にするうえで，参加型予算は大きな示唆を与えているとした。その例として挙げられているのがポルトアレグレにおける参加型予算の実例である（UNDP [2003] 10-11]）。

(2) 参加型予算の普及の背景

ブラジルにおいて参加型予算が広がったのにはいくつかの背景がある。一つは急速な都市化によって生活環境が悪化する一方で，行政・議会が十分に機能しなかったことである。ブラジルの都市は一次産品輸出経済とともに発展してきた。その結果，各地に大きな人口をもつ都市が形成された。19世紀末から始まったコーヒー経済は，ブラジル南部への域外からの大規模な人口流入を引き起こし，リオデジャネイロ，サンパウロなどの巨大都市を生み出した。続いて

5）ブラジル以外の各国の参加型予算については Shah [2007] を参照。

1950年代以降の本格的な工業化は，人口流入に自然増もあいまって，それらの都市をさらに肥大化させた。住宅など社会資本の供給は人口増に追いつかず，スラム，公害など社会問題を深刻なものにした。
　他方で，社会資本の供給において行政と議会は十分に機能しなかった。ブラジルは政体的には早くから民主制を実現していたが，現実にはポピュリズムとクライエンテリズムが幅をきかせていた。少数の富裕層が互いに恩恵を与え合い，豊かで快適な生活を享受する一方で，大多数の貧しい国民は社会的に排除され，劣悪な生活を強いられた。社会資本の配分が不平等となった要因の一つは，政治的影響力の格差であった。富裕層が私益追求のために政治的影響力を行使することで，しばしば経済的・社会的効果の乏しい公共工事が行われたり，収賄などの政治腐敗が生じた。非効率な公共投資と腐敗は財政を悪化させ，貧困層・貧困地域への社会資本供給をさらに縮減させた。議会と議員は必ずしも有権者の意思を代表せず，多くの場合は特定の社会層（自分を含めた富裕層，企業，団体）の利益のために行動した。いわゆるエージェンシー問題（代理人問題）である。行政もまた，つねに納税者である市民の方を向いて政策やサービスを実行したわけではなかった。このような都市における社会的排除と代表民主制の機能不全が，参加型予算を要請する背景となったのである。
　二つ目の背景としては，政治の民主化と，それを具体化する法制度改革であった。ブラジルは1964年以来，権威主義的な軍事政権のもとにあったが，軍政の拡張的な開発政策の失敗を契機に85年に民政移管が実現し，抑圧されていた市民運動が一気に広がった。1988年に制定された新しい民主憲法では，基本的人権を確認し，社会的権利を拡大した。新憲法には，ブラジルが目指すべき目標として，自由・公正・連帯に基づく社会の建設，貧困と疎外の根絶，地域的不平等の削減，出自・人種・性・年齢による差別のない福祉の実現が挙げられた。政体としては共和制が明言され，直接民主主義・間接民主主義の両方を採用することが定められた。基本原則には，「すべての権力は人民に由来し，選挙による代表者を通じて，または直接的に，この憲法に従い，これを行使する」（第1条単項）とある。直接民主主義の方法としては，国民投票および人民発議を挙げている（第14条）。人民発議については，「少なくとも5州に分布

し,選挙民の10分の3を下回らず,かつ全国の選挙民の最低1％によって署名された法案を下院に提出できる」(第61条§2)とした。また国家組織については地方分権が謳われ,権限と税収の地方移転が明記された。とくに基礎自治体としてのムニシピオ(município)の権限が強化された[6]。

こうして形をなしたブラジルの民主主義は,1995年に発足したカルドーゾ社会民主党政権のもとで強固なものとなった。第1章で述べたように,同政権は2000年には財政責任法(Lei de Responsabilidade Fiscal)[7]を制定した。この法律では,各レベルの政府に対して財政目標の達成と透明性の維持を求め,人件費と債務の上限を設定した。財政均衡が達成されない場合は,憲法が定めた財源の移転を制限し,財務報告書の作成と公表を義務づけた。財政責任法は,無駄な公共投資,過大な人件費などの財政規律の欠如が,インフレとマクロ経済の不安定化につながり,政府の本来の活動を制約してきたとの認識から制定されたものである。

さらにカルドーゾ政権は2001年に都市法典(Estatuto de Cidade)[8]を制定した。これは都市政策の原則を定めた法律で,原則の一つとして住民とコミュニティを代表する多様な組織(アソシエーション)の参加による統治を挙げ(第2条第II項),それを保証するものとして公共の場での議論・聴聞・諮問,利害関係者による会議,市民による都市開発の法案・計画・プロジェクトの発議を挙げている(第43条)。ムニシピオのレベルでは,参加型予算が公共の場での議論・聴聞・諮問手段の一つであるとしている(第43条)。

こうした新憲法後の法制度改革は,透明で民主的なガバナンスを目指す数多くの革新的な自治体を生み出すことになった。またそれらの自治体ではグッド・ガバナンス実現のため,住民組織やNGOなどとの連携が強化された。

参加型予算を促進した第三の背景は,住民組織と労働者党(PT)の存在である。ブラジルでは経済発展と都市化のなかで,多様な専門職・労働者の組織

---

6) 1988年憲法の詳細については矢谷[1991]参照。
7) 2000年5月4日付補足法第101号。
8) 2001年7月10日付法律第10257/1号。

が形成されてきた。1930年代に誕生したジェツリオ・ヴァルガス（Getúlio Vargas）政権は，都市大衆を動員しポピュリズム政治を行い，最大の支持基盤である労働者を組合国家体制に編入した。組合国家は，本来は対立する企業家と労働者に組合を組織させ両者の利害を調整することを通じて，開発目標である工業化を目指す政治体制である。この体制のもとでは労働者は国家により手厚く保護されるが，労働運動は国家を危うくし開発を阻害するとして厳しく制限された。職業的組織はそうした官製の組合に先立って自発的に結成されたものであった。また，第二次大戦後から1964年の軍政成立までの民主政権期には，社会の基底部で数多くの隣人組織（neighborhood association）が誕生した。こうした組織は，ポピュリスト政権に対する公共財要求の経路となった。ポルトアレグレでも多数の隣人組織が生まれ，1950年代にはリオグランデ隣人組織連合（Federação Riograndense de Associações Comunitárias e Amigos de Bairro：FRACAB）が結成されている。長期にわたりポピュリスト政治家によって支配されていたポルトアレグレで，FRACABはクライエンテリズムに基づき，公共財を要求していった。しかし，軍政の登場によってその経路が遮断されると，次第にクライエンテリズムを批判するようになった（Abers［2000］29-31）。FRACABは1970年代後半に野党民主行動党（PMDB）に吸収されたが，1983年に上部組織としてポルトアレグレ住民組織連合（União das Associações de Moradores de Porto Alegre：UAMPA）が設立された。このUAMPAが，予算の策定に住民組織として参加することを提起したのが，ポルトアレグレの参加型予算の出発点である（Avritzer［2009］34）。

　そして，こうした下からの運動を受けて参加型予算を制度化したのが労働者党であった[9]。労働者党はブラジルの政党史のなかで特異な存在である。ブラジル初の階級政党として出発した労働者党の最大の目的は，労働者の経済的利益の実現であった。この点でポピュリズムやクライエンテリズムとも，イデオロギー偏重でエリート主義的傾向の強い社会主義政党とも一線を画していた。結成は軍政の只中の1970年代末であったが，政党として正式に登録されたのは

9）ポルトアレグレにおいて，UAMPAなどの住民組織と労働者党が参加型予算の制度化に果たした役割については松下［2006］を参照。

1982年である。社会主義運動が軍政によって抑圧される時代状況のなかで,労働者党は広範囲の左派組織や市民の間に支持基盤を広げ,「労働者の党」から「市民の党」へと変貌を遂げる (Wood and Murray [2007] 20)。そして1982年以降,数多くのムニシピオで首長の椅子を獲得した。ポルトアレグレでは1989年に,ベロオリゾンテでは1993年に労働者党が政権についた。ポピュリズム,クライエンテリズムが引き起こした財政破綻と社会的排除の克服を目指す各都市の労働者党政府は,参加型予算をその重要な手段と位置づけた。

ところで,なぜ自治体の首長が,予算編成を住民に委ね,自らの権限を狭めるようなことをあえて行うのか。一つの理由は,選挙で支持を得るためである。住民の意向に沿って社会資本や公共財が適正に配分されれば,次回の選挙で支持を得る可能性が高まる。しかし,これはクライエンテリズムと紙一重である。また,住民の要求がすべて叶えられるわけではないので,かえって不支持を広げる可能性もある。加えて,参加型予算への参加者が低所得層に偏ることによって,中間・上層の支持を失うという問題もある。参加型予算はまた,市議会の権限を部分的にしろ奪い,議会における首長の支持基盤を危うくする可能性がある。したがって参加型予算導入の条件は,広範な市民と市議会の支持ということになる (Wampler [2004])。しかし,そうした条件がない場合でも,クライエンテリズムによって特定の社会層が優遇され,議会が住民の代表という役割を十分に果たしていない場合は,選挙などを通じて地域社会の支持を得た首長が参加型予算を導入することが可能である。そして,参加型予算を通じて予算を可視化することで,特定の社会層の影響を排除し,議会を牽制することもできる。このようなケースでは,参加型予算は首長の支持基盤を強化することにつながるのである。

(3) 参加型予算の類型

参加型予算はブラジルの多くの都市で導入されているが,その形態は多様である。ワンプラー (B. Wampler) は,1997～2004年の実績 (サンパウロ市は2001～04年) に基づいて,導入した都市を図2-1のように分類している (Wampler [2007a])。分類の基準は,上記の期間において,①市長が予算決定権

図 2-1　参加型予算の類型

予算決定権限の市民への委任に対する市長の支援	市民組織の政治交渉への意思	
	強い	弱い
高い	制度化された参加民主主義 ポルトアレグレ イパチンガ	該当なし
中程度	非公式・競争的参加民主主義 レシフェ ベロオリゾンテ	任命的参加民主主義 サントアンドレ サンパウロ
低い	該当なし	無力化された参加民主主義 ブルメナウ リオクラロ

出所：Wampler［2007a］258.

限を市民に委任する際，どの程度の支援を行ったか，②市民組織が政治交渉の意思をどの程度もっていたかの二つである。

　ポルトアレグレとイパチンガは，市長が予算決定権限を市民に委任することを十分に支援し，また市民組織が政治交渉への強い意思をもっている例であり，ワンプラーはそれを「制度化された参加民主主義」(institutional participatory democracy) と呼んでいる。そこでは政府職員と市民が共同で議論し，予算を策定していった。政府職員は市民の要求を尊重するとともに，市民の学習を促した。予算要求の内容をめぐっては市民の間で深刻な対立が生じたが，市民と政府職員の間で地域の公共の利益をはかるという合意が尊重されたことで，そうした対立も克服することができた。

　一方，その対極に，図 2-1 右下段の「無力化された参加民主主義」(emasculated participatory democracy) の形態があり，ブルメナウとリオクラロがこれに相当する。これらの二つの市では，市民組織は政治交渉に強い意思をもたず，政府は予算決定権限の委任に消極的であった。その結果，導入後に参加型予算が適切に機能しなかった。また，右中段の「任命的参加民主主義」(co-opted participatory democracy) には，サントアンドレとサンパウロが含まれる。これらの市では，政府は一部の予算権限を市民に委任したが，参加型予算の代表者（後述）たちは独自の予算を策定することなく，政治家の意図に沿って行動し

た。市民組織は政府を批判するものの、政治交渉には消極的である。

最後に、左中段の「非公式・競争的参加民主主義」(informal and contested participatory democracy) には、レシフェとベロオリゾンテが分類される。これらの二つの市では、市民組織の政治交渉への意欲は高い。他方で市政府は市民に予算決定権限を委任するにあたって、市民からの要求が行政に与える影響を最小化することに腐心している。したがって、市民側の政治交渉への意欲が弱まると、参加型予算が縮小される可能性が出てくる。つまり、両者のせめぎあい（競争）によって、参加型予算の公式な議論の場ではないところで予算額が決まってしまうということになる。

2．参加型予算の仕組み

次に、ポルトアレグレとベロオリゾンテを実例として、参加型予算の仕組みを紹介する。この二つの都市の参加型予算は長い歴史をもち、それぞれ発達した制度を構築しているが、その仕組みは大きく異なっている。

(1) ポルトアレグレ：住民の熟議による参加型予算

ポルトアレグレ市は人口約141万人、面積約497km^2、人口密度1平方キロ当たり2838人（2010年人口センサス）、大西洋に続くパトス湖に接する港町である。国内では比較的所得が高く、貧困層は少なく、分配も相対的に公正に行われている。しかし、他の大都市と同じように、農村からの人口流入によって周辺部にスラムなどの貧困層居住地域を抱えていた。それらの地域では上下水道が整備されておらず、ゴミの収集もないなど、社会インフラが不十分だった。失業者、児童労働、不就学が多いなど、さまざまな社会的排除（exclusão social）が存在していた。既存の政治・行政機構はこれらの社会問題の解決にあたり、有効に機能していなかった。ポピュリスト的な政治姿勢は、非効率で効果の乏しい支出を増大させ、財政を悪化させた。過剰な人員、過大な給与・年金給付がさらに財政を悪化させ、本来であれば市民に向けられるべき支出を縮減した。ネポチズム（縁故主義）が支配し、政治家、政府、それらに寄生する民間部門には腐敗がはびこっていた。予算は、専ら政治的発言力をもつ人々の間で配分

され，政治的なチャネルをもたない貧困層は，選挙期間中の一部を除いて政治から排除され，予算はほとんど配分されることがなかった。

　こうした政治・行政が大きく変わったのは，1988年の選挙で労働者党のドゥトラ（O. Dutra）（1989〜92年）が市長に当選してからである。ドゥトラは選挙公約に基づき，1989年に参加型予算を導入した。参加型予算は，労働条件，生活条件の改善を重視する労働者党の重要政策の一つであった。ドゥトラ市政の後，1993年以降はジェンロ（T. Genro）市長（1993〜97年，2001〜02年）が参加型予算を引き継ぎ，制度が整備された。さらにその後のラウル・ポンテ（Raul Ponte）市長の時期（1997〜2000年），ジョアン・ヴェルレ（João Verle）市長の時期（2000〜04年）へと，計4期16年にわたる労働者党政権のもとで，ポルトアレグレの参加型予算はその基盤を強固なものとしていった。

　図2-2は，ポルトアレグレ市の参加型予算の決定過程を示したものである。毎年すべての新規投資予算案が住民による討議を経て作成されるが，予算決定までにいくつかの段階を踏む。まず3月に，住民間で予備的な会合が開催され始める。ここでは，どの分野の予算要求を優先するかなどが議論される。続いて，17の地区ごと，および後述する6つの事項（分野）ごとに，それぞれ総会（Assembléia）が開催され，ここでも住民が直接参加して，前年度の決算報告や，新年度の優先分野に関する投票などを行う。そして，各地区および事項別に，それぞれ地区別評議会（Fórum Regional），事項別評議会（Fórum Temático）が組織される。事項別評議会は，交通，保健・福祉，教育・スポーツ・レジャー，文化，経済開発・租税・観光，市組織・都市発展・環境の6分野の評議会から構成される。地区別および事項別評議会では，評議員（delegado）を選出し，総会での投票結果なども踏まえつつ，優先分野の順位を決定する。その際，事前に行われた住民からのヒアリングが参考にされる。評議会ではさらに，評議員のなかから，参加型予算審議会（Conselho do Orçamento Participativo : COP）の委員（conselheiro）を2名（＋補欠2名）ずつ選出する。最後に，すべての市民が参加する市総会（Assembléia Municipal）が開催され，地区別・事項別の総会・評議会での議論を踏まえながら予算案が承認される。ここまでが第1段階であり，住民が議論に直接参加する直接民主主義が特徴となっている。

図2-2　ポルトアレグレの参加型予算の決定過程

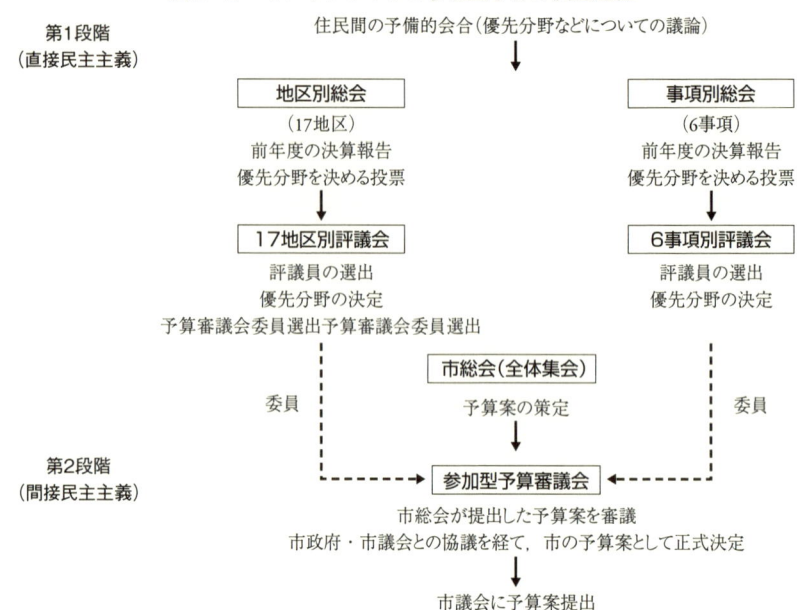

第1段階
（直接民主主義）

住民間の予備的会合（優先分野などについての議論）

```
        地区別総会                          事項別総会
        （17地区）                           （6事項）
      前年度の決算報告                    前年度の決算報告
      優先分野を決める投票                優先分野を決める投票

      17地区別評議会                      6事項別評議会
        評議員の選出                        評議員の選出
        優先分野の決定                      優先分野の決定
      予算審議会委員選出予算審議会委員選出

                     市総会（全体集会）
                       予算案の策定
```

第2段階
（間接民主主義）

委員　　　　　　　　　　　　　　　　　委員

参加型予算審議会
市総会が提出した予算案を審議
市政府・市議会との協議を経て，市の予算案として正式決定

市議会に予算案提出

出所：ポルトアレグレ市資料などを基に筆者作成。

　第2段階では，各評議会で選出された委員によって構成される参加型予算審議会（COP）が，市政府の技術的な支援を受けつつ，市総会が提出した予算案を審議し，市の正式な予算案として市議会に提出する。住民の代表としてのCOP委員が議論を重ねるという点で，第2段階の特徴は間接民主主義であると言える。COPは参加型予算の最高審議機関であり，各地区，各事項別の評議会から選出された委員計46名のほか，ポルトアレグレ住民組織連合（União das Associações de Moradores de Porto Alegre），市職員労働組合（Simpa : Sindicato dos Municipários）から各1名（補欠各1名），市政府の代表2名（コミュニティ局 GRC : Gabinete de Relações com Comunidade，計画局 GAPLAN : Gabinete de Planejamento より各1名，補欠各1名）から構成される。ただし，市政府代表はCOPにおける投票権はもたない。この第2段階では，COPの場だけではなく，COPと政府，COPと地区別・事項別評議会の間で議論や交渉がなされる。それ

らを踏まえて，COP で投票が行われ，最終的な予算案が 9 月末に市政府を通じて市議会に提出される。予算案は10月には議会で審議され，並行して市議会，市政府，COP の間で綿密な交渉が続けられ，必要に応じて修正される。その過程を通じて予算案は練り上げられ，最終的なものとなり，市議会での最終審議を経て決定される。

　このように，ポルトアレグレの参加型予算は，住民による時間をかけた熟議を経て策定される。最も詳しい議論が行われる場として，地区別評議会の具体的なプロセスを，市の2005年の内規（Regimento Interno）によってみてみよう[10]。まず，アソシエーションや通りなど生活の最小単位であるコミュニティ，それらが集まったサブ地域（micro região），そして全市を17に分けた地区（região）の 3 つのレベルで，予算要求の内容を順に議論する。どの分野について予算を要求するかを決める際の基準は，①地域で要求度の高い案件，②サービスあるいはインフラの不足の度合い，③受益人口の大きさ，とされるが，これらはあくまで規範的な基準であり，実際の決定においては住民の意思と裁量に委ねられる。コミュニティでの議論の結果を踏まえ，サブ地域で決定された要求案を集計し，地区全体の優先順位を決める。予算要求の分野は，基礎衛生，住宅，道路舗装，福祉，電化，交通，保健，文化，環境など14分野にわたる。例えばある地区で道路舗装が優先案として選ばれた場合，最初の議論で道路舗装を第 1 位に挙げたコミュニティあるいはサブ地域の道路の舗装が最優先とされる。 1 位に挙げたコミュニティやサブ地域が複数ある場合は，先の基準の②③，もしくは他の基準が適用されて，優先すべき道路の場所が決定される。

　続いて，市総会での承認を経て COP に提出する予算案および資金配分案を策定するにあたって，17地区ごとに 4 つの優先分野を順に挙げる。その順位によって優先係数をかけた上で集計し，基礎衛生分野（特別な基準が適用される）を除いた13の分野から，市全体の優先事項として上位 3 つを選ぶ。この 3 つの分野に関して，具体的にどの地区のどのプロジェクトに優先的に予算を配分するかは，各地区での議論と同様，②サービスあるいはインフラの不足の度

---

10) Prefeitura de Porto Alegre, "Plano de investimentos e serviços 2004."

合いと，③受益人口の大きさによって決定する。第4位以下の分野については，各地区ごとに4つの優先分野を決めた際，最優先に挙げた地区の要求が優先される。それでなお予算に余裕がある時は，その他の地区に配分される。

（2）ベロオリゾンテ：管理された参加型予算

　ミナスジェライスの州都ベロオリゾンテの人口は238万人，ブラジル第4位の大都市で，人口密度は7177人を数える（2010年人口センサス）。国内の他の大都市同様，人口が急速に増加してきた。1950年には35万人に過ぎなかったが，60年に68万人へと10年でほぼ倍増し，以後70年124万人，80年178万人，90年202万人，そして2000年には224万人へと膨れ上がってきた。1990年以降は緩慢になっているが，これは主に周辺部で人口増加が起きているためである。急激な人口増加は，住宅，上下水道，交通など社会資本の不足を引き起こした。

　ベロオリゾンテに参加型予算が導入されたのは，アナニアス（P. Ananias）が市長（1993〜97年）に選出された1993年であった。以降現在まで途切れることなく参加型予算を実施してきた。アナニアスは，軍政期の1970年代にミナスジェライス州で労働者党の設立に関わり，労働組合の顧問弁護士を務めた人物である。1988年には労働者党の市議となり，93年に市長に選出されると，参加型予算導入のほか貧困・飢餓・失業削減などに取り組んだ。ベロオリゾンテの政界は，ポルトアレグレに比べれば保守的であり，底辺からの社会運動も不活発であった。にもかかわらず市議会は参加型予算に比較的好意的であった。それは労働者党が市長選に勝利したという事実に加え，アナニアスがベロオリゾンテの政治に強い影響力を与えてきたカトリック教会と深い絆をもっていたことによる（Avritzer［2009］94）。

　ベロオリゾンテの参加型予算は次の3つの形態で運営されている。地域参加型予算（Orçamento Participativo Regional : OPR），住宅参加型予算（Orçamento Participativo Habitacional : OPH），電子投票参加型予算（Orçamento Participativo Digital）である。地域参加型予算（1993年導入）は，2年に1度，住民が地域ごとに集まり，市予算で実行すべきプロジェクトを直接投票によって選ぶものである。住宅参加型予算（1996年導入）は，住民による議論を通じて，市予算

による低所得層・スラム住民向けの住宅建設の是非を決定するものである。電子投票参加型予算（2006年導入）は，2年ごとに，市全体に関わるような比較的大きな公共工事の是非を，インターネットもしくは電話による住民投票で決定するものである。これは低所得層をはじめ，討議に加わる余裕のない人々にも参加の間口を広げることを狙って導入された比較的新しい形態である[11]。

　ベロオリゾンテの参加型予算は，ボトムアップ・システムによる予算決定という点で，先駆的モデルであるポルトアレグレと同じだが，重要な差異も存在する。第一に，ポルトアレグレでは毎年実施されるが，ベロオリゾンテでは2年に1度である。隔年実施は住民，行政双方の負担を軽減するが，他方で住民の参加意欲を減殺する可能性がある。第二に，ポルトアレグレではすべての新規投資予算が住民によって審議されるが，ベロオリゾンテでは50％に制限されている。第三に，ポルトアレグレの参加型予算審議会のような，全住民で議論する場がベロオリゾンテでは設けられていない。その結果，市議会が予算において大きな決定権を維持することになる。要するに，ポルトアレグレと比較して，ベロオリゾンテの方が住民の参加が制限されていると言える。

　他方で，ベロオリゾンテの参加型予算では，予算審議の過程に新しい仕組みを導入している。一つは支出配分の指針となる都市生活水準指標（Índice de Qualidade de Vida Urbana：IQVU）の採用である。IQVUは教育，保健，都市インフラ，住宅など10の分野にわたる38の指標を合成したもので，公共財の配分の不平等度を測る指標である。参加型予算においては，資金配分の基準として利用される。ポルトアレグレでは公共財へのアクセスの程度がプロジェクト選定の基準とされているが，それと同じ機能を果たす基準として，ベロオリゾンテではIQVUを用いている。問題は，それが参加型予算の総額の50％にしか適用されない点である。すなわちベロオリゾンテでは，参加型予算の半分はIQVUに基づいて配分され，残りは各地域に均等配分される。つまりベロオリゾンテの参加型予算では，予算配分において「客観的な基準」が適用されており，住民の討議と意思決定に委ねられる部分がかなり小さい。その意味で，ボ

11）住宅参加型予算と電子投票参加型予算の詳細については，小池［2010］参照。

トムアップの決定システムという観点からは，より穏健な制度（Arvitzet [2009] 95）と言える。

　ベロオリゾンテの参加型予算ではまた，住民による審議過程にも新しい仕組みが導入されている。一つは「優先キャラバン」（caravana de prioridades）である。サブ地域ごとに策定されたプロジェクト案に関して，行政はキャラバンを組織し，サブ地域の代表が互いに視察しあう機会を設けている。自分たちが提案したプロジェクトの必要性・緊急性について，他のサブ地域の状況と比較して検証し，プロジェクトを互いに評価しあうことが可能となる。優先キャラバンの目的は，住民の間に利他主義を醸成することである（Wood and Murray [2007] 24）。それと同時に，予算要求の放恣を抑制する効果をもつ。ベロオリゾンテではさらに，もう一つの新しい仕組みとして，行政が実施する調査に基づいた「優先地域」（Área Prioritária）の概念を2003年度に導入している。優先地域には，後述する「予算優先地域フォーラム」（p.67）でプロジェクトを絞る際の投票で高い優先係数が与えられる。ここでも，「客観的な基準」によって，住民の意思決定の自由度が狭められている。

　ベロオリゾンテの参加型予算の具体的なプロセスを，地域参加型予算を例にみてみよう。まず，参加型予算の実施に際し，市全体が9つの行政地区（Região Adminisrativa）に分割され，それらがさらに小規模な42のサブ地域（Sub-Região）に分割される。各サブ地域はさらに80の計画単位（Unidade de Planejamento : UP）に分けられ，この計画単位ごとに前述の都市生活水準指標（IQVU）が作成される[12]。そして各 UP の IQVU と人口規模を考慮し，予算配分を決定する。IQVU が低い UP，人口が多い UP ほど，より多くの資金を配分される。

　資金配分に際しては，二つの調整が加えられる。第一に，42のサブ地域を，IQVU が高い（＝インフラが比較的整備されている）特別グループ（Grupo Especial）と，それ以外の一般グループ（Grupo Comun）に分け，配分資金の大

---

12) ただし，80の計画単位のうち，大学都市（ミナスジェライス連邦大学）だけはIQVUが作成されない。

枠が設定される。市人口の約30％を占める特別グループ（6つのサブ地域）には資金の10％，人口の約70％を占める一般グループには資金の90％が配分される。第二に，低所得層居住地域やスラムに対して，資金配分における優先措置がなされる。特別グループ内の低所得層居住地域・スラムを，近隣の一般グループに含める形で資金配分を行う。

先に述べた優先地域（Área Prioritária）の確定にあたっては，第三セクターのベロオリゾンテ都市公社（Companhia Urbanizadora de Belo Horizonte : URBEL）が調査を実施する。調査は「都市社会包摂優先地域」（Áreas Prioritárias para Inlusão Urbano e Social），「貧困地域・スラム階層」（Hierarquização de Vilas e Favelas）の二つの指標を設定して行われる。前者は，貧困が集中し，所得，教育，保健・衛生の指標において脆弱な地域を特定するものである。後者は，自然条件，災害リスク，インフラ，生活水準などの観点から，貧困地域・スラムを特定するものである。後者はまた，前者の確定に利用される（Prefeitura de Belo Horizonte [n. d.]）。この二つの調査に基づいて確定された優先地域は，後述する「予算優先地域フォーラム」でプロジェクトを選ぶ際に，投票でより高い優先係数を設定されることになる（Prefeitura Municipal de Belo Horizonte [2007] 70）。

地域参加型予算の具体的な手順は，①第1ラウンド，②第2ラウンド，③優先キャラバン，④予算優先地域フォーラム（Fórum Regional de Prioridades Orçamentárias），⑤予算優先市フォーラム（Fórum Municipal Regional de Prioridades Orçamentárias）となっている（図2-3）。

2年ごとに，住民，市長，参加型予算担当の部長，課長，後述の参加型予算実施監視委員会委員が集まり，参加型予算の開始が宣言される。続いて①第1ラウンドでは，市政府から9つの行政地区ごとに，策定指針や日程，資金配分について説明があり，コミュニティ（bairro）や集落（vila）ごとに予算要求の書式が配布される。それに基づいてコミュニティ別集会（Reunião por Bairro）が開催され，コミュニティごとに優先要求案を決定し，書式を作成する。集会の開催日程は，あらかじめ市の担当課長に通知する。市政府では専門家を用意し，要求案が技術的な基準を満たしているかどうかを審査し，予備的な選別を行う。要求案に法的・技術的な問題があった場合，コミュニティは行政の指示

図2-3　ベロオリゾンテの地域参加型予算のプロセス

参加型予算の開始宣言
↓
①第1ラウンド(コミュニティ・集落レベル)
市政府から策定指針や日程の提示,予算要求書式の配布*
コミュニティ別集会の議論に基づき,優先要求案を書式に記入
市政府による優先要求案の審査・予備的選別
法的・技術的に問題があれば要求案を修正
↓
②第2ラウンド(サブ地域レベル)
サブ地域ごとの集会で25の暫定要求案を策定
市政府による暫定要求案の評価・コスト推計
コミュニティ内で優先キャラバンと予算優先地域フォーラムに送る代表を選出
↓
③優先キャラバン(行政地区レベル)
サブ地域の代表がプロジェクトを視察しあい,互いに要求の適否を評価・検証
↓
④予算優先地域フォーラム(サブ地域レベル)
議論を踏まえてサブ地域ごとに14(15)の公共投資プロジェクトを選択
参加型予算実行計画の策定
参加型予算実施監視委員会に送る代表を選出
↓
⑤予算優先市フォーラム(市レベル)
市長に参加型予算実行計画書を提出

注：＊は行政地区ごとに実施。
出所：Prefeitura Municipal de Belo Horizonte ウェブサイト（2010年10月1日閲覧）。

に従い修正を行う。

　次の②第2ラウンドでは，サブ地域ごとに集会（assembléia）を開催し，そこでの議論を踏まえて，各地域ごとにそれぞれ25の暫定要求案を策定する。これを市の視察官が評価し，コストを推計する。各コミュニティでは並行して，優先キャラバンと予算優先地域フォーラムに参加する代表（delegado　後述す

るように複数のケースあり）を選出する。

　③優先キャラバンでは，9つの行政地区を単位として，各サブ地域の代表が暫定要求案のプロジェクト（empreendimento）を視察する。そこでは各プロジェクトの投資計画とコスト見積が配布され，自分たちのプロジェクトの必要性，予算規模の適否などを検証する。

　次の④予算優先地域フォーラムでは，各プロジェクトについて議論が交わされ，サブ地域ごとに14（予算に余裕があれば15）の公共投資（obra）プロジェクトを選ぶ。これに基づき，参加型予算実行計画（Plano de Empreendimentos do Orçamento Participativo）が策定される。この段階ではまた，市全体の参加型予算実施監視委員会（Comissão de Acompanhamento e Fiscalização da Execução do Orçamento Participativo : COMFORÇA）に送る代表を選出する。

　最後に⑤予算優先市フォーラムで，市長に参加型予算実行計画書を提出し，ベロオリゾンテの参加型予算の審議過程は完結する。

　なお，ベロオリゾンテでは，集会への住民の出席率や，予算優先地域フォーラムの代表者の人数に関して基準が定められている。②のサブ地域レベルの集会では，サブ地域ごとに最低でも1つのプロジェクトの予算が通るようにするため，少なくとも人口の最低0.5％の出席者が必要とされる。この比率に満たない場合，最低出席率が60％を切ると配分資金が40％減額され，その分は他のサブ地域に回されるという具合に調整が行われる。予算優先地域フォーラム代表の人数は，コミュニティの自治組織（associação comunitaria）から選出される1名に加え，集会出席者数に応じて追加される。このようなルールの設定によって，予算要求の正当性が保証されることになる。

　このように，ベロオリゾンテの参加型予算はある意味「管理された参加型予算」と呼ぶべきものである。その背景として，ベロオリゾンテが保守的な政治風土をもち，左派が穏健であったことが挙げられる。組合運動は弱く，限界的であった。カトリック教会は草の根の運動には好意的で，参加型民主主義を支持したが，政治的姿勢は基本的には保守的であった。この点，左派の影響力が強く，組合運動が活発で，カトリック教会の影響力が弱いポルトアレグレとは異なると言える（Avritzer [2009] 50-53）。

3．参加型予算の成果と課題

ここまで，普及の背景や仕組みについて概観してきたが，参加型予算は，社会資本の供給や市民参加の観点からどのように評価しうるであろうか。参加型予算の実施によって，従来社会から排除されていた貧困層や弱者を中心に，道路，上下水道，医療・保健，教育，住宅などの社会資本が供給され，貧困削減，栄養・健康・教育水準の向上に寄与しうる。また，予算の審議過程が透明化することで，クライエンテリズムや汚職を排除し，無駄な支出と腐敗が減少し，財政の健全化が可能となる。しかし，これらの成果が参加型予算によるものかどうかを定量的に把握するのは容易ではない。そこで，ここでは社会指標によって成果を検討するとともに，参加型予算の制度としての課題を指摘したい。

（1）参加型予算の成果

ポルトアレグレの参加型予算の参加者数は，1990年代前半には地区別総会・事項別総会を合わせて数千人であったが，90年代後半には地区別総会が1万人，事項別総会が1000～2000人，合わせて1万～1万4000人に達し，その後は変動があるもののおよそ1万2000～1万6000人程度で推移している (Fedozzi [2012])。

ポルトアレグレ市政府が2004年に作成した報告書「民衆行政の16年の成果」は，参加型予算によって道路の舗装，上下水道や公共交通の整備，保健・医療，初等教育，住宅の拡充，ゴミ収集，公園整備などが急速に進んだとしている (Prefeitura Municipal de Porto Alegre [2004])。これらの社会インフラの整備は，2000年代半ば以降も参加型予算の重点分野とされ，財政状況によって投資金額は変動したが，引き続き多くの予算が上下水道，環境保全，公共交通などに向けられている (Prefeitura Municipal de Porto Alegre [2012a])。2010年の人口センサスによれば，ポルトアレグレ市の上水道普及率は99.5％，下水道普及率は88.2％，ゴミ収集率は100％，電気普及率は99.9％，道路舗装率は87.9％である。また，10歳以上人口の識字率は97.8％，栄養・衛生・医療の水準を示す乳児死亡率は9.15‰となった (Prefeitura Municipal de Porto Alegre [2012b])。国連開発計画（UNDP）の人間開発指数[13]をみると，ポルトアレグレは2000年に0.744（ブラジル州都中第4位），2010年に0.805（同第6位）であった。

ベロオリゾンテでも，参加者数は1990年代以降2万～4万人の間で変動し，2000年代末に4万4000人に達した（Prefeitura Municipal de Belo Horizonte [n. d.]）。ベロオリゾンテでは前述のように，2003年度から「優先地域」の概念が導入され，貧困地域への重点的な予算配分がなされるようになった。その結果，優先地域には人口比を大きく上回る予算が計上された。2010年の人口センサスによれば，ベロオリゾンテ市の上水道普及率は99.5％，下水道普及率は96.0％，ゴミ収集率は99.5％，電気普及率は99.7％，道路舗装率は98.2％である。10歳以上人口の識字率は97.3％（2010年），乳児死亡率は12.0‰（2009年）であった[14]。人間開発指数は，2000年に0.602（州都中第8位）であったが，2010年には0.810（同第5位）に上昇した。
　これら社会指標の向上は，そのすべてが参加型予算に帰するものではない。人間開発指数を比較しても，参加型予算を導入している都市が，導入していない都市と比べて格段に高いわけではない（表2-3）。しかし，参加型予算によって，住民自身が日々の生活にどのような問題・課題が存在するかを確認し，自らのニーズを市の予算に反映させ，生活水準・厚生を向上させる機会を得ていることは事実である。

（2）参加型予算の問題点と課題
　他方で，参加型予算には問題点もある。第一は代表制の質の問題である。ポルトアレグレでは，参加者は女性，低所得層，低学歴層，黒人などに偏っている。社会資本のニーズが高く，参加型予算から利益を受ける可能性が高い層と言える。他方で，極貧層，若年層の参加率が低い。このような層にとっては，

13）UNDPが1993年以降毎年発表している，各国・地域の生活の質や発展の度合いを測る指標。所得などの経済的指標だけでなく，栄養状態や安全な水の供給など基本的な生活環境条件をはじめ，医療，教育，公共交通，住宅，雇用環境などが包括的に考慮される。0～1の数値で示され，1に近いほど生活の質や発展の度合いが高いことを示す。
14）ベロオリゾンテ市政府統計・指標のサイト（http://portalpbh.pbh.gov.br/pbh/ecp/comunidade.do?app=estatisticaseindicadores）による（2013年9月9日閲覧）。

表2-3 ブラジルの主要州都の人間開発指数の推移

都市(州)	基礎自治体中の順位			指数			
	1991	2000	2010	1991	2000	2010	変化 (1991〜2010)
フロリアノポリス(SC)	3	6	3	0.681	0.766	0.847	0.166
ビトリア(ES)	6	7	4	0.644	0.759	0.845	0.201
ブラジリア(DF)	21	40	9	0.616	0.725	0.824	0.208
クリチバ(PR)	8	10	10	0.640	0.750	0.823	0.183
ベロオリゾンテ(MG)	35	39	20	0.602	0.726	0.810	0.208
ポルトアレグレ(RS)	5	14	28	0.660	0.744	0.805	0.145
サンパウロ(SP)	15	32	28	0.626	0.733	0.805	0.179
リオデジャネイロ(RJ)	9	63	45	0.639	0.716	0.799	0.160
ゴイアニア(GO)	41	67	45	0.600	0.715	0.799	0.199
カンポグランデ(MS)	144	320	100	0.563	0.673	0.784	0.221
レシフェ (PE)	90	488	210	0.576	0.660	0.772	0.196
サルヴァドル(BA)	144	580	383	0.563	0.654	0.759	0.196
ベレン(PA)	154	717	628	0.562	0.644	0.746	0.184

注:SC:サンタカタリーナ州, ES:エスピリトサント州, DF:連邦区, PR:パラナ州, MG:ミナスジェライス州, RS:リオグランデドスル州, SP:サンパウロ州, RJ:リオデジャネイロ州, GO:ゴイアニア州, MS:マットグロッソドスル州, PE:ペルナンブコ州, BA:バイア州, PA:パラ州。
出所:PNUD, *Atlas de desenvolvimento humano no Brasil 2013*, Brasília, 2013.

時間と労力を要する参加型予算への参与は,機会費用が大きすぎるからである。また,評議員や予算審議会委員は,男性,高所得層,高学歴層,白人の比重が高い(Baiocchi [2003]; Fedozzi [2007]; Fedozzi et al. [2012])。こうしたバイアスは,参加型予算が貧困層にのみ有効な制度であるという見方につながり(出岡 [2012] 170),制度としての正当性を低める可能性がある。

第二は,市全体の政策との整合性である。ポルトアレグレに限らず,ブラジルの市政府の財政は,その基本方針を定めた予算方針法(Lei de Diretrizes Orçamentárias:LDO)や,年予算法(Lei Orçamentária Anual:LOA),多年度予算計画(Plano Plurianual)に基づいて実施される。参加型予算もこれらの法律や計画との整合性が求められる。しかし,参加者は公共財や公共サービスについて,短期的・中期的な関心しかもたないことが多く,長期的な計画への理解

が乏しい。議論や予算案の策定にあたって，市の予算法や計画が考慮されないことも多く，結果的に市全体の長期計画との間で不整合が生じるケースもみられる（Reuben e outros［2008］4-6）。

　第三は，参加型予算が必ずしも住民のエンパワーメントに寄与していないことである。現状では多くの場合，参加者の関心は公共プロジェクトの実施による社会資本の獲得に向けられており，学習やエンパワーメントが十分には実現していない。

　第四は，住民の行政への依存である。都市によって程度の差はあるが，いずれの場合も行政が参加型予算の過程で技術的な支援を与え，情報を提供している。住民自身の参加意識や学習意欲が乏しければ，行政への依存が高まることになる。

　そして最後に，最悪のケースとして，参加型予算が市政府の政治的目的の実現に利用されるという危険性がある点である（Wampler［2007a］62-65;［2007b］45-47）。

　これらの問題点が指摘されるとはいえ，それを過大にとりあげた批判もまた論拠を欠いている。参加者のバイアスの問題は，参加型予算の意義と裏腹の問題である。参加型予算はそもそも，都市において社会的に排除された人々に社会資本を提供し，社会に包摂することを重要な目的にしており，この点ではその機能を果たしている。また，長期的な都市計画との不整合は，参加型予算そのものと言うよりも運営の問題である。

　ボトムアップによる審議という点では，ベロオリゾンテの参加型予算は住民の意思決定の範囲が制限されている。「優先キャラバン」は，住民同士の相互評価を通じて結果的に一部のプロジェクトを断念させる点からみて，市政府が仕組んだ巧妙な装置のようにも見える。プロジェクトの選択においても，住民のニーズや意思よりも数値化された基準が優先されている。いわば「行政によって管理された参加型予算」と言える。「管理された参加型予算」は一方で，「社会の失敗」を抑制する効果をもつ。すなわち住民の参加を制限することで，市の財政を軽視した過剰な予算要求や長期計画との不整合，中間以上の社会層および絶対的貧困層の排除などの問題を回避，あるいは回復することを可能と

する。

　しかし，住民のニーズに沿った予算編成，参加型民主主義，住民のエンパワーメントを制約していることは否めない。また，「管理された参加型予算」では，行政の能力とモラルに依存する部分が大きくなる。参加型予算においては，行政と住民のいずれか一方の能力やモラルに委ねるのではなく，両者が相互に牽制しあい，協力する関係が必要である。そのことが本章冒頭で述べたような国家（市行政）と社会（住民）のシナジーをもたらし，優れた共同統治のもとで社会資本の効率的な提供を可能にする。その意味で，ベロオリゾンテの「管理された参加型予算」もまた問題点をもっていると言える。

（3）参加型予算と民主主義

　参加型予算については，民主主義の一般的な形態である代表制民主制，間接民主主義を否定するものだとの評価がありえよう。実際，ポルトアレグレにおける参加型予算の導入は，労働者党の代表制民主制への懐疑が一つの動機となっていた。労働者党のリーダーたちは，代表制民主制が傾向的にもつ有権者（市民）と被選挙人（議員）の間の断絶，すなわち代理人である議員が委託者である市民の意向と利益に沿って行動しないことを問題とした。もちろん，その一因はブラジルの政治的伝統であるネポチズムによる歪みであり，必ずしも代表制民主制そのものの欠陥によるものではない部分がある。しかし，ブラジルに限らず，民主主義が高度に発展したとされている国においても，代表制民主制の機能不全（いわゆるエージェンシー問題）は広く見られる。

　確かに参加型予算は，市議会という代表機関による審議や決議を形式的なものにする可能性をもつ。住民から提出された予算案を否定することは，将来の選挙を考慮すれば容易ではないからである。参加型予算はまた，立法権以前に，行政権を侵食する可能性がある。行政ではなく住民が予算を策定することになれば，行政の裁量範囲は狭まるからである。しかし，先にも述べたように，参加型予算は代表制民主制にとって代わるものではない。直接民主主義の要素を色濃くもってはいるが，直接民主主義そのものではない。住民が提出した予算案は，最終的に市議会の審議を経てはじめて正式なものとなるのだし，住民の

予算審議には行政による技術的支援が欠かせない。したがって，予算策定において議会や行政が排除されているわけではない。

むしろ参加型予算は，議会や行政の機能と正統性を高めると言える。参加型予算は，市民，とりわけそれまで政治から排除されてきた人々が，新たな委託者として政治に加わったことを意味する。それは，利害の調整の場としての議会の役割や正統性を高める。また，参加型予算によって，行政は住民がどのようなサービスを必要としているかを具体的に知ることができる。参加型予算を通じて，議会，行政府，市民社会の協働によるグッド・ガバナンスが実現し，社会資本の供給を効率的・効果的なものにしうる。

むすび

参加型予算については，それが間接民主主義を否定する，予算の一貫性を損なうなどの本質的な批判，参加者の代表性，予算決定過程の冗長性など制度に関わる問題点の指摘，参加者の能力の不足から衆愚政治になるという危惧が示されている。しかし他方で，開発途上国はもちろん先進国ですら，間接民主主義が十分に機能せず，多くの人々が社会資本から排除されているのも現実である。ポルトアレグレで始まった参加型予算は，代表制民主制が十分に機能せず，クライエンテリズムが支配するなかでは，社会資本を効率的，公平に供給する手段となりえる。地域社会，行政府，議会の間でシナジーが生まれ，共同統治が実現すれば，優れた予算の策定と執行が可能となる。さらに，市民が予算審議に直接・間接に参加することを通じて，民主主義を深化させる効果も期待できる。制度に関わる問題点は改良すればよいことである。

市場が開発の唯一の制度であるという理解は，市場が失敗を繰り返すにしたがい，過去のものとなりつつある。未曾有の経済危機のなかで，現在は国家の復権が見られるが，われわれは国家の過度の経済介入が多大な災禍をもたらしたことを改めて思い返す必要がある。市場と同様，国家もまた不完全なのである。こうしたなかで，開発の制度としてのコミュニティあるいは市民社会が注目され，参加型開発がもてはやされた。しかし，コミュニティもまた，開発の制度としては不完全である。公聴会，住民代表の参加などを通じて，国家が自

らを正当化するためにコミュニティを利用することもある。開発途上国ではコミュニティや市民社会は未熟であり，国家や市場に対抗する能力を備えていない。その結果，コミュニティもまた失敗を犯す。参加型予算が機能するにはコミュニティのエンパワーメント（強化）が必要であり，政府はそれを支援する必要がある。そして，参加型予算への参加そのものもまた，エンパワーメントの手段となる。

第3章　連帯経済:新しい経済を創る

はじめに

　ブラジルでは，国家が社会福祉政策から後退し，再分配の機能を低下させる一方で，新自由主義に基づく経済政策が失業や格差などの社会問題を深刻化させている。他方，このような状況のもとで，NGO，NPO，財団，協同組合など，国家でも市場でもない第三セクターが活動領域を広げている。これらの第三セクターのなかで，とりわけ新しい経済セクターとして重要なのは，「連帯経済」（economia solidária）に分類される諸活動である。小規模な民衆協同組合や，倒産した企業を労働者が継承して経営する労働者自主管理企業，市民がモノを持ち寄り交換する交換クラブ，マイクロクレジット（小額融資），フェアトレードなど，多種多様な経済活動が叢生している。ブラジルではまた，これらの連帯経済を強化するため，中央および地方政府，NGO，労働組合，大学，宗教団体，マイクロクレジットを扱うコミュニティバンクなどが，金融支援，技術・経営指導，人材育成，製品の流通販売に用いる商業施設の提供などの支援を行っている。

　ブラジルは，世界でも連帯経済が最も活発な国の一つである。ブラジルでは2000年代の労働者党政権の誕生と世界社会フォーラム（FSM）開催を契機に，連帯経済が国民的運動として高揚し，行政による経済政策の対象ともなった。しかしもともとはローカルなレベルでの経済活動であり，現在でも実態としては，地域やコミュニティに根ざした実践的な性格が強い。ブラジルにおける連帯経済は，1980～90年代の経済危機によって雇用が失われ，多くの人々が社会的に排除されていくなかで，労働者・小規模生産者など経済的に弱い立場に置かれた人々が，生活と生業を回復するために「連帯」して立ち上がったことに端を発する。つまりブラジルの連帯経済は，底辺からの集団的な生存戦略として展開されてきたものである。その一方で，連帯経済を現行の経済体制を転換させる新たな経済制度として捉えなおす議論が徐々に現れてきた。その背景には，国家主導型開発の行き詰まりと，それを克服するものとして登場した新自由主義的経済政策の失敗がある。ブラジルの連帯経済は，国家・市場と並ぶ多元的な経済制度の一つとして，また国家あるいは市場が支配する経済制度のオ

ルタナティブの一つとして認識されつつある。

　欧米では，協同組合などの経済活動を指す用語として，「社会的経済」（social economy）あるいは「第三セクター」（third sector）という言葉が使われることがある。「社会的経済」は，伝統的な協同組合やアソシエーションなどの活動を指すことが多い。本来は組織構成員の福利拡大を目的としていたが，次第に商業主義的な利益を求める傾向が強まった。そのような動きを受けて，とりわけヨーロッパでは，「連帯経済」の概念が，本来の目的を見失った「社会的経済」への批判性を帯びつつある。つまり「連帯経済」が，失業などによって社会的に排除された人々が連帯し，自分たちの生活・生業の問題と社会問題の解決を目指す運動を表す言葉として認識され始めている。もともと生存戦略と社会問題解決を目指す実践として始まったブラジルの連帯経済は，その背景と目的において，欧米の社会的経済とは大きく異なり，むしろそれに対抗して昨今のヨーロッパで用いられ始めた連帯経済の概念に近いと言える。一方，「第三セクター」の概念は，先進国・開発途上国を問わず一般に流布しているが，国家でもなく市場でもない残渣ないしはニッチという意味合いが強く，また多様な組織を指す曖昧な概念であり（Lechat［2009］159），ブラジルの連帯経済を論じる際の用語としては不十分である[1]。

　ブラジルの連帯経済は，今のところその存在自体も，国内経済システムに与える影響も限られたものであり，市場という大海に浮かぶ小さな島に過ぎない。言うまでもなく，いまだ優勢な経済制度は市場である。ブラジルでは経済自由化以降，国家は市場の放恣を規制し，市場が引き起こす不平等を正すために再分配を行う役割を期待されたが，十分に機能しなかった。そうしたなかで連帯経済は，国家・市場とともに多元的な経済制度を構成するものとして，またその理念と活動が国家と市場の欠陥を補完し修正するものとして，大きな意義をもっている。この章では，ブラジルの連帯経済の実態，経済のオルタナティブとしての意義，発展の可能性とそれを阻む制約条件，そして連帯経済強化のた

1）連帯経済と社会的経済，第三セクターとの差異および関連性については，Laville［2007］；Lipietz［2001］；北島［2004］を参照。

めの政策課題を議論する。

1. 連帯経済の発展

ブラジルの連帯経済は，雇用と所得を求める実践的な運動として生まれた[2]。特に1990年代以降，政治の民主化が進む一方，経済自由化による失業と貧困が深刻化するなかで，労働者協同組合，消費協同組合，金融協同組合，回復企業運動などの組織が数多く生まれた。それらは何よりも，人々の生存のための戦略としての運動であった。ここではまずその運動の歴史，国家による政策化と概念化の経緯をふりかえる。

(1) 生存戦略としての運動：連帯経済前史

1990年代から高揚した連帯経済の運動はやがて，労働組合，NGO，学会，宗教団体，地方政府など多様な組織と連携し，支援を受けるようになった[3]。カトリック教会は早くから連帯経済を支援してきた。キリスト教団体カリタス (Cáritas) はその先駆的存在である。都市・農村の周辺や貧困地域の住民向けに雇用と所得を創造する事業に資金を提供する「コミュニティ・オルタナティブ・プロジェクト」(Projetos Alternativos Comunitários : PACS) を創設し，1985年のリオグランデドスル州を皮切りに，ブラジル各地で連帯経済を支援した (Cáritas Brasileira [2003])。ほかにマリスト会連帯組織 (Intistito Marista de Solidaridade) なども支援を行った。

---

2) ブラジルにおける連帯経済の歴史については，Singer [2002]；Culti [2002]；Souza e outros [2003]；Gaiger [2003]；Cáritas Brasileira [2003] などを参照。

3) ブラジルにおける連帯経済の支援組織とその活動については Gaiger [2004] 参照。また，本項で紹介する組織のほか，企業組織・財団・企業グループ (Grupo de Instituto, Fundação e Empresa: GIFE)，第三セクター情報ネットワーク (Rede de Informação para o Terceiro Setor: RITS)，ジェツリオ・ヴァルガス財団サンパウロ・ビジネススクールの第三セクター研究センター (Centro de Estudos do Terceiro Setor: CETS)，マイクロクレジットの全国組織である全国小規模事業支援センター (Centro do Apoio aos Pequenos Empreendimentos Nacional) なども，連帯経済への支援を行っている。ただし，これらの組織は，連帯経済のみを支援対象としているわけではない。

1984年に組織化された「土地なし農民運動」(Movimento dos Trabalhadores Rurais Sem Terra : MST) は，農地改革によって定住した小規模農民の支援と農民間の協力を進めるため，89年に定住者協同組合システム (Sistema Cooperativista dos Assentados : SCA) を，92年にはその全国組織としてブラジル全国農業改革協同組合全国連合会 (Confederação Nacional das Cooperativas de Reforma Agrária do Brasil : CONCRAB) を設立した。一方，労働組合も，中央統一労働組合 (CUT) が1999年に全国組織として連帯開発機関 (Agência de Desenvolvimento Solidário : ADS) を設立した。2000年にはサンパウロ州の工場地帯 ABC 地区の金属労組，化学労組[4]などの支援を受けて，協同組合，労働者自主管理企業などの連帯経済の支援，およびそれを通じての社会的包摂を目的に，連帯協同組合・事業センター (Central de Cooperativas e Empreendimentos Solidários : UNISOL) が設立された[5]。

　早くから労働者自主管理企業の支援に携わった組織として重要なのは，全国自主管理企業・株式参加労働者連盟 (Associação Nacional de Trabalhadores em Empresas de Autogestão e de Participação Acionária : ANTEAG) である。ANTEAG は，経済自由化，生産自動化などの影響を受けて多くの中小企業が倒産し，労働者が失業するなかで，労働者の自主管理による職場の回復を目的に，1994年に設立された。その主な活動は，倒産企業，あるいは倒産寸前の企業の業務を引き継ぎ，労働者の自主管理による経営を支援することである。

　大学などの研究機関も，連帯経済の技術面・創業面での支援を行っている。1999年に設立された大学間民衆協同組合技術インキュベータ (Incubadoras

---

4) ABC 地区はサントアンドレ，サントベルナルド，サントカエターノ市を指す。金属，自動車などの工業が集積し，労働組合運動が活発な地域である。ABC 金属労組 (Sindicato dos Metalúngicos do ABC) は金属，自動車などの産別労組であり，ナショナルセンターとして最大規模を有する中央統一労働組合 (CUT) の中核労組でもある。ルーラ前大統領の出身労組としても知られる。ABC 化学労組 (Sindicato dos Químicos do ABC) は化学工業の産別労組。
5) UNISOL は法的には社団 (associação civil) であり，現在では応用経済研究所 (IPEA)，国立経済社会開発銀行 (BNDES)，ブラジル銀行，ブラジル石油公社などの政府機関，企業の社会的責任 (CSR) を推進するエトス研究所 (Instituto Ethos) などの民間組織がメンバーとなっている。

Universitárias Tecnológicas de Cooperativas Populares）はその代表的な例である。

　行政レベルでの支援は，地方政府が先行した。ポルトアレグレ市は1994年から生産商工部（SMIC）内に連帯経済支援プログラムを設立した。その中心となったのが，連帯経済に技術的支援を与えるインキュベータ（Incubadora Empresarial Tecnológica de Porto Alegre : IETEC）である。リオグランデドスル州政府も2000年に開発・国際支援局（Secretaria do Desenvolvimento e dos Assuntos Internacionais : SEDAI）において民衆連帯経済プログラム（Programa de Economia Popular e Solidária : ECOPOSOL）を作成した。サンパウロ市では2001年に開発労働連帯局が連帯機会プログラム（Programa de Oportunidade Solidária : POS）を作成し，連帯経済に対する支援を開始した。

（2）国家連帯経済局（SENAES）の設立
　生存戦略としての連帯経済運動とそれを支援する草の根レベルの組織が多数生まれる一方で，連帯経済を経済のオルタナティブとして政治的文脈に置きなおす動きが生まれた。パウロ・シンジェル（Paul Singer）はその代表的な論者である。連帯経済という表現がブラジルではじめて使われたのは，シンジェルが1996年6月11日付『フォーリャ・デ・サンパウロ』紙に寄稿した論文「失業に対抗する連帯経済」であったとされる（ANTEAG [2012]13）。シンジェルはサンパウロ市の第一次エルンディーナ労働者党政権（1989～93年）の企画長官を務めた人物で，第二次政権を目指すエルンディーナ候補は連帯経済を政権公約に掲げた。

　2000年代に入ると，連帯経済は反市場主義，反グローバリズムの運動と結びついていった。2001年にポルトアレグレで開催された世界社会フォーラム（FSM）には，連帯経済に関わる数多くの団体が集まり，そのうちの12団体がブラジル連帯経済作業グループ（Grupo de Trabalho Brasileiro de Economia Solidária : GT）を組織した。2002年10月の大統領選挙でルーラ（Luiz Inácio Lula da Silva）が勝利すると，GTはルーラに親書を送り，12月にサンパウロでブラジル連帯経済集会を開催した。翌年の第2回集会では，連邦政府の労働雇用省（MTE）内に国家連帯経済局（Secretaria Nacional de Economia Solidária : SENAES）が設立

されることが発表された。2003年に法律第10683号および大統領令第4764号によって，SENAESおよび国家連帯経済審議会（Conselho Nacional de Economia Solidária : CNES）が正式に組織された。SENAESの初代局長にはシンジェルが指名された。また，この年に開催された第3回ブラジル連帯経済集会では，全国の運動の統合と連帯経済の強化を目的とするブラジル連帯経済フォーラム（Forum Brasileiro de Economia Solidária : FBES）が設立された。この動きを受けて，連帯経済を支援する州・ムニシピオによる連帯経済公共政策者ネットワーク（Rede de Gestores de Políticas Públicas de Economia Solidária）が組織されている。

　SENAESは2006年に，労働雇用省（MTE）通達第30号によって，連帯経済の特定と支援を目的に，連帯経済情報システム（Sistema de Informações de Economia Solidária : SIES）を創設した。その具体的な内容は，①国内の連帯経済事業体（Empreendimentos Econômicos Solidários : EES）および連帯経済支援組織（Entidade de Apoio, Assesoria e Fomento à Economia Solidária : EAF）を特定し，情報を収集すること，②生産ネットワーク形成や販売促進などを通じてEESを強化すること，③EESの可視化を進め，社会との連携を強化すること，④EESに対する公共政策を可能にすること，⑤EESに関する法を整備すること，⑥EESに関する研究を容易にすることなどである（ANTEAG [2009] 12-13）。

　こうして，ローカルなレベルでの生存戦略として出発した連帯経済は，国家が主導する経済制度となり，公共政策の対象となった。その目的も，人々の日常的な生存戦略から，新自由主義改革による経済の市場化・グローバル化の結果生まれた失業・貧困などの社会的排除への全国的な対抗運動へと拡大したのである。

（3）SENAESによる連帯経済の定義

　ブラジルの連帯経済はこれまで草の根レベルの実践的な活動であったため，当然ながら厳密な定義はもちろん，概念の共有化もなされていなかった。そこでSENAESは，先に述べた連帯経済情報システムにおける特定の必要性から，用語の定義と条件を示した。SENAESによれば，連帯経済とは，「既存の経済システム，とりわけ市場とは異なる方法で，生存のために生産し，売り，買い，

そして交換する経済行為」である。「市場とは異なる方法」とは，他を搾取せず，利益を求めず，環境を破壊しないような方法を指す。そこには，雇用・所得創造のオルタナティブな方法，また社会的包摂を可能とする経済制度という意味も込められている。そしてその活動の主体は，協同組合，アソシエーション，交換クラブ，労働者自主管理企業，協力ネットワーク（redes de cooperação）などとされている[6]。

このような定義は，SENAES 設立以来局長を務めるシンジェルの思想に依るところが大きい。シンジェルは著書『連帯経済入門』(Singer [2002]) のなかで，連帯経済と市場経済を，連帯と競争，利益配分における資本主義的企業と連帯企業，自主管理と異種的管理（heterogestão）という概念で対比している。すなわち市場経済における競争は，価格低下によって消費者を利し，淘汰によって優良な企業を成長させるなどの利益がある一方，不平等や格差など社会的不利益を生む。競争は連帯にとって代わられる必要がある。経済活動の主体として望ましいのは，平等な権利をもつ人々が構成するアソシエーションである。それを軸に，資本は集団的に所有され，参加者には自由と平等な権利が与えられる社会が誕生する。資本主義的企業では，労働者の賃金には格差が生じうるが，連帯企業では参加者は賃金ではなく，民主的に決定された平等な分配金（retirada）を受けとる。そしてシンジェルによれば，連帯経済と市場経済の最も大きな違いは管理の方法である。市場経済における管理にはヒエラルキーが伴うが，連帯経済では民主的・集団的に行われる自主管理が原則である。管理に関わる意思決定は，日常的な事柄については小規模な集会で，重要な事項については全体集会で決定される (Singer [2002] 7-23)。このようにシンジェルの考えによれば，連帯経済は資本主義的市場経済のオルタナティブとなりうる経済制度である。シンジェルの連帯経済論には，自立した諸個人による自由で対等な連合を通じて社会変革を目指すアソシエーショニズム[7]の影響が見られる。

6）SENAES のウェブサイト (http://portal.mte.gov.br/ecosolidaria/o-que-e-economia-solidaria) による。
7）アソシエーショニズムについては，松尾 [2001] を参照。

連帯経済のより具体的な定義は，連帯経済情報システム（SIES）によって与えられている。先に述べたように，SIES は政府が支援する連帯経済を特定することを目的とし，そのために情報を収集し，全国の連帯経済の活動状況を調査（マッピング）している。そのために SIES は連帯経済を，「経済活動（生産，流通，消費，サービス提供，貯蓄と信用）のうち，労働者の集団主義および自主管理の方法によって，連帯的に組織され実行されるもの」と定義している。したがって連帯経済の活動と組織に関しては，「協力，自主管理，集団的経済活動，連帯」という 4 つの性質が重要な意味をもつ。まず「協力」は，共通の目的をもち，そのために団結して努力し，財産を完全にあるいは部分的に集団的に所有し，経済成果と責任を公平に分けもつことである。「自主管理」とは，労働過程，事業の戦略的・日常的な意思決定その他に自主的に参加することである。「集団的経済活動」とは，生産，流通，消費，サービス提供，貯蓄と信用など経済活動全般にわたり，能力と労力，知識，資源を動員して集団的にとりくむことである。最後の「連帯」とは，参加者の間で成果を公平に配分し，参加者全員の生活条件の向上を実現し，健全な環境，地域社会の発展，労働者と消費者双方の幸福（bem-estar）について責任をもつことである（ANTEAG [2009] 17）。

次に連帯経済事業体（EES）は，次のように定義される。①家族・同族の枠を超える集団組織，すなわちアソシエーション，協同組合，労働者自主管理企業，生産グループ，交換グループ，ネットワーク，センターなどが事業の主体であること，②その参加者あるいはメンバーが都市あるいは農村の労働者で，経済活動と成果の配分が集団的に行われること，③経済活動が持続性をもつこと，④法的に登記されているかどうかは問わないが，活動が実際になされていること，⑤財の生産，サービスの提供，信用創造（信用組合や講など），商業（購買，販売，原材料・製品・サービスの交換），連帯的な消費を事業内容とすること。

最後に，連帯経済支援組織（EAF）は，非営利の公的組織あるいは民間組織で，連帯経済のインキュベータ，技術・経営支援を行う団体と定義されている（ANTEAG [2009] 18）。以上の SENAES による定義をまとめると，**表 3-1** のよう

表3-1　連帯経済の事業内容と事業体の形態

経済活動の内容	事業体(EES)
	協同組合
財の生産	アソシエーション
サービスの提供	労働者自主管理企業
連帯金融	連帯グループ
公正な商業	連帯ネットワーク
連帯消費	交換クラブ
	その他

出所：SENAES [2012] p. 120.

になる。

2．連帯経済の組織形態と活動

ブラジルにおける連帯経済の形態と活動内容はきわめて多様だが，ここでは，連帯経済情報システム（SIES）の調査に基づいてその全体像を概観するとともに，主要な形態について考察する。

（1）連帯経済情報システムによる実態調査

先に述べたように，SENAES は連帯経済を特定する目的で2006年に連帯経済情報システム（SIES）を設立したが，それに先立って2003年に研究・データバンク作業グループ（GT Mapeamento）を設立し，連帯経済の研究と情報収集を開始した。2005年には各州に州管理班（Equipes Gestoras Estaduais : EGEs）を設立し，情報収集を強化してきた。そして SIES 設立に伴い，これらを国家管理委員会（Comissão Gestora Nacional do Mapeamento），州管理委員会（Comissões Gestoras Estauais do Mapeamento）に改組した。SIES の調査・情報収集はまだ途上であり，連帯経済の特定について不明瞭な点はあるが，ブラジルの連帯経済を俯瞰するには有用である。

SIES が連帯経済事業体（EES）と支援組織（EAF）を対象に2005～07年に実施した包括的な調査（ANTEAG [2009]）によれば，ブラジル全土で2万1859の EES が確認された。地域別にみると，北部2656（12％），北東部9498（43.5％），南東部3912（18％），南部3583（16.5％），中西部2210（10％）であった[8]。各

地に満遍なく存在するといえるが，後発地域，特に北東部が相対的に多い。組織形態をみると，アソシエーションが52％と最も多く，次いで非公式グループが36.5％，協同組合が10％と続き，残りの1.5％が商事会社などである。組織形態は地域による差異が認められる。北部・北東部では全体の構成比に近くアソシエーションが多いが，南部・南東部では逆転している。南東部では非公式グループが58％と過半を占め，次いでアソシエーション29％，協同組合11％と続く。南部では非公式グループ46％，アソシエーション33％，協同組合19％である。

EESの活動開始年をみると，1990年代が最も多い。組織形態別にみると，非公式グループが1990年代以降に急速に増加したことがわかる。これに対し，アソシエーションは1980年代以降安定して増加している。協同組合は，絶対数は少ないが，同様に1980年代以降安定して増加している。

EES設立の理由については，失業に対するオルタナティブ46％，所得の補完44％，より大きな所得の獲得36％，集団管理27％，資金へのアクセス9％，企業の再生1％となっている。地域別にみると，「失業に対するオルタナティブ」はすべての地域で重要な理由となっているが，特に南東部，北東部でそれぞれ55％，46％と高い割合を示している。これに対して北部，南部，中西部では，「所得の補完」がそれぞれ45％，44％，52％と高い。また，北部，北東部では，「資金へのアクセス」を挙げるEESがそれぞれ34％，28％と全体に比べて際立って多い（図3-1）。

また，EES設立の資金源は，会員，組合員などのメンバー（sócio）による出資が60％，寄付金が21％，借入が12％，その他が7％と，メンバーによる出資の占める割合が圧倒的に高い。

連帯経済に関わっている人の数をみると，EESの会員，組合員などのメン

8）2013年の最新データでは，北部と南部についてのみ暫定的な調査結果が公表された。それによると，2013年5月時点で，北部には3128，南部には3295のEESが確認されている。また，おおよその傾向ではあるが，都市を活動場所とするEESが増加しているという（SENAES［2013］）。

第3章　連帯経済：新しい経済を創る　85

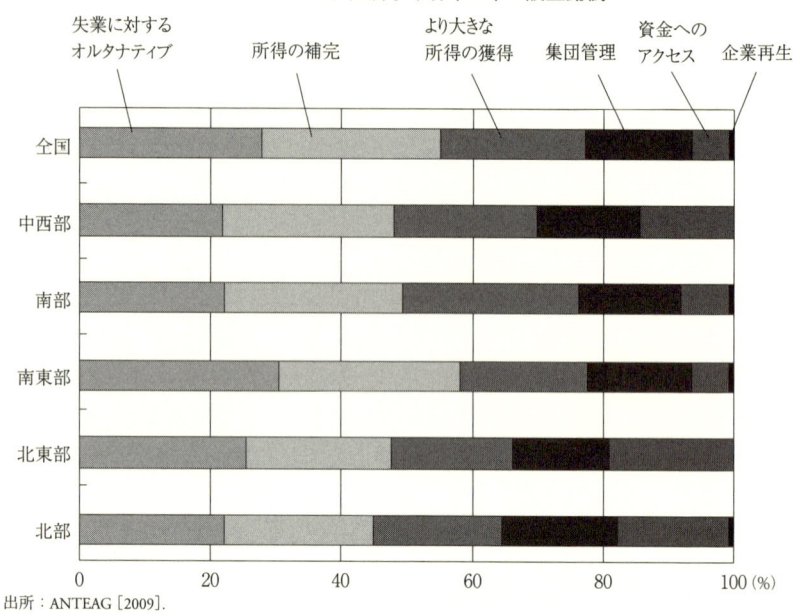

図3-1　連帯経済事業体（EES）の設立動機

出所：ANTEAG [2009].

バー全体で165万人を超え，これに会員以外の労働者を加えると約168万人になる。性別比は男性が62.7％，女性が37.3％である。南部では男性の割合が63％と高く，反対に中西部では42％と低い。EESの規模別にみると，メンバー20人までの事業体では女性が，21人以上では男性が過半数を超える。とりわけ10人未満の事業体では女性の割合が58％と高い。約3900のEES（全体の17.9％）ではメンバーすべてが女性であり，2100のEES（同9.5％）ではすべて男性である。

　EESの活動地域は，農村が48％，都市が35％，農村と都市の両方が17％であり，農村の比重が高いことが示されている。地域別にみると，南東部では60％が都市部，これに対して北部，北東部は農村部がそれぞれ51％，63％と高い。

　EESの活動分野は，農林漁業41％，食品飲料17％，手工芸品17％などとなっている。製品・サービスの市場は主にローカルで，全体の54％が販売・交換の場はコミュニティ内であるとしている。続いて同一ムニシピオ内26％，広域ム

ニシピオ内10％，同一州内7％，国内市場3％，国外1％となっている。EESの活動が，地域社会をベースとしているとともに，狭い市場に限定されていることがわかる。

EES全体の約70％（1万5000事業体）の月間平均売上は約4万3000レアルである。しかし，実態としては格差があり，大多数のEESは5000レアル以下である（表3-2）。メンバーへの報酬については，支払っているのは59％のEESで，残りは無報酬と答えている。これは，一部のEESが所得の創造ではなく，インフラや設備の共同利用を目的にしているからである。そこで共同利用・協働のあり方をみると，共同生産64％，共同販売60％，設備の共同利用50％，インフラの共同利用48％となっている。これに原料・部品の調達，サービスの提供，顧客の獲得，生産物・サービスの交換，貯蓄・借入が続く。

EESが直面する困難については，72％が商品化（販売）と答えている。次に資金へのアクセス56％，支援の不足28％が続く。

SIESの調査が示すのは，現状では多くの連帯経済が生存戦略としての性格を強くもち，事業規模は零細で，限られたローカルな市場向けの製品・サービスを提供しているという実態である。ここから，地の利に恵まれず，中央の市場から分断され輸送手段が不足している，地域内の所得が低い，域外からの企業の参入が乏しい，低賃金あるいは無報酬の家内労働に依存している，などの条件不利地域の経済状況が浮かび上がる。連帯経済の発展には，製品・サービスの質の向上，そのための技術・設備投資が必要である。そしてそれ以上に重要なのは，製品・サービスの市場化であり，そのためには製品開発とともに流

表3-2 月間売上額別・EESの分布

月間売上（レアル）の範囲	EESの分布		売上（レアル）	
	数	％	合計	平均
1,000以下	3,628	24.0	1,889,000	520
1,001～5,000	5,412	35.8	13,489,000	2,492
5,001～10,000	2,031	13.5	14,551,000	7,164
10,001～50,000	2,789	18.5	61,388,000	22,010
50,001～100,000	522	3.5	36,722,000	70,349
100,001以上	723	4.8	524,991,000	726,128.
合計	15,105	100.0	653,029,000	43,233

出所：ANTEAG [2009].

通ルートの開拓が必須となる。域外の市場・消費者との取引関係が生じることで、製品・サービスの質がさらに高まるという好循環も期待できる。連帯経済がローカルで小規模な生存戦略から脱し、市場と共存あるいは対抗する経済活動として発展するには、連帯経済そのものの努力とともに、政府、NGO、域外のバイヤー、消費者などの支援が必要となる。

（2）連帯経済の主要な形態

連帯経済は多様な形態をとるが、そのなかで重要なのは協同組合、回復企業（労働者自主管理企業）、コミュニティバンクなどである。

▶協同組合　　協同組合は連帯経済の古典的な形態であるが、伝統的なものと、連帯経済が本格的に推進されるようになってからのものとは、性質において一定の区別をする必要がある。ブラジルで最も古い協同組合は、1887年にサンパウロ州とミナスジェライス州で組織された従業員の消費組合であった。1902年には、リオグランデドスル州のノーバペトロポリスでワイン生産者による最初の信用組合が生まれ、1906年には同州で最初の農業協同組合が設立された。その後ブラジル南部などで数多くの農業協同組合が設立されていく。その背景には、独立自営農が多い南部で、生産・流通・資金面で協力しあうことの必要性が自発的に認識されていったことがある。

1930年に誕生したヴァルガス政権は、協同組合運動の庇護者となり、32年に協同組合法を公布し、51年には国立協同組合信用銀行（Banco Nacional de Crédito Cooperativo : BNCC）を設立した。1971年には軍事政権によって新たな協同組合法が制定され、全国組織（Organização das Cooperativas Brasileiras : OCB）が設立された。このOCBのデータバンクによって、ブラジルの協同組合の概要を知ることができる。組合数は2010年末で6000、組合員数は900万を超える。分野別に組合数をみると、農牧業、信用、労働の順に多く、組合員数では信用、消費、農牧業の順で多い（表3-3）。このうち、労働者協同組合は、1932年に初めて組織されたのち、1990年代の経済危機以降、急速に増加してきた。とりわけ南部、東南部で急増が著しい。労働者協同組合は、主に半熟練・肉体労働

表3-3　分野別協同組合

分野	組合数	組合員数	分野	組合数	組合員数
農牧業	1,548	943,054	鉱業	63	20,792
消費	123	2,297,218	生産	235	11,454
信用	1,064	4,019,528	保健	852	246,265
教育	302	57,547	労働	1,024	217,127
特別*	12	397	輸送業	1,015	321,893
住宅	242	101,071	観光・娯楽業	31	1,368
インフラ	141	778,813	その他含む合計	6,652	9,016527

注：＊後見を必要としている人々，ハンディキャップをもつ人々が組織する協同組合。
出所：OCB［2010］（http://www.brasilcooperativo.coop.br/site）．

者と専門職から構成され，企業との交渉力を高め，労働条件を改善することを目的とした。

　これらブラジルの伝統的な協同組合は企業のように経営されているケースが多く，自主管理などの連帯経済の要素が乏しい（Lechet［2009］160）。農業協同組合の多くは商業的な農業生産・販売を行っている。信用組合の多くは大企業の社員が構成員である。伝統的な協同組合は，一義的には組合員の厚生の拡大を目的とし，社会全体の厚生には関わってこなかったといえる。これに対して，とりわけ1990年代後半以降に誕生した連帯経済としての協同組合は，社会的弱者が活動の主体となり，また活動の社会性を強調している。独立した労働者が自主管理を行う労働者協同組合や，零細な農民・製造業者による協同組合も増加しつつある。後述する回復企業（労働者自主管理企業）も，その多くが協同組合という形態をとっている。ブラジルでは，このように零細な生産者・労働者によって組織され，連帯経済の性格をもつ協同組合を，伝統的な協同組合とは区別して「民衆協同組合」（cooperativo popular）と呼んでいる。民衆協同組合は，組合員の利益とともに，より広く公益を追求する社会運動の性格を有している。

▶回復企業　　協同組合とともに重要な形態は，倒産企業あるいは倒産寸前の企業を労働者が引き継ぎ，自主管理のもとで経営する回復企業ないし労働者自主管理企業（empresa recuperada）と呼ばれるものである。直接的には雇用の維持と回復を目的としているが，同時に究極的には自由で平等な労働者のアソシ

エーションとなり，労働者を資本から解放することをも目指している。1991年，倒産したサンパウロ州フランカの製靴企業マケルリ（Makerli）の経営を労働者が引き継いだことを契機に，組織的な運動が始まった（Singer [2002] 123）。その全国組織として設立された「全国自主管理企業・株式参加労働者連盟」（ANTEAG）は，自主管理の思想と実践の普及，そのための労働者の教育などを行っている[9]。

連帯経済情報システム（SIES）の2005年の調査によれば，ブラジル全体で174の回復企業が存在し，1万1348人を雇用していた。その多くが協同組合（50％），アソシエーション（32.8％）の形態をとっていた。設立時期をみると，62社（36％）が1995～2000年に，50社（29％）が2001～05年であった（Juvenal [2006] 121-124）。続く SIES の2007年の調査によれば，回復企業の数は134社に減ったが，雇用数は1万1348人で変化していない（SENAES [2012] 103）。

回復企業は，労働者が自主管理によって自ら経営を担うという意味で，連帯経済を象徴する形態であるが，現実には多くの問題を抱えている。ジュヴェナル（Juvenal [2006]）によれば，回復企業の多くが東南部・南部の都市に集中し，その活動分野は貿易自由化，為替の上昇，金利上昇によって大きな影響を受けた産業である。回復企業の競争力の源泉は低コストと柔軟性だが，柔軟性は裏を返せば，規模の経済が働かない活動分野であること，少量注文生産であることに起因している。他方で，資金不足，顧客・取引先の喪失や，労働者間の協働が必ずしも十分でなく，成果配分に差があるなど，多くの問題に直面してもいる。また，回復企業の多くは法的には協同組合やアソシエーションの形態で運営され，スペインの従業員株式会社（sociedade laboral）[10]のように独自の法的性格をもっていない。

ピレス（Pires [2011]）はケーススタディを踏まえて，回復企業の問題点を次

---

9) ANTEAG が主張する労働者自主管理の思想と実践方法の普及活動については，ANTEAG [2004] を参照。
10) スペインの従業員株式会社は，従業員の過半数が資本金を出資する株主であり，資本規模により有限会社あるいは株式会社の形態で運営されている。

のように列挙している。まず，労働者の多くは倒産企業を継承することを躊躇し，リスク回避の行動をとる。そのような場合，回復企業として成立した後には，倒産前のヒエラルキーに基づく経営がなされたり，成果配分における格差が生じるなど，連帯経済の原理に反する古い管理体制に戻ってしまうことが少なくない。ピレスはさらに，2000年代になって経済が回復すると，1990年代に組織された回復企業の多くが閉鎖されたと指摘している。これは，現状では労働者にとって回復企業が生存戦略の一手段に過ぎないことを示している。企業としての持続性が乏しく，またオルタナティブな経済活動という意味ではいまだ極めて脆弱な存在であると言える。他方で，回復企業の抱える困難には制度的な問題も関わっている。ブラジルの現行破産法では，債権者である金融会社への支払いが優先される。その結果，労働者たち自身が工場などの資産を継承するのは容易でない。

▶コミュニティバンク　域内金融を意味するコミュニティバンク（Banco Comunitário）の先駆例は，セアラ州都フォルタレザ市のパルメイラ地区で1988年に設立されたパルマス銀行（Banco Palmas）である。パルメイラ地区の2010年の人口は36,599人，その多くが貧困に苦しんでいる。1人当たりの年間所得は市内で最も低く，極貧人口比率は17％と全国的にも最悪に近い[11]。住宅，電気，水道などのインフラも整備されていない。こうした社会問題を解決するため，同地区の住民たちは1981年にパルメイラ地区住民組織（Associação dos Moradores do Conjunto Palmeira : ASMOCONP）を立ち上げた。ASMOCONPは新たな開発戦略として地産地消を挙げ，地区内での消費を促がすためクレジットカード（PalmaCard）を導入した。続いて1998年には，地区内の生産者・商業者に資金

---

[11] パルメイラ地区の2010年の1人当たり年間所得は239レアルで，フォルタレザ市全体の平均である2365レアル（2009年）の10分の1に過ぎず，119地域（bairro）のなかで最も低い（IPECE [2012a]）。2010年における極貧人口（1人当たり家族所得が年70ドル未満）の割合は17.15％で，市全体の5.46％の3倍以上を示し，119地域のなかで2番目に高い。国内の人口1万人以上の地域のなかでは最も高い数値である（IPECE [2012b]）。

を提供するため,ブラジル最初のコミュニティバンクとなるパルマス銀行が設立された[12]。さらに2000年に,地区内での経済活動を促進する目的で社会通貨(moeda social)パルマス(Palmas)を創設した。この社会通貨は2012年現在,地区内で4万パルマスが流通している。

　パルマス銀行の融資は,グラミン銀行などに代表されるマイクロクレジット(小額融資)とは性質を異にしている。ネイヴァらは,両者の違いを次のように的確に指摘している(Neiva et al. [2013] 5-7)。第一に,多くのマイクロクレジットが単一のクライエント(零細な生産者)を対象としているのに対して,パルマス銀行では消費と生産の双方,コミュニティ全体を対象としている点である。これは地域の消費と生産が密接に関連しているという認識に基づく。第二に,パルマス銀行では,指令組織(パルマス銀行)が地域のなかにあり,その融資活動はコミュニティ主導で行われる。この点,マイクロクレジット機関の多くが地域・コミュニティ外の組織であるのとは好対照である。このように銀行が地域に埋め込まれていることで,クライエントについての情報を容易に入手することが可能となる。社会通貨パルマスの存在も,パルマス銀行の地域性にとって重要である。社会通貨は交換手段として有用であるだけでなく,コミュニティ開発の役割を担っている。ネイヴァらは,コミュニティバンクや社会通貨は内発的発展の手段だとしている。つまりパルマス銀行は,連帯経済の支援組織というより,連帯経済そのものであると言える(図3-2)。

　その後,2003年に国家連帯経済局(SENAES)が設立されると,コミュニティバンクが相次いで設立された。パル銀行(Banco Par セアラ州パラクル),ベム銀行(Banco Bem エスピリトサント州ヴィトリア),テラ銀行(Banco Terra エスピリトサント州ビリャベーリャ)などがそれである。パルマス銀行を中心に組織されたブラジル・コミュニティバンク・ネットワーク(Rede Brasileira de Banco Comunitário)によれば,現在国内10州で51のコミュニティバンクが存在している。うちセアラ州が29と過半を占める[13]。また,パルメイラ地区住民組

---

12) パルマス銀行の詳細については,Morais e Borge [2010] ; Instituto Palmas & NESOL-USP [2013] ; Morais e Borge [2010] を参照。

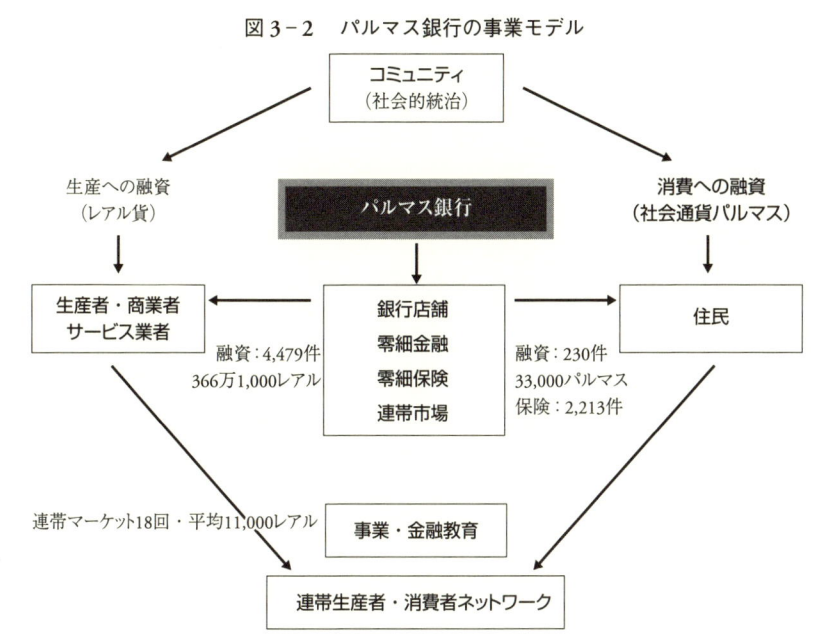

図 3-2 パルマス銀行の事業モデル

```
                    コミュニティ
                    (社会的統治)
         ↙              ↓              ↘
   生産への融資                          消費への融資
   (レアル貨)         パルマス銀行       (社会通貨パルマス)

 生産者・商業者      銀行店舗              住民
 サービス業者        零細金融
         融資:4,479件  零細保険    融資:230件
         366万1,000レアル 連帯市場  33,000パルマス
                                   保険:2,213件

   連帯マーケット18回・平均11,000レアル
                     事業・金融教育
         ↘                            ↙
              連帯生産者・消費者ネットワーク
```

注:図中の数字は2012年の実績。
出所:Instituto Palmas [2013] をもとに筆者作成。

織(ASMOCONP)は,コミュニティバンクの研究,人材育成,パルマス銀行モデルの普及などを目的として,2003年にパルマス開発・連帯社会経済研究所(Instituto Palmas de Desencolvimento e Socioeconomia Solidária : Instituto Palmas)を設立した。

3．連帯経済と公共政策

ブラジルでは,連帯経済に対する公的な支援制度・組織が整備されつつある。連帯経済の基本法を制定する動きもある。

---

13) ブラジル・コミュニティバンク・ネットワークのウェブサイト(http://www.bancopalmas.org.br/oktiva.net/1235/nota/111263)より(2013年9月29日閲覧)。

(1) 連帯経済の支援体制

ブラジルでは早くから民間のレベルで連帯経済を支援する組織・行動があったが，国家連帯経済局 (SENAES) の設立以降，公的に制度が整備されていった。

まず，連帯経済に対する公共政策を決定する機構として，連帯経済審議会 (CNES) がある。CNES には政府および連帯経済支援組織の代表が委員として参加している。CNES で決定された政策の執行機関は，労働雇用省内に設けられた SENAES である。CNES には，先に述べたブラジル連帯経済フォーラム (FBES) の代表も委員として参加している。

その他，公正取引の実行組織として，倫理・連帯取引フォーラム (Furum de Articulação do Comércio Ético e Solidário : Faces do Brasil) が設けられている。その法的な規制を管轄するのは，国家公正・連帯取引システム (Sistema do Comércio Justo e Solidário : SCJS) である。また，社会技術ネットワーク (Rede de Tecnologia Social : RTS) は，社会技術の創造と普及を目的に設立された官民組織である。

連帯経済の支援組織には，前出の全国自主管理企業・株式参加労働者連盟 (ANTEAG) など，連帯経済そのものの支援を目的とした組織と，宗教・教育・研究活動の一環あるいは延長で連帯経済を支援する組織がある（図3-3）。

先に挙げた SIES の2005〜07年の調査は，連帯経済支援組織 (EAF) についてもその実態を明らかにしている。EAF の法的な性格をみると，アソシエーションが27％と最も多く，次いで社会組織 (organizações sociais : OSs)[14] が22％，財団が12％，公益民間組織 (Organização de Sociedede Civil de Interesse Público : OSCIP)[15] が 8 ％，法的な登記のない組織が 5 ％などとなっている。また，政府など他の

---

14) 社会組織 (OSs) は，法律第9637号（1998年）で規定されたもので，政府が行う医療，教育，文化，科学技術開発，環境保全の実行を「公共化」(publicizar) し，非政府・非営利の OSs にその実務を委ねることによって，公共サービスを効率的に提供するために導入された概念である。

15) 公益民間組織 (OSCIPS) は，民営化の状況下で公益を達成するため，法律第9790号（1999年）に従い，法務大臣が認可した組織である。その目的は社会福祉，社会教育，文化振興，環境保全，貧困削減などとされている。

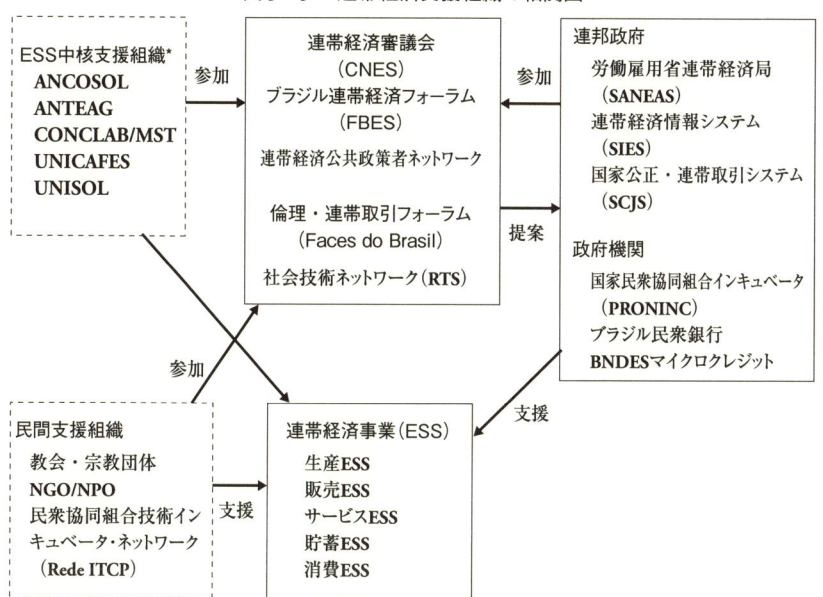

図 3-3　連帯経済支援組織の相関図

```
ESS中核支援組織*              連帯経済審議会                連邦政府
ANCOSOL          参加        (CNES)            参加      労働雇用省連帯経済局
ANTEAG                   ブラジル連帯経済フォーラム             (SANEAS)
CONCLAB/MST                    (FBES)                  連帯経済情報システム
UNICAFES                連帯経済公共政策者ネットワーク             (SIES)
UNISOL                                                国家公正・連帯取引システム
                         倫理・連帯取引フォーラム                  (SCJS)
                            (Faces do Brasil)         政府機関
                                          提案          国家民衆協同組合インキュベータ
                         社会技術ネットワーク(RTS)              (PRONINC)
          参加                                          ブラジル民衆銀行
                                                      BNDESマイクロクレジット
民間支援組織                  連帯経済事業(ESS)      支援
 教会・宗教団体                生産ESS
 NGO/NPO           支援      販売ESS
 民衆協同組合技術イン            サービスESS
 キュベータ・ネットワーク         貯蓄ESS
   (Rede ITCP)              消費ESS
```

注：＊ ANCOSOL: Associação Nacional do Cooperativismo de Crédito de Economia Familiar e Solidária（全国家族・連帯経済信用組合協会）；ANTEAG（全国自主管理企業・株式参加労働者連盟）；CONCLAB/MST（ブラジル全国農業改革協同組合全国連合会／土地なし農民運動）；UNICAFES: União Nacional das Cooperativas da Agricultura Familiar e Economia Solidária（全国家族農業協同組合・連帯経済連合）；UNISOL（連帯協同組合・事業センター）。
出所：FBES ウェブサイト（http://www.fbes.org.br/）などを基に筆者作成。

組織との関係をみると，38％が他組織と何らの関係ももたないとしているが，他方で労働組合20％，宗教団体17％，政府12％，教育・研究機関 9 ％など，多様な制度・組織と関係をもつ EAF も存在することがわかる。ここから，ブラジルの連帯経済への支援は社会的に行われていることがうかがえる。

（ 2 ）連帯経済の支援政策
▶多年度計画と連帯経済　　SENAES の設立とともに，連帯経済の育成・強化のための多様なプログラムや政策手段が講じられた。ブラジルの国家開発計画である「2004-2007多年度計画」では，開発計画の一つとして連帯経済開発プログラム（Programa Economia Solidária em Desenvolvimento）がとりあげられた。続く

「2008-2011多年度計画」では，連帯経済に関する数値目標が掲げられた。すなわち第一に，連帯経済（正確には連帯経済事業体 EES）への参加労働者数を，2011年末までに現状の125万人から210万人まで引き上げることである。第二は，連帯経済に参加する労働者の所得を引き上げること，具体的には最低賃金以下の労働者の割合を2011年末までに現状の76%から50％に引き下げることである。第三は，連帯経済を開発のオルタナティブと位置づけ，また貧困削減と社会的包摂を実現するため，連帯経済が GDP に占める比重を2011年末までに現状の0.59％から１％に引き上げることであった（SENAES [2012] 39-40）。最新の「2012-2015多年度計画」では，地域の持続的開発・連帯経済プログラム（Programa de Desenvolvimento Regional, Territorial Sustentável e Economia Solidária）が策定された。このプログラムは，連帯経済の強化，EES 間における生産チェーン連携の強化，知識提供および販売と消費の促進，連帯金融の強化，公正で連帯的な取引の組織化を目的としている。

▶インキュベータ　　連帯経済への支援政策のなかでも，インキュベータは重要な手段と位置づけられている。インキュベータは大学のリーダーシップにより進められている。1994年に設立された大学間労働研究ネットワーク（Rede Interuniversitária de Estudos e Pesquisas sobre o Trabalho : Funadação Unitrabalho）はその一環である。このネットワークをもとに，大学と労働組合が連携し，雇用と労働条件の改善を目的にさまざまな研究・教育プロジェクトを提案してきた[16]。

大学間民衆協同組合技術インキュベータ・ネットワーク（Rede Universitária de Incubadoras Tecnológicas de Cooperativas Populares : Rede ITCP）も，大学のリーダーシップのもとで設立された連帯経済支援組織である。その前身は1995年に設立された，ブラジル初の連帯経済支援インキュベータ，「民衆協同組合技術インキュベータ」（Incubadoras Tecnológicas de Cooperativas Populares : ITPC）である。これはリオデジャネイロ連邦大学（UFRJ）が，飢餓撲滅・生活向上を目指す公企業委員会（Comitê de Entidades no Combate à Fome e pela Vida : COEP）[17]

---

16) 詳細は同ネットワークのウェブサイト（http://unitrabalho.org.br/）を参照。

の活動の一環で，連邦政府の研究プロジェクト金融支援機構（FINEP）およびブラジル銀行財団（FBB）の援助を受けて設立したものである。その後 ITPC は他大学でも設立され，1999年には6大学によって大学間民衆協同組合技術インキュベータ・ネットワーク（Rede ITCP）が組織され，現在では41大学にそのネットワークを広げ，連帯経済に経営的・技術的支援を行っている。

また，大学のインキュベータに資金を提供するため，1997年には FINEP，ブラジル銀行とその財団，COEP によって国家民衆協同組合インキュベータ・プログラム（Programa Nacional de Incubadoras de Cooperativas Populares : PRONINC）が着手された。さらに2003年に国家連帯経済局（SENAES）が設立されると，その所管省である労働雇用省（MTE）ともども，インキュベータへの支援を行うことが決定した[18]。

▶**社会技術**　SENAES は政府および民間セクターとの議論を通じて，2005年に社会技術ネットワーク（Rede de Tecnologia Social : RTS）を設立した。社会技術（tecnologia social）とは，コミュニティにおける対話や協働のなかで創造されたさまざまな生産物，技術，手法を指し，社会問題の解決，社会の変革に資するものとされる。RTS 設立の直接的な動機は，社会技術へのアクセスを容易にすることによって連帯経済を活性化させることであったが，同時にネットワークを通じて技術が広く流布し，新たな技術が創造されること，つまり技術や知識の社会化・民主化も目指されている。RTS には2011年5月までにブラジルを中心に国内外の928の組織が参加した。アソシエーション，NGO，公益民間組織（OSCIP）が過半を占めるが，ほかにも財団，大学，協同組合，連邦・地方政府，民間企業など多様な組織が参加している。アグロフォレストリー（森林農

17）COEP は1993年，貧困と飢餓の撲滅を目的に30の公企業によって設立されたが，その後 NGO や民間企業も参加し，現在ではメンバーは1100を超える。名称を全国社会動員ネットワーク（Rede Nacional de Mobilizção Social）と変更し，広範な社会活動を展開している（http://www.coepbrasil.org.br/portal/publico/home.aspx）。
18）詳細は Rede ITCP のウェブサイト（http://www.itcp.coppe.ufrj.br/rede_itcp.php）を参照。

業),コミュニティバンクなどさまざまな活動が支援の対象とされ,活動資金の大半は政府,公企業およびその財団が提供している[19]。

▶生産チェーンの強化　　SENAES は,生産過程間の連携,すなわちチェーンを強化し,生産者自身が生産過程のガバナンスに参加することを支援している。それらを通じて雇用と所得を生み出し,チェーンを構成するメンバー間に利益が公正に配分されることが支援の目的である。例えば「綿花栽培環境連帯生産チェーン」は,綿花の栽培から綿糸,綿布,さらに袋やシャツなどの綿製品に至る生産チェーンを創造し,生産過程全体で新たな雇用と所得を生み出し,参加者間で公正な利益配分が行われている。SENAES はこのほか,養蜂生産チェーン,伝統漁業生産チェーンなどの強化を支援してきた。また廃棄物の収集・リサイクルも,SENAES が重視する分野である。

▶公正・連帯取引　　公正な取引(フェアトレード)は,連帯経済の原理であり目標の一つである。従来,小規模で脆弱な連帯経済事業は,不利で不公正な取引を強いられてきた。ブラジルでは,国際社会におけるフェアトレード運動の高揚を受けて,2001年に民間および公的機関が参加し,倫理・連帯取引フォーラム (Faces do Brasil) を設立,倫理的・連帯的な取引の研究・教育・普及を行ってきた[20]。ブラジルではまた国内外の NGO や一部の民間企業がフェアトレードを展開してきた。これらの運動を受けて2006年には SENAES のなかに公正・

---

19) RTS とその活動の詳細については RTS［2011］を参照。
20) Faces do Brasil には,アマゾン社会参加認証協会 (ACS),全国自主管理企業・株式参加労働者連盟 (ANTEAG),キリスト教団体カリタス,エチカ (Ética 持続的開発を社是とする民間企業),社会教育支援機関連合 (FASE),マリスト会連帯組織 (IMS),カイロス協会 (Instituto Kairós 倫理的消費の普及を目指す組織),連帯の波 (Onda Solidária 教育・雇用・所得の創造を目指す運動体),セラード・ネットワーク (Rede Cerrado サバンナの環境保全活動を行う団体),全国家族農業協同組合・連帯経済連合 (UNICAFES),連帯協同組合・事業センター (UNISOL) などの民間組織や,ブラジル零細中小企業支援サービス (SEBRAE) などの政府関係機関が参加している (http://www.facesdobrasil.org.br　2013年10月4日閲覧)。

連帯取引制度を検討する作業グループが組織され，2010年には大統領令第7358号によって労働雇用省内に国家公正・連帯取引システム（SCJS）が設立された。SCJSの目的は，公正・連帯取引の概念，原理，実践を普及させること，公正な取引による生産，販売，消費を優遇すること，SCJSの規則を尊重する生産物，サービス，経験，組織を広く普及させることである。

▶マイクロクレジット　先に述べたように，2003年のSENAES設立後，パルマス銀行に続いて，パル銀行，ベム銀行，テラ銀行など多くのコミュニティバンクが設立された。さらに公立銀行も，コミュニティバンクと同じ目的をもつ銀行を相次いで設立した。国立の商業銀行であるブラジル銀行（BB）は2003年にブラジル民衆銀行（Banco Popular do Brasil）を設立し，低所得層向けの貯蓄受け入れと融資を開始した。国立経済社会開発銀行（BNDES）は1996年に，マイクロファイナンス機関に長期の融資を行う民衆生産信用プログラム（Programa de Crédito Produtivo Popular : PCPP）を設立した。PCPPはその後2003年にマイクロクレジット・プログラム（Programa de Microcrédito）に再編され，さらに2005年には，法律第11110号が定めた国家生産マイクロクレジット・プログラム（Programa Nacional de Microcrédito Produtivo Orientado : PNMPO）に沿って，現行のBNDESマイクロクレジット・プログラム（Programa de Microcrédito do BNDES : PMC）に改編され，マイクロクレジット事業を拡大した。PNMPOは，①民衆零細事業者[21]の雇用と所得の創造を支援すること，②マイクロクレジットに資金を提供すること，③生産的なマイクロクレジット機関への技術的支援を行うことを目的とし，労働者支援基金（Fundo de Amaparo ao Trabalhador : FAT）や国庫などから安定的に資金を得ることが定められた。

（3）連帯経済基本法案

連帯経済基本法は，連帯経済の法的基盤となる法律である。ブラジルでは数

---

21) 年間粗収入が12万レアル以下の零細小規模事業者を指す（2008年大統領令第6607号）。

多くのムニシピオ（基礎自治体）と州で法案が審議され，一部では可決し，連帯経済審議会や連帯経済基金が設立されているが，連邦レベルではいまだ制定されていない[22]。連邦議会では一部の労働者党議員が法案を提出しているが，成立には至っていない。こうしたなかにあって，先に述べた2010年の国家公正・連帯取引システム（SCJS 大統領令第7358号），国家民衆協同組合インキュベータ・プログラム（PRONINC 大統領令第7357号）は，連邦レベルの連帯経済基本法への重要なステップである。

また，市民による連帯経済運動の中心組織であるブラジル連帯経済フォーラム（FBES）は，議員による法案提出とは別に，国民運動として連帯経済基本法の制定を目指している。FBES はその際，1988年憲法の第61条「人民発議」を根拠として，法案提出キャンペーンを行っている。憲法第61条では，「少なくとも５州に分布し，かつ各州の選挙民の10分の３を下回らず，全国選挙民の最低１％の署名をもって，法案を下院に提出できる」と定めている[23]。

FBES の連帯経済基本法案には，FBES が掲げる連帯経済の意義と定義，求められる制度と支援政策が明瞭に示されている。まず第１条では，国家による連帯経済政策および連帯経済システムの定義，原理，指針，目標が示される。それによれば，国家は連帯経済の育成に努め，国民の協働（trabalho associado）の権利および，連帯経済に関わる政策・計画・プログラムの作成と実施への国民の参加を保証しなければならない。第１条を補足する単款では，労働者による自主管理経済の推進，連帯経済事業への支援，新しく連帯経済に参加するグループやネットワークへの支援，生産チェーンの強化が，国家の持続的開発と社会投資戦略の一部を構成するものとしている。

そして第２条では，連帯経済が次のように定義されている。連帯経済とは，財・サービスの生産・流通・消費・信用などの経済活動のうち，自主管理・協

---

[22] 2010年代になって，国家レベルで連帯経済を基礎づける法が各国で成立している。スペインの社会経済法（2011年），エクアドルの民衆経済連帯法（2011年），メキシコの社会的連帯経済法（2012年），ポルトガルの社会的経済基本法（2013年）である（http://www.shukousha.com/culumn/hirota/2096）。

[23] 詳細は FBES [n.d.2] 参照。

働・連帯を基本原理とするものである。また，民主的運営と，生産された富の公平かつ集団的な分配を旨とする経済活動である。さらに，地域の統合的で持続的な発展を目指し，環境保全，人間性と労働，男女平等に敬意を払うものである。

　続いて第3条では，政府の連帯経済政策が対象とすべき連帯経済事業体（EES）の要件が挙げられている。それによれば，①集団的・民主的に組織され，その参加者あるいは社員（sócio）が都市あるいは農村の労働者であること，②実際に経済活動を行っていること，③事業の実施者が，定款あるいは内部規則に従い，集会や投票などを通じて，透明で民主的な運営によって経済活動とその成果の分配を参加者あるいは社員が集団的に行う自主管理組織であること，④事業に関する問題点を議論するため，少なくとも3か月に1度，集会あるいは総会を開催すること，⑤一時的ではなく恒常的な組織であること，である。さらに第4条では，EESには以下のような活動原理が求められるとしている。①民主的な運営，集会の開催，会員による投票，②メンバーの自由な参加と脱退，③労働の軽減，④環境保全，⑤他の同様なグループや事業体との協力，⑥民主的・市民的な活動を通じての共同体の公益の追求，⑦利益最大化を求めない公正な価格の実現，⑧性および人種の平等，⑨集団的方法による生産・販売・サービス提供，⑩資源管理および公正な成果配分における透明性，⑪事業の資本形成における構成員の参加を推進すること，である。

　次に第6条では，連帯経済を支援する公共政策として，①教育および技術・能力向上のための支援，②金融・信用へのアクセス保証，③商業化，公正な取引，責任消費の推進，④連帯経済事業の育成，⑤自主管理企業（回復企業）の支援，⑥技術開発・移転の支援を挙げている。このうち③の公正な取引および責任消費の推進については，連帯販売のスペースの創造，連帯生産ネットワークとチェーン創造への支援，連帯経済と責任消費を旨とする生産物・サービスの優先購入の推進などを挙げている（第11条）。また連邦，州，ムニシピオ各政府が契約においてEESを優先することが掲げられている（第12条）。

　さらに，連帯経済支援の資金的基盤として，国家連帯経済基金（Fundo Nacional de Economia Solidária：FNAES）の設立が謳われている。その原資は，

労働者支援基金（FAT），連邦政府一般予算，国営企業の純利益の1％，国内外からの借入・贈与その他とされている（第21，22条）。FNAESは，EESへの技術支援や信用提供，労働者教育，倉庫や流通などインフラ設置のための資金として提供される。そしてFNAESの運用は，州・ムニシピオ各政府だけでなく，金融機関や非営利の市民組織を仲介して分散して運用されるとする（第24，25条）。

このようにFBESの連帯経済基本法案は，連帯経済を厳密に定義し，受益者を労働者と定め，連帯経済を支える公共政策を具体的に示している点が特徴である。

むすび

連帯経済は今のところ，直接的には失業や貧困を乗り越えるための生存戦略としての性格を強くもち，その活動領域は限られている。国民経済に占めるその割合は現状では極めて小さい。活動領域を広げるには，経営の効率性，製品・サービスの価格と質，賃金などで，市場経済に対抗しうる水準を実現する必要がある。競争よりも協力が，命令・従属よりも自主管理が，格差よりも平等が高い価値をもつということを，生産物やサービス，雇用と所得の実績によって示す必要がある。商品の価格が高く，品質が低ければ，消費者は連帯経済を見放すであろう。賃金などの労働条件が低ければ，労働者は連帯経済に参加しないであろう。失業・貧困問題が弛緩すると，連帯経済から離脱する人々が増えるかもしれない。他方で，自主管理，協働，民主性，平等，持続性などの原理を忘却すれば，連帯経済は市場経済のなかに埋没し，雲散霧消してしまう。

このように連帯経済はなお脆弱な存在ではあるが，市場経済が失業・貧困などの社会問題を解決できず，それどころか不断にそうした社会問題を生み出し続けていることを考えれば，対抗的な経済制度としての意義は極めて大きい。連帯経済の運動は始まったばかりであり，その成否を議論するのは早計でもある。

連帯経済が国家と市場とともに多元的な経済制度の一環をなし，従来の経済

システムのオルタナティブになるには，制度的な強化が必要である。それには，国家，企業，消費者，NGO，大学など多様な社会組織が，経営・技術・金融・購入などの面で支援を続けることが不可欠である。連帯経済に対する税の軽減や行政手続の簡略化といった措置も求められるだろう。回復企業に関しては，破産企業の資産に対する請求権を労働者に優先的に与える（もしくは金融機関と同等に与える）など，破産法の改正も必要となる。さらに，連帯経済の価値をより広く普及することも重要である。ブラジルでは，国家連帯経済局（SENAES），連邦政府の研究プロジェクト金融支援機構（FINEP）などの政府組織や，公企業，NGO，大学など多様な組織が連帯経済を支援している。一部の民間企業も企業の社会的責任（CSR）の一環として，あるいはビジネスパートナーとして連帯経済との提携を図っている。こうした動きをより拡大深化していくことが求められよう。

　連帯経済は，社会民主主義国家という多元的な経済制度の構成要素として意義があるだけではない。それが旨とする自主管理，協働，平等などの原理は，それらがしばしば軽視あるいは無視される国家と市場という場にも埋め込まれる必要がある。その意味で，連帯経済は豊かで公正な社会というブラジルの究極の目標を体現するものである。

第4章　CSR：企業を社会的に統治する

はじめに

「企業の社会的責任」(Corporate Social Responsibility：CSR)[1]は，現代社会において企業が活動を続けるうえで避けては通れない課題である。企業は，社会を構成する一員として，個人同様の，あるいはその影響力を考慮すれば個人以上の責任を社会に対して負っている。1980年代以降世界を席巻した新自由主義的な経済改革は，さまざまな面で社会を毀損したと同時に，企業の社会的責任をかつてなく高めたと言える。また，活動がグローバル化するなかで，企業は地域社会やコミュニティ，国家など，自社が直接的に関わりのある社会だけではなく，グローバルな問題についても責任を問われるようになっている。

CSRへの近年の関心の高まりは，直接的には1990年代以降，企業による法律違反などの反社会的行為が相次いで露呈したことに起因する。また，たとえ法律を遵守していたとしても，企業の利益が利害関係者に必ずしも公正に分配されず，その成長が人々の生活の質を向上させるものではなかったことも，CSRへの関心を高めた一因である。現在，世界各地の社会で失業，貧困，環境破壊などの問題が顕在化している。大多数の人々が経済成長から取り残され，社会から排除されている。温暖化や生態系の破壊など，環境問題は深刻化の一途をたどっている。これらの社会問題の多くは，企業が積極的に意図した結果ではないにせよ，その一部は明らかに企業活動によって生じたものであり，少なくとも企業がその改善に十分な努力を払っていないことによって解決が遅れている。

---

1) CSRの定義は多様であるが，ここでは「企業活動に公正な取引や環境保全などの社会的課題を組み入れ，自社の事業に関わる多様な利害関係者（ステークホルダー）に対して説明責任を果たすこと，またその姿勢」としておく。この場合，説明責任を果たす中心的な主体は経営者であるが，会社を実質的に支配する支配株主もまた説明責任を負う。説明責任の対象となるステークホルダーとは，株主，従業員，顧客・消費者，コミュニティなどである。CSRの内容は，その企業が生産する製品やサービスの質から，人権尊重，労働環境の整備，雇用創出，不正行為の阻止，環境対策，社会貢献まで，多様で重層的である。

社会がCSRへの関心を高める一方で，企業もまた積極的にCSRに取り組まざるをえなくなっている。CSRへの対応が，企業の社会的評価を左右し，成長と存続の条件ともなりつつあるからである。CSRを果たさない企業は，社会の批判にさらされ，市場からの退出を余儀なくされることもありうる。

　それでは，CSRは社会の発展につながると言えるであろうか。利潤を追求する資本運動体である企業が，真摯にCSRを果たすであろうか。われわれは長年，粉飾決算，品質・産地偽装，非正規雇用，環境破壊など，CSRとは対極的な企業の行為をまのあたりにしてきた。市場に全幅の信頼を置く主流派経済学（新古典派経済学）のように，企業の良心を無邪気に信じることはできない。そこで，そもそもCSRを可能にする場としての市場が適正に機能し，公益・社会益を尊重する形で営まれるようにするために，政府の公的規制が必要となる。しかし，これについてもわれわれは，政府，官僚，政治家が，市民の代理人としての役割を十全に果たしているわけではないことを知っている。したがって，市場が社会益を尊重する形で機能し，それが社会発展につながるようにするためには，「社会による統治」(social governance)が必要になる[2]。ここでいう「社会」とは，具体的には市民・消費者・地域コミュニティなど，市場・国家と並び立つ（あるいは時に対抗する）集団であり，それぞれの固有の利益だけではなく社会益をも追求する主体を指す。

　ブラジルは開発途上国のなかではCSRへの関心が強く，早くから制度構築への努力がなされてきた。その背景は，一つには1980年代以降の経済自由化・グローバル化のなかで，企業が国内外で厳しい競争に晒され，製品・サービスの質の向上や環境保全を否応なく求められてきたことがある。もう一つの理由は，広範な社会問題の存在である。ブラジルには貧困，格差，児童労働，ストリートチルドレン，住宅問題，教育の遅れ，環境破壊など多くの社会問題が存在し，企業はそれらに対して十分な対応をしてこなかった。

---

[2] 神野直彦は，市場と政府の失敗を克服する手段として，「社会による統治」の必要性を主張している。さらに，それは政府の失敗を市場化によって克服しようとする新自由主義への対抗戦略であるとも述べている（神野［2004］）。

CSRへの関心は，1995年にカルドーゾ政権が誕生すると，一層強まった。カルドーゾ政権は，経済市場化を推進する一方で，市場に対する公的規制を強め，企業にはCSRの実行を期待した。一方で，それまで社会から排除されていた人々を，教育などを通じて社会に包摂するための諸政策をとった。それによってまた，人々がCSRへの関心を高めたのである。
　本章では，ブラジルの企業がステークホルダーとどのような関係をもち，どのようにCSRを果たしているか，そして企業によるCSRの実行が実際に社会発展を促しているのかをみていく。さらに，もしCSRに限界があるなら，それを補完するためにどのような制度を構築すべきかを考察したい。まず企業統治とCSRの関係を理論的に整理し，次にブラジルにおけるCSRの発展過程を述べる。最後に，CSRによって「企業を社会的に統治する」ことの意味を論じる。

1．CSRと企業の社会的統治

　CSRは企業の統治構造をどのように変えるであろうか。CSRは企業の社会的統治を可能にし，社会発展の実現に寄与するであろうか。この節では，CSRが企業の社会的統治にどのような関連をもつかについて理論的に整理し，CSRの可能性を考察する。

（1）CSRの範囲

　CSRについてはさまざまな定義，理解がある。CSRを企業の社会貢献活動と捉える見方がある一方，単に高品質の製品・サービスを提供することのみに意味を縮減した見方もある。あるいは，企業をステークホルダーの集合体として捉える考え方に基づき，CSRをステークホルダー間の利益や付加価値の配分の問題とみなす考え方もある。これらはいずれも，CSRを狭い範囲で捉えた部分的な理解である。ここでは，CSRが3つの次元をもつとする議論を参照する（表4-1）。このようにみるならば，企業に求められているのは，品質や利益配分の公正性だけではなく，経済活動の全プロセスにおいて人権，社会的公正，倫理性，環境保全などへの配慮を組み込む姿勢である。企業活動が国

際化する場合には当然、とりわけ開発途上国の進出先あるいは生産委託先における雇用・人権などへの配慮も含まれてこよう。

②の社会的商品・サービスの提供は、いまや企業にとって重要な活動になりつつある。この動きはナショナルなレベルだけではなく、ローカル、インターナショナルなレベルでも生じている。各地で深刻化する貧困、格差、環境破壊、高齢化などの諸問題に対応しつつ、新しい事業を創造することがCSRの重要な要素となりつつある。谷本はその例として、環境配慮型商品、障害者・高齢者支援商品・サービス、開発展途上国支援に関わるフェアトレード、エコツーリズム、衰退した地域の再開発、再生可能エネルギー開発などの社会事業を挙げている（谷本［2005］）。これらの事業は、新しい事業の創造という意味で「ソーシャル・イノベーション」（社会的イノベーション）と呼びうる。

③の社会貢献活動は、企業活動とは直接関係しないが、それを通じて公正な社会とその発展が実現すれば、原材料調達の拡充、新たな市場の開拓、人材獲得の面などで可能性が広がり、最終的には企業にとっても利益拡大につながる。例えば、立地する地域の貧困削減や教育支援などの社会貢献活動は、結果的に製品・サービスの市場を拡大し、優れた人材の確保を可能とするほか、治安を向上させることでコスト軽減などにもつながる。その際、企業利益が目的化す

表4-1　CSRの3つの次元

①経済活動のあり方	日常の経済活動のプロセスに社会的公正性・倫理性、環境への配慮を組み込むこと
	環境対策、採用や昇進上の公正性、人権対策、製品の品質や安全性、途上国での労働環境・人権問題、情報公開など
	〈法令遵守・リスク管理の取り組みレベル〉から〈企業価値を創造する積極的な取り組みレベル〉まで
②社会的事業	社会的商品・サービス、社会的事業の開発
	環境配慮型商品の開発、障害者・高齢者支援の商品・サービスの開発、エコツアー、フェアトレード、地域開発にかかわる事業、SRIファンド*など
	〈新しい社会的課題への取り組み＝ソーシャル・イノベーションの創発〉
③社会貢献活動	企業の経営資源を活用したコミュニティへの支援活動
	1）金銭の寄付による社会貢献活動
	2）施設・人材などを活用した非金銭的な社会貢献活動
	3）本来業務・技術などを活用した社会貢献活動
	〈戦略的フィランソロピーへの取り組み〉

注：＊「SRIファンド（社会的責任投資）」については本章2-(4)（p.120）を参照。
出所：谷本［2005］。

ることなく，あくまで社会の公正性と発展が目指されるべきことは言うまでもない。

このように，CSRを3つの次元から捉えると，その範囲は社会全体に及ぶことになる。企業が活動のなかに社会の発展と公正に関わる価値を埋め込み，それを新しい事業として育て上げること，そしてそれを通じて企業の活動を社会的に統治することがCSRの根幹であると言える。

（2）ステークホルダーの範囲

CSRにおいては，企業は自社の活動に関わる多様な利害関係者（ステークホルダー）すべてに対して責任を負う。この観点に立つなら，CSRは従来の企業観に大きな転換を迫るものとなる。CSR論では企業を，株主，経営者，従業員，取引銀行，納入業者，顧客，消費者，政府，立地する地域など，多様な主体との間で広義の利害関係をもつ存在と捉える。したがってCSR論においては，企業は「取引の束」あるいは「ステーク（stake：利害関係）の集合体」，「ステークホルダー・カンパニー」（stakeholder company）と呼ばれることがある。こうした認識は，企業が株主の所有物，つまり「ストックホルダー・カンパニー」（stockholder company）であるという見方への批判から生じたものである[3]。

ステークホルダー論は，CSR論よりも早く，企業統治（corporate governance）論のなかで議論されてきた。従来，企業統治論の中心的な課題は，現代企業における所有と経営の分離のなかで，所有者＝株主の利益を最大化するために経営者の行為をいかに規制するかにあった。しかし，企業と利害関係をもつ主体は株主や経営者だけではなく，従業員，銀行，地域社会など多様である。こうした認識から，企業統治論において，多様なステークホルダー間の力学的な関係が議論の対象とされるようになった。CSR論はこのような動きのなかから生まれたものである。企業とステークホルダーの関係および，多様なステーク

3）ステーク（stale）の原義は杭とか賭け金である。これはヨーロッパから米国に渡った移民たちが，土地の所有権を主張するために杭を打ったり，その杭の上に金を置いて賭け事を行ったことに由来する（出見世［2004］）。

ホルダーの参加形態と要求内容を整理すると**表4-2**のようになる。

しかし一方で，ステークホルダーの範囲が拡大されることは，しばしば企業統治の主体と社会的責任の所在を曖昧にし，その結果，CSRを過大評価し，その限界を見えにくくする。資本主義にあっては，株式会社を支配するものは株主，しかもレントナー化した従属株主（会社の支配よりも投資益のために株式を保有する株主）ではなく，会社を実質的に支配する支配株主である。現代企業の経営者支配と株主利益の最大化を主要なテーマとする企業統治論においては，しばしばこの支配株主の存在が等閑視される。経営の専門化に伴い，影響力を増した経営者が自らの利益を最大化するための行動をとることは事実である。しかし，経営者のそのような行動は，実際には支配株主の意向に沿ったものである場合が多い。

企業統治における従業員の役割を重視する議論もまた，実質的な責任の所在を不透明にする。企業統治において従業員が限界的な存在であることは，景気

表4-2　企業とステークホルダーの関わり

ステークホルダー	参加形態	企業への基本的な要求
株主	資本の提供	利益と配当 財産の保全
従業員・労働組合	労働力，創造性，アイデアの提供	労働環境の安全性 労働条件 福利厚生 自己実現
納入業者	商品の納入 誠実な取引	契約の遵守
顧客・消費者	購買代金の支払 責任ある消費	製品の安全性と高品質 適正価格 広告宣伝の誠実性
金融機関	資金の提供	金利支払 貸付の返済
コミュニティ／社会	社会資本の提供	コミュニティの利益への配慮 コミュニティの生活改善への貢献 天然資源の保全・環境保護 年少者の権利保護
政府	制度的・法的・政治的支援	法の遵守 納税
競争相手	競争 市場における関係	競争における公正性

出所：Lourenço［2003］．ただし「金融機関」の追加を含め一部変更。

後退のなかでいとも簡単に解雇されたり，賃金が切り下げられたりすることに如実に現れている。短期的な利益と株価最大化の追求のなかで，従業員の解雇や非正規雇用はむしろコスト削減の有用な手段として賞賛されてきた。株主権の強化を主張する企業統治論のなかで，資本の論理が絶対化し，従業員は企業統治から排除され，ますます限界的な存在になりつつある。

現代の企業が実質上，支配株主とその代理人である経営者によって統治＝支配されているということは，とりもなおさず，CSRを負うべき主体が支配株主と経営者であることを意味する。したがって，CSRとは，支配株主および経営者の，従業員，銀行，納入業者，政府，消費者，地域社会などに対する責任ということになる。

他方で，ステークホルダーのなかで従業員，銀行，納入業者は，消費者や地域社会よりも企業統治に参加できる余地が大きい。したがって，従業員，銀行，納入業者は，消費者や地域社会に対して，企業統治に関わりうる範囲でCSRを果たす責務を負う。

ところで，CSRを負う中心的な主体が，企業経営者および彼らに経営を委任した支配株主であるならば，CSRは企業の利潤追求活動に従属するものであり，その範囲を決して超えないということになる。ここに，企業の社会的統治におけるCSRの限界があると言える。

（3）企業統治から社会的統治へ

CSRがこうした限界をもつことは，CSRを補完する，あるいはCSRを代替する制度が必要であることを意味する。CSRは，法とは別に，あるいは法に先んじて，企業が自主的にその行動を規制する手段であるが，それだけでは企業の反社会的行為を抑止することはできない。そこで，企業を社会的に統治する手段が求められる。それによって，個々の企業を（主として利益追求の面で）適正に統治する企業統治論から，社会が企業を統治する社会的統治への転換が可能となる。それは企業活動を社会に埋め込むことにもつながる。

一つの手段は法制化である。企業がCSRに関する報告を定期的に提出することを法的に義務づけたり，企業の反社会的行為に関する罰則を強化する方法

が挙げられる。企業が社会に損害を与えた場合，不作為や共同性などを理由に，しばしばその罪が軽減ないし免除される傾向にある。例えば，行為時点ではその影響が予想できなかったとか，損害を与えた企業が特定できないという理由で，処罰を免れるケースが多々見られる。それ以前に，立法に関わる政治家，法を執行する官僚が企業と癒着すれば，法そのものが機能しない。法による企業の社会的統治には，政治家と官僚の企業からの自律が不可欠である。

　企業の社会的統治のもう一つの手段は，消費者や地域社会などがステークホルダーとしての権限と能力を強化することである。例えば，消費者の視点に立って，企業に対して製品やサービスに関するより透明で十全な情報公開を義務づけたり，そのための組織を整備する。あるいは，企業による損害に関して，モラルハザードに十分な配慮をしたうえで，消費者側の賠償請求費用を軽減したり，企業側に立証責任を義務づける。また，企業の進出や撤退について，地域社会が事前の説明や合意形成を要求する。こうした要求行動のためには，その素地として消費者・地域社会のエンパワーメントが必要であり，それには上述のような法の整備や，行政，NGO，NPO，大学，研究組織などの支援が不可欠である。

　一方，消費者や地域社会にも固有の利害がある。特にステークホルダーとしての地域社会は，住民の集合体であるがゆえに，必然的に自分たちの地域の利害を優先する傾向が強い。それは他の地域の利益を損なう可能性が大きい。例えば資源の獲得や企業・産業誘致においては，競争とその結果としての排除が避けがたい。あるいは，原子力発電所事故のように，ひとたび企業が失敗を犯すと，損害が立地地域を超えて広がる場合もありうる。一地域の利益追求行為は，競合する他地域の利益だけでなく，広く社会の利益を損なう可能性がある。地域社会にもまた，自己の利害を超えて公益を追求する姿勢が求められる。

2．ブラジルにおけるCSRの発展と制度

　ブラジルは開発途上国のなかではCSRの長い歴史をもつ。国際社会での動きに即応して，多彩な制度を積極的に導入してきた。本節では，その発展史および，いくつかの重要な制度について述べる。

(1) CSR の歴史

　ブラジルでは1950年代以降，開発と輸入代替工業化が本格化した。1960年代後半から70年代初めにかけての軍政下で推進された開発政策は「ブラジルの奇跡」と呼ばれる高成長を実現したが，その利益は社会全体に行きわたるものではなく，地域間および社会階層間で大きな格差を伴うものであった。その後1973年の石油危機後に実行された意欲的な開発政策は，膨大な対外債務を累積させ，ブラジルを経済破綻へと導いた。1980年代の低成長，インフレなどの経済混乱は，貧困と社会格差の拡大をもたらした。

　開発が貧困を解決せず，むしろ貧困を再生産するような状況のなかで，開発政策とそれを実行している政府への批判が高まったが，他方で，限られた範囲ではあったが，CSR についての議論が起こった。1960年代に設立されたキリスト教経営者協会（Associação dos Dirigentes Cristãos de Empresas : ADCE）は，キリスト教徒の経営者をメンバーとする団体である。ADCE は1965年に「キリスト教経営者基本憲章」を発表し，そのなかで企業は単に財やサービスの生産だけでなく，労働者の生活と社会の厚生の向上にも責任を負うとし，企業が社会貢献に積極的に関わるべきと提言した（Sucupira [2003]）。また，後述するように，1970年代の軍事政権下では，NGO などが企業に社会会計（Balanço Social）の公表を求める運動が展開された。

　このようにブラジルにおける CSR の起源は古いが，多くの企業が積極的に CSR 経営に取り組むようになるのは1990年代である。90年代以降の経済自由化，グローバル化のなかで，ブラジル企業は国内外で厳しい競争に晒され，製品・サービスの質，環境保全などの面で向上を迫られた。多数の企業が ISO9000, ISO14000資格を取得した。市場原理に基づく開発政策は経済効率性を高めたが，他方で失業率が上昇し，雇用のインフォーマル化が進んだ。競争は社会における勝者と敗者を際立たせた。中間層が縮小し，所得の偏在をもたらした。このような新自由主義的政策の負の影響を受けて，1995年にカルドーゾ政権が誕生すると，経済自由化策の一方で各種の社会的包摂策がとられた。それに伴い，ブラジル企業は，製品・サービスの質向上とともに，経済活動に公正性や環境保全などの社会的課題を組み入れることを求められた。

1998年には，CSRの推進を目的に，企業エートス社会的責任研究所（Instituto Ethos de Empresas e Resposabilidade Social 以下エートス研究所）が設立された。エートス研究所は，持続的な開発とCSRの促進を目的とした，あらゆる規模の企業をメンバーとするNPOである。その活動は情報収集，会議・セミナー開催，技術支援，広報，社会のあらゆる組織との連携など多方面にわたっている。エートス研究所は2000年に，CSRの明瞭な評価基準として，社会的責任指標（Indicadores Ethos de Responsabilidade Social Empresarial）を作成した。企業倫理・透明性，企業内部での公共行動，環境保全，サプライヤーとの公正な取引関係，消費者・顧客との適正な関係，コミュニティとの適正な関係，政府との適正な関係などについて，詳細な指標を設定したものである（Instituto Ethos [2004a]）。

　ブラジルのCSRはまた，国際的な動向と深い関係をもって進められてきた。次項で述べる社会会計はその一例であるが，そのほかにも欧米諸国および国際機関におけるCSR活動から影響を受けて導入されたものが多い。1960年代に始まったブラジルのCSRの発展を，第二次大戦後の国際動向のなかに位置づけながら示したのが表4-3である。

（2）社会会計

　社会会計（Balanço Social）は，ブラジルのCSRの制度中，最も重要なものの一つである。企業がどのようなCSR経営と社会貢献活動を行っているかについての自己申告型の報告書であり，従業員，投資家，証券アナリスト，コミュニティに向けて定期的に発表される。その祖型はフランスにある。フランスでは1977年，従業員750人以上の企業に対し，毎年その社会貢献活動についての報告を求める社会会計法（法律第77769号）が制定された。その影響はブラジルにも及び，社会会計についての議論が活発化していった。

　企業の人間化，社会との統合を目的とする企業社会開発研究財団（Fundação Instituto de Desenvolvimento Empresarial e Social : FIDES）は1980年に社会会計に関する国際会議を組織し，ラテンアメリカ向けの社会会計モデルを発表した。1984年には，肥料会社ニトロフェルティル（Nitrofértil）社がブラジル最初の社

表 4-3　CSR の歴史

年	事項
1948	国連人権宣言
1960	ローマ・クラブ結成
1960年代	**キリスト教経営者協会(ADCE)設立，企業による社会の厚生向上への努力を促す**
1972	ローマ・クラブ「成長の限界」発表
	ストックホルム会議
1977	フランス，職場での人権擁護を目的に社会会計法を制定
1980	**企業社会開発研究財団(FIDES)が社会会計に関する国際会議開催，社会会計のモデル発表**
1983	米国会議所，企業の社会プロジェクトを対象とする環境賞を設立
1984	肥料会社ニトロフェルティルがブラジル初の社会会計公表
1986	**企業社会開発研究財団(FIDES)設立，企業の人間化，企業の社会への統合を目指す活動を開始**
	ソ連でチェルノブイリ原子力発電所事故
1989	スウェーデンで国際環境 NGO ナチュラル・ステップ設立
1991	**国家品質基準(Critério de Excelência do Prêmio Nacional de Qualidade)の設定に向けて研究開始**
1992	リオデジャネイロで国連環境開発会議開催，アジェンダ21決定
	ローマ・クラブ「限界を超えて」発表
1993	環境基準 ISO14000制定
	森林管理協議会(Forest Swap Council)設立
1996	労働の安全・保健管理の証明を目的とした英国標準(BS8800)制定
	CSR 報告の国際的ガイドライン GRI 発表
1997	**ブラジル社会経済分析研究所(IBASE)，社会会計モデル発表**
	京都議定書成立
	国際労働人間化基準 SA8000の適用開始
1998	**CSR 推進を目的にエートス研究所設立**
	職業保健・安全評価基準シリーズ(OHSAS180001)適用開始
1999	アナン国連事務総長，国連初の CSR 基準グローバル・コンパクト(GC)提唱
	OECD，企業統治基準を承認
	社会倫理説明責任研究所，社会会計の指標 AA1000発表
	CSR の諸基準の統合を目指すシグマ・プロジェクト開始
2000	**エートス研究所，社会的責任指標を作成**
	国連環境開発会議，持続的開発報告の改訂版発表
	国連，グローバル・コンパクト正式発表
	国連，ミレニアム開発目標発表
	ISO9000を改定し ISO9000:2000を制定
	「カルバート゠ヘンダーソン(Clavert-Henderson)生活の質指数」発表
2001	**エートス研究所，独自の社会会計モデル発表**
2002	国連，人権宣言への理解を深めるための地球憲章(Earth Charter)承認
2003	**社会証券取引所(BVS)設立(のち社会環境証券取引所 BVSA に再編)**

注：太字はブラジルに関係する事項。
出所：Instituto Ethos [2004b]；[2004c]；Sucupia [2004] を基に筆者作成。

会会計を公表した。1980年代半ばには，国営電話会社テレブラス（Telebras）グループが，92年にはサンパウロ州立銀行（Banespa）が社会会計を公表した（Caló［2003］）。このようにブラジルの企業の間で社会会計への取り組みが活発化した背景には，1985年の民政移管があった。民主化の流れのなかで，1992年にリオデジャネイロで開催された国連環境開発会議には多数のNGOが初めて公式に参加したが，その後ブラジルでも社会運動が活発化し，企業が経営に社会問題への対応を採り入れざるをえない状況が生まれた。

こうしたなかで，ブラジルを代表するNGOブラジル社会経済分析研究所（Instituto Brasileiro de Análises Sociais e Econômicas : IBASE）は1997年，社会学者エルベルト・デ・ソウザ（Herbert José de Souza，通称ベチニョ Betinho）の提言に基づき，社会会計のモデルを発表し，企業に採用を促すキャンペーンを開始した。ブラジルの企業社会は当初，軍政期以降活発な社会運動を展開してきたIBASEに対して懐疑的であったが，その後IBASEの提案を受け入れ，民族系，外資系，政府系企業を問わず，多くの有力企業が社会会計を発表した。IBASEは1998年には，定められた様式に従い社会会計を発表し，一定の基準を達成している企業の認証制度（Selo Balanço Social Ibase/Betinho）を導入した。

企業のCSRについての報告は，国際的にはグローバル・レポーティング・イニシアティブ（Global Reporting Initiative : GRI）によってモデルが示されている。GRIの最初のガイドライン（G1）は，米国の非営利団体セリーズ（Coalition for Environmentally Responsible Economies : CERES）によって2000年に示され，その後2002年にヨハネスブルグで開かれた「持続的開発のための世界サミット」で第2版（G2）が，続いて2006年に第3版（G3）が提案された。GRIは，持続的開発の基盤となる環境の保全，公正な労働条件，人権，社会的課題への取り組み，製品責任など，企業が負うべきCSRを包括的に含んでいる。

エートス研究所も2001年に，自らが発表した社会的責任指標，IBASEの社会会計モデル，GRI，社会倫理説明責任研究所（Institute of Social and Ethical AccoutAbility）の指針AA1000[4]を参考に，独自の社会会計モデルを作成した。IBASEの社会会計モデルに比べて，エートス研究所のそれはより広範な内容をもつ。すなわち企業の目的，事業概要，企業統治の方針など経営一般に関わる

情報に加えて，経済活動の詳細，成果の配分，生産性，投資，従業員構成と賃金，労働環境，従業員の教育訓練，消費者サービス，社会貢献活動，政府との関係，環境保全に関する定性的・定量的な情報を含んでいる（Instituto de Ethos [2004c]）。

IBASE や GRI のモデルに則った社会会計を発表し，また IBASE の認証制度で認証を受けた企業数の推移は図 4-1 の通りである。

（3）社会環境証券取引所

社会環境証券取引所（Bolsa de Valores Sociais e Ambientais : BVSA）は，サンパウロ証券・商品・先物取引所（BM & BOVESPA）が設立し，BM & BOVESPA 研究所（Instituto de BM & BOVESPA）が運営する社会プログラムである[5]。社会発展と環境保全を目指すプロジェクトに対し，株式による投資を募るというものである。BM & BOVESPA の前身である BOVESPA が，2003年に社会証券取引所（Bolsa de Valores Sociais : BVS）を設立し，当初は国連教育科学文化機関（UNESCO）の支援を受けて社会教育投資を対象に活動していた。2007年にその目的を環境保護にも広げ，BVSA に改組した。また BM & BOVESPA は2004年，証券取引所としては世界初の試みとして，国連が推進するグローバル・コンパクト（Global Compact : GC）[6] に参加し，それを受けて BVSA は GC に沿って社

---

4) 適正な会計報告，社会倫理報告のガイドラインとして，社会倫理説明責任研究所が1999年に定めた指針。
5) BM & BOVESPAは，ラテンアメリカ最大の取引量をもつサンパウロ証券取引所（Bolsa de Valores de São Paulo: BOVESPA 1890年設立）と，商品・先物取引を扱う商品・先物取引所（Bolsa de Mercadorias e Futuros : BM 1985年設立）が2007年に合併して設立された。BM & BOVESPA 研究所は，その非営利団体（associação）として同じく07年に設立された社会開発・環境保全活動を行う研究機関である。
6) グローバル・コンパクトは，1999年にアナン国連事務総長によって提案された。グローバル化を人間的なものとすることを通じて，持続的な経済開発と社会的包摂を実現することを目的とし，グローバル化の担い手である企業に対して人権の擁護，労働者の権利擁護・差別撤廃，児童労働の禁止，環境の保全などを求めている。参加した企業は GC のロゴ使用を認められる。

図4-1　ブラジルにおける社会会計・GRI採用企業数の推移

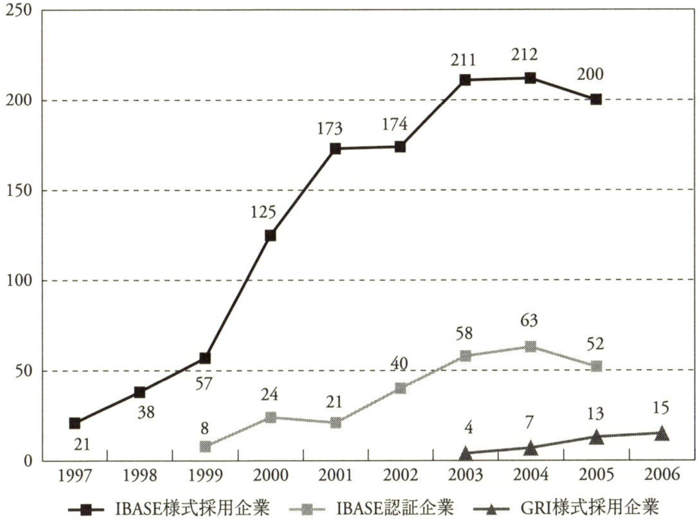

IBASE様式採用企業：1997年 21，1998年 38，1999年 57，2000年 125，2001年 173，2002年 174，2003年 211，2004年 212，2005年 200
IBASE認証企業：1999年 8，2000年 24，2001年 21，2002年 40，2003年 58，2004年 63，2005年 52
GRI様式採用企業：2003年 4，2004年 7，2005年 13，2006年 15

出所：Instituto Ethos［2007］．

会的・環境配慮的投資を実施することになった[7]。

BVSAは，社会開発，環境保全に従事する社会組織（organizações sociais：OS）と社会・環境への責任を果たそうとする投資家を結び付け，社会・環境問題を解決・緩和する制度である。その基本的な仕組みは次のようなものである[8]。まず有志の社会組織が，社会・環境開発プロジェクトの内容（グローバル・コンパクトに沿ったテーマのみ上場可能），必要とする資金額などを，BVSAのウェブサイト上で上場する。投資家はこのウェブサイトにアクセスし，プロジェクトのテーマ，地域，受益者などを考慮し，投資を決めた場合は投資額を

---

[7] BVSAのアイデアと仕組みは，2006年にヨハネスブルグ証券取引所の支援を受けて設立された南アフリカ社会投資取引所（South African Social Investment Exchange：SASIX）にも取り入れられた。
[8] 詳しくはZandee［2004］；BVSA［n.d.］参照。

BVSAに預託する。預託金がプロジェクトの目標額に達した段階で，社会組織に資金として引き渡される。2010年には，国連ミレニアム開発目標（MDGs）も選考基準に取り入れられた。その結果，上場可能なプロジェクトのテーマは，極貧・飢餓の撲滅，初等教育の普及，ジェンダーの平等と女性のエンパワーメント，乳幼児死亡率の削減，母子保健の拡充，HIV/AIDSやマラリアなど疫病の撲滅，持続的開発の実現，開発のための国際パートナーシップの実現など多岐にわたっている。優先される受益者層は，児童・青少年，高齢者，障害者，黒人，先住民，女性，ゲイ・レスビアン・バイセクシャル・トランスジェンダーとされている。プロジェクトの資金規模は3万～10万レアルである。応募基準は，ブラジルを拠点として3年以上の活動実績がある非営利のアソシエーションまたは財団（foundation）である。公共セクターや，単一あるいは複数の民間企業が支援する組織は対象外とされている。

　上場プロジェクトは数段階で審査・選考される。上場後，投資家の預託額が目標額に達しなかったプロジェクトについては，再審査が行われる。成立後のプロジェクトは，BVSAが指名した監査人によって定期的な監査を受ける。審査から監査までの全費用はBVSAが負担する。設立から2013年5月までにBVSAが仲介したプロジェクトは107に達し，投資額の合計は1270万レアルに及ぶ（BVSA［2013］）。

（4）社会的責任投資

　社会的責任投資（Social Responsibility Investment : SRI）も，ブラジルのCSRの重要な一輪となっている。CSRの重要な目的の一つは，先に述べた企業の社会的統治である。この視点に基づき，証券市場の監督を行う証券取引委員会（CVM）は，上場企業に対し企業統治，環境保全対策などについての詳細な情報の開示を求めている。また前項で登場したサンパウロ証券取引所（BOVESPA）は，株式市場の振興とともに，ガバナンスの向上を通じたブラジル企業の健全な発展を目的に掲げ，上場の新たな枠組みとして「新市場」（Novo Mercado）を開設した。法が定める以上のガバナンスと情報開示を行う企業に光を当て，株式発行と流通を促進しようとするものである。いわば優良

ガバナンス銘柄の格付け制度と言える。新市場は，二つのレベルに分けて条件が定められている。レベル1については，①少なくとも資本金の25％が市場で流通していること，②株式分散を可能とする公募によって株式を発行すること，③連結決算を含む四半期ごとの財務の開示，④株主協定，ストックオプション・プログラムの開示などが条件である。レベル2については，①経営審議会委員の任期を一律1年とすること，②米国会計基準（US GAAP）あるいは国際会計基準（IAS）による財務諸表の開示，③会社支配権の譲渡に関し，すべての議決権株所有者に支配株主同等の権利を与え，優先株所有者に70％の権利を与えること，④会社設立，M&A（合併と買収）など特別の場合には優先株所有者に議決権を与えることなどが条件である。

　銀行，年金基金などの融資・資金運用に関しても，社会的責任を考慮する制度が設けられている。国立経済社会開発銀行（BNDES）は2002年，融資にあたって社会的基準（Guia de Aspectos Sociais）を適用することを決定した（Caló [2003]）。年金基金についても基準導入の検討が始まっている。ブラジルの年金基金は，その多くがブラジル年金基金協会（Associação Brasileira das Entidades Fechadas de Previdência Complementar : ABRAPP）に寄託されている。ABRAPPの主要部分は，公企業，民営化された元公企業，民間大企業の年金基金である。ABRAPPが運用する年金は，2008年5月で約4兆6000億レアルに達する[9]。これはブラジルのGDPの18.4％に相当する（ABRAPP [2008]）。ABRAPPは2003年，エートス研究所の協力を得て，年金運用における社会的責任投資の基準を発表した。その内容は，企業統治，社会会計，社会的包摂（social inclusion），外注先を含めた労働環境，所得の創造，社会プロジェクト，倫理・透明性，投資政策など多岐にわたる。ABRAPP会員企業の多くは，ウェブサイトや社会会計などで社会的責任投資の実施をアピールしているが，その実態は明らかではない。しかし，その運用規模の大きさから，ブラジルのCSR全体の動向に多少とも

9）ABRAPPのうち運用規模がとりわけ大きいのは，ブラジル銀行の年金基金（Previ），石油公社の年金基金（Petros），連邦貯蓄金庫の年金基金（Funcef），旧電話公社の年金基金（Sistel）など，国営企業の年金基金である。

影響を与えていると想像しうる。

3．CSRによる企業の社会的統治

これまで述べてきたように，ブラジルではCSR促進のための多様な制度が導入され，さまざまな指針が示されてきた。では，ブラジル企業のCSRの実態はどのようなもので，CSRはブラジルの社会発展に貢献していると言えるのだろうか。その貢献が不十分である場合，企業の社会的統治のためにはどのような制度が求められるであろうか。

（1）社会貢献活動

ブラジル企業の社会貢献活動は全体的に活発である。包括的な調査としては，政府所管の応用経済研究所（IPEA）が2006年，約10,000社を対象に実施した調査がある（IPEA [2006]）。それによれば，2004年中に何らかの社会貢献活動を実施した企業は全体の69％に達する。2000年に比べると10ポイント上昇した（図4-2）。企業規模別に見ると，従業員数1～10人では66％，11～100人では75％，101～500人では86％，500人超では94％と，規模が大きいほど社会貢献活動の実施度が高いことがわかる。

社会貢献活動の分野としては，食糧支援，社会福祉活動，保健・衛生，教育，レジャー・レクリエーションなどの順で多い。対象としては，児童，老人，社会一般，青年，障害者などの順で多い。動機では，人道的な動機，他の組織（政府，コミュニティなど）からの要請，立地する地域社会への貢献，公共キャンペーン（洪水，旱魃，飢餓など）への対応，宗教的理由などの順で多い。税制上の優遇措置が動機と答えた企業は少なく，大半の企業は社会貢献活動の資金源として優遇税制は重要ではないと答えている。

社会貢献活動をどのように位置づけているかについては，「社会政策の義務は国家にあるが，国家がその役割を果たしていないため企業がやらざるをえない」78％，「企業の社会貢献活動の必要性が高まっている」65％，「国家だけで社会問題を解決することは困難であり，企業もその一端を担う必要性がある」57％などとなっている。

多くの企業は，社会貢献活動にあたって，地域社会やNPOなどとパートナーシップを組んでいる。IPEAの調査では，パートナーとしてNPOを挙げる企業が57％と最も多く，次いで立地地域のコミュニティ38％，私企業27％，政府機関14％などとなっている（図4-3）。

 社会貢献活動の規模に関しては，サンパウロ州工業連盟（FIESP）による州内の鉱工業部門の企業543社を対象とした2002年の調査が参考になる。この調査では，社会貢献活動にどれくらいの費用を割いたかが，企業規模ごとに明らかにされている。それによれば，従業員数99人以下の企業では，売上高の0.10％以下が40.8％，0.11～1.00％が48.7％，1％超が10.5％。従業員数100～499人の企業では，売上高の0.10％以下が59.0％，0.11～1.00％が34.0％，1％超が7％。従業員500人超の企業では，売上高の0.10％以下が52.0％，0.11～1.00％が42.0％，1％超が6％となっている（FIESP = CIESP［2003］）。サンパウロ州という限定的な範囲ではあるが，必ずしも企業規模と社会貢献活動は相関し

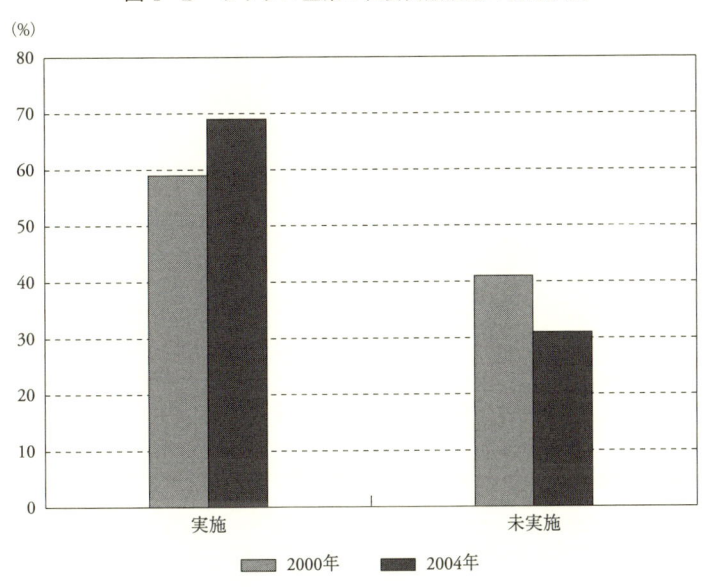

図4-2　ブラジル企業の社会貢献活動の実施状況

出所：IPEA［2006］.

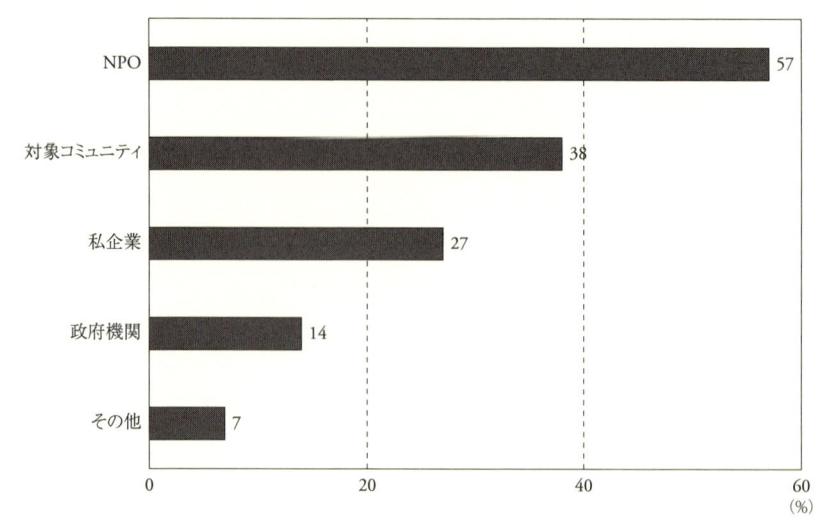

図4-3　ブラジル企業の社会貢献活動のパートナー（複数回答）

パートナー	割合(%)
NPO	57
対象コミュニティ	38
私企業	27
政府機関	14
その他	7

出所：IPEA［2006］.

ていない。小規模な企業も活発な社会貢献活動をしている。

（2）ステークホルダーの範囲拡大と企業統治

　社会貢献活動はCSRの一部に過ぎない。CSRの目的からすれば，企業活動の全プロセスに社会的公正，倫理，環境保全などの社会的価値を組み込むことが目指されねばならない。ここで再び，先のサンパウロ州工業連盟（FIESP）の調査を参考に，ステークホルダーの範囲を検討してみよう。

　FIESPの調査によれば，全体の14％（従業員500人以上の企業では33％）の企業が文書化された倫理コードをもっている。さらにそのうち93％が従業員に，57％が納入業者に対して倫理コードを公表している。社会会計を作成している企業は全体では11％に過ぎないが，従業員500人以上の企業では41％にのぼる。CSR経営の目的については，従業員および協力者の動機づけ，企業イメージの向上，顧客あるいは消費者の満足・信頼の向上などが挙げられている。他方，公共の利益に関する目的としては，大半の企業が，天然資源保全・持続的な開

発，社会的問題の解決，倫理の向上，民主主義の確立，貧困克服・分配の改善などを挙げている。企業がCSR実施にあたり，多様なステークホルダーを想定していることがわかる。

　ステークホルダーとしての従業員の待遇について見てみよう。FIESP調査対象企業の79％（従業員500人以上の企業では95％）が，食事，保健，教育・訓練などに関して，法律が定める以上の従業員福祉制度を設けている。雇用の安定的な提供と従業員の厚生は，ブラジル企業が果たすべき社会的責任のなかで最も重要なものの一つであるが，FIESP調査によれば，全体の3分の1の企業が若年見習い者の訓練プログラム，解雇者の優先的な再雇用政策を実行している。経営参加については，64％の企業が利益への従業員参加プログラムを，42％の企業が経営における意思決定への従業員参加プログラムを実施している。労働組合との関係についても，57％の企業が労組に対し労働条件に関する情報を開示し，32％の企業が労組に対し労働現場での代表権を与えている。

　一方，エートス研究所による調査では，従業員の雇用について多くの差別が存在していることが示されている（Instituto Ethos［2003］）[10]。この調査では，エグゼクティブ・スタッフ（役員），シニアマネージャー，監督者への昇進において，性，人種，学歴によって大きな格差や差別が存在していることが明らかとなった。こうした実情を受けて，IBASEやエートス研究所では，採用・解雇数，外部委託における雇用数，就学者・高齢者・女性・黒人の雇用数，女性・黒人従業員の昇進状況など，雇用と昇進に関する情報を社会会計において開示するよう企業に要求している。

　サプライヤー（原材料・部品等の供給業者）は，企業にとってはCSRを果たすべき対象であるが，サプライヤー自身もまた消費者など他のステークホルダーに対してはCSRを果たすべき主体である。先のFIESPの調査は，サンパウロの鉱工業部門の企業の多くが，サプライヤーに対してCSRの履行を求めているものの，その姿勢が消極的であることを示している。すなわち調査対象

---

[10] 2003年に実施された，「500大企業による社会・人種・性差別とアファーマティブ・アクション（差別撤廃行動）」に関する調査で，サンプル企業数は247社。

企業はサプライヤーに対し，税，労働，社会保障，環境などの面での法令順守を求めているが，具体的な手段を講じている企業は少ない。CSRがなお個々の企業のレベルにとどまっていることがうかがわれる。

消費者・顧客もCSRの最も重要な対象の一つである。FIESPの調査では，大半の企業が消費者・顧客に対する責任を重視している。「品質を保証し，欠陥があった場合の対処法を定めている」83％，「誤った商品イメージを与えることで消費者保護法に抵触しないよう，広告を事前審査する」71％，「誤った使用による消費者被害を防止するためマニュアルを適宜見直している」69％，「顧客・消費者の満足度調査を行っている」61％などである。これは市場競争の激化のなかで，このような顧客・消費者重視の姿勢が企業の存続にとって不可欠となっているためもある。

企業が倫理コードや社会会計を公表すること，また社会貢献活動の実施にあたって地域社会やNPOなどとパートナーシップを組むことは，ステークホルダーの範囲拡大にもつながる。それによって，企業は多様なステークホルダーの利害を考慮せざるをえなくなり，企業統治が改善され，CSRがさらに促されるという好循環も生まれうる。

（3）企業の社会的統治のための制度

しかし，CSRを通じた企業統治の改善が，自動的に社会の発展や公益の実現に結びつくわけではない。CSRを社会全体の利益に連結するためには，法の整備や制度の強化が必要である。この点，ブラジルの取り組みは，法整備に限って言えばかなり先進的である。

ブラジルは早くから，企業の反社会的行為を規制し，企業活動を社会発展に寄与する方向に向かわせるための制度を整備してきた。1930年代には独占禁止法の性格をもつ法律を制定し，1940年代には企業集中と経済力濫用を監督する経済防衛行政委員会（CADE）を設立した。1943年に制定され，現在も基本法となっている統合労働法は，労働者に強い権利を付与し，厚い保障を定めている。1965年の資本市場法は，いわば資本主義の社会化を目的として，一般株主の保護を重視したものとなっている。1988年憲法では消費者保護の原則が導入

され，90年にはそれに基づいて消費者保護法が制定された。現行の経済力濫用禁止法（1994年）は，自由競争の保護とともに消費者保護を謳っている。1996年の工業所有権法も，その立法目的の一つに消費者保護を挙げている。環境保護については，1981年に環境保護法，続いて98年には環境侵犯者に対し刑事・行政罰を課すことを定めた環境犯罪法を制定した。なかには実効性に若干の問題がある法律もあるが，企業の社会的統治を促す法整備を積極的に行ってきたと言える[11]。

労働者の保護と福祉についても，政府の経済への強い介入のもとで整備されてきた。基本法は1930～40年代の組合国家体制下で制定され，60年代の軍政期，85年の民政移管後の社会民主主義政権期間を通じて拡大・強化されてきた[12]。企業の社会貢献活動についても，労働者の賃金の一定割合を企業から徴収し，それを資金として経営者団体が職業教育などを実施する制度が設けられている。その機関としては国立職業訓練所（SENAI），工業社会サービス（SESI），国立商業訓練所（SENAC），商業社会サービス（SESC）などが挙げられる[13]。これらは政府が義務づけたものではあるが，企業が社会に関わる一つの動機となったことも事実である。

1990年代末には，社会会計を法制化する試みもなされた。とりわけ市場経済に懐疑的で，労働者の権利と地位向上を目指す労働者党（PT）は，CSRに強い関心を寄せ，企業に社会会計公表を義務づけるための法案を連邦議会に提出した[14]。これらの法案は大多数の政党・議員の反対に遭い，本会議で議論され

---

11) 詳細は矢谷・ワタナベ・二宮［1994］；ブラジル日本商工会議所編［2005］第9章参照。
12) 軍事政権が労働者の保護と福祉を拡大したのは，ポピュリズム的な支持拡大策だったと言える。
13) ブラジル企業の職業教育，社会貢献活動については小池［2008］参照。
14) 1997年，労働者党議員のマルタ・スプリシー，マリア・コンセイソン・タヴァーレス，サンドラ・スターリングが，すべての公企業と従業員100人以上の私企業に社会会計を義務づける法案（Projeto de Lei 3,116/97）を提出した。続けて99年には，同じく労働者党議員パウロ・ロッシャがほぼ同様の法案（Projeto de Lei 0032/99）を提出した。

るまでに至っていない。しかし地方レベルでは社会会計が法制化された地域がある。リオグランデドスル州では2000年に，州内で設立された企業に対し社会会計の作成とそれへの会計士による署名を義務づける法律第11440号が公布された。アマゾナス州でも2003年，社会的責任証明書（Certificado de Responsabilidade Social）の作成とその細目を定めた法律（第2843号）が公布された[15]。

このようにブラジルでは，企業に対してCSRを義務づける法と制度が早くから導入されてきたが，現実にはそれらが十分に機能しているとは言いがたい。消費者や地域社会に比べて企業の影響力が圧倒的に大きく，政治と行政が市民よりも企業の利益を代表する傾向が強いからである。企業の社会的統治を実現するには，企業に対抗しうる制度，その構築を社会に広く呼びかける運動が不可欠である。長らく軍政に苦しめられたブラジルには，NGO，NPOなどの多様な社会組織と多様な社会運動が存在する。1991年には，全国組織としてブラジルNGO協会（Associação Brasileira de Organizações Não Governamentais : ABONG）が設立された。95年に成立したカルドーゾ政権は，NGOなどの市民社会組織を「政府が社会政策を効果的に実施するための重要なパートナー」として位置づけた。消費者運動も，1950年代の工業化の進展とともに立ち上がった歴史をもつ。1986年には全国組織としてブラジル消費者保護研究所（Instituto Brasileiro de Defesa do Consumidor : IDEC）が設立された。IDECは，商品・サービスの検査・評価，企業と政府を相手とする訴訟，消費者教育などの活動を行っている[16]。環境保全についても，国際的な団体を含め夥しい数のNGOやNPOが活動している。こうした多様な社会組織が，引き続き企業を監視し，その情報を広く市民に伝え，企業の社会的統治を強化していく必要がある。

---

15) IBASEのウェブサイト（www.ibase.org.br）による。
16) IDECのウェブサイト（www.idec.org.br）を参照。

むすび

　昨今のCSRへの関心の高まりは，それがいまや企業の生存戦略に欠かせない要素となっているためであることは否定できない。しかし同時に，CSRを企業の営利目的だけに矮小化できない側面もある。すなわち，ブラジルにおいて，企業が社会を構成する重要なメンバーであり，必然的に社会のさまざまな課題の解決に向けて責任の一端を担う主体であるという意識が広がっていると言える。民政移管後，民主主義と社会的包摂が国家目標とされるという政治環境の変化も，企業の意識改革を促した一因である。

　しかし，企業が利潤追求を旨とする存在である限り，CSRには常に限界がつきまとう。CSRを通じて企業の社会的統治を実現するには，それを可能とする法や制度の整備（国家による適正な介入），すべてのステークホルダーのエンパワーメントが求められる。

　そしてそのためには，政府もまた能力を高め，企業との癒着を防ぐための透明性を保持する必要がある。つまり，CSRによる企業の社会的統治は，国家，市場，市民社会いずれもが力を強化することで初めて可能となる。その意味で，CSRもまた，社会自由主義国家の重要な骨子の一つと言える。

第5章　社会的イノベーション：経済発展と社会政策の両立

はじめに

「社会自由主義国家」では，イノベーションとそれによる競争力の向上が重視される。イノベーションとは，単に技術革新のみを意味する語ではなく，斬新な発想・方法によって社会に新たな価値や発展，変革をもたらす創意や実践を指す。したがって広義には，組織のあり方や社会システムの変革など幅広い領域に関わる。本章では，個別の事例としてはブラジルの産業政策や技術革新を扱い，それが社会自由主義国家の経済発展と社会性にどのように結びついているかを検討する。

ブラジルでは，イノベーションの促進およびその基礎となる科学技術の振興を国家の役割と位置づけている。イノベーションの主体は企業と社会組織であるが，国家は必要な資金を提供し，イノベーションを支援する。ブラジルでは従来も国家がイノベーションのための研究開発（R&D）費用の大半を負担し，また公企業を通じてイノベーションを直接担ってきた。イノベーションを支える組織・制度の整備にも積極的に取り組んできた。こうした取り組みは，理論的には国家イノベーション・システム（National System of Innovation : NSI）論に基づいたものである[1]。NSI論は，政府，企業，教育・研究組織，金融機関など国内の多様な経済主体間の協力，学習などの相互作用がイノベーションを促し，そのなかで政府が経済主体間の調整，資金供給その他で重要な役割を果たすとする議論である。

市場競争は新製品や新技術を創造する動力となりうる。しかし競争はしばしば短期的な視点に立って行われるため，ときに社会の変革に資するような研究開発を抑圧する場合がある。また逆に独占や寡占がある場合，知的所有権が過度に保護されている場合には，研究開発への動機は生じにくい。あるいは，市場自体が未成熟で企業の技術力が絶対的に低い場合，イノベーションはなかなか期待できない。ブラジルにおいて国家がイノベーションの重要な担い手とな

---

1) J. A. シュンペーターの理論を引き継ぐ「ネオ・シュンペータリアン」らが提唱した。NSIについてはFreeman [1995]；Lundvall [1992]；Nelson [1993] などを参照。

り，また民間のイノベーションを促すための制度を整えてきたのにはこうした背景がある。

　ただし，ブラジルのイノベーション政策が特異なのは，その社会的役割が特に強調される点である。その背景には，従来行われてきた技術革新とそれによる経済発展が大多数の人々を排除し，むしろ貧困や格差の原因となったという認識がある。社会自由主義国家では，イノベーションは多様な主体の参加によって推進され，その成果は特定の主体を排除することなく配分されるべきとされる。社会的排除は，公正性の点で望ましくないだけでなく，経済的観点から見ても益がない。潜在的に有意な企業や人々の能力発揮を阻害するからである。大企業だけでなく，零細中小企業，労働者，小規模農家，女性など，これまでイノベーションそのものからも，その果実からも排除されてきた主体も担い手となりうる。そして多様な主体の参加を促すためには，十分なエンパワーメントが必要となる。

　このように広範な主体を想定した考え方は，社会的イノベーション（Social Innovation）論に基づく。マルガンは社会的イノベーションを，目的・手段・成果いずれにおいても社会性を保持した革新と定義した。具体的には，新しいアイデアに基づく製品，サービス，モデルが創出されること，同時にそれらが既存の製品やサービスよりも効果的に社会的ニーズに応えるものであること，さらにそれらを媒介として社会全体に有益な新しい関係性が生み出されること，としている（Mulgan［2012］35）。

　そもそもイノベーションは，究極的には社会をよりよい方向に変革する営みであるべきだし，その促進には社会が蓄えている多様な知識や経験が活用されるべきである。しかし，現実には特定の企業や組織によって担われ，特定の人々と地域のみを利していることが多い。ブラジルの社会自由主義国家においては，そのような現状を乗り越えるための試みがなされている。

1．産業政策とイノベーション

　経済の持続的な成長にはイノベーションが不可欠である。国家イノベーション・システム（NIS）論においては，一国のイノベーションを促進するために

は，政府，企業，金融機関，研究組織，教育機関など多様な組織から構成されるイノベーション・システムの構築が必要であるとされる。そしてNSI論では，システム全体を組織し調整する制度として政府の役割が重視されている。特にブラジルのような後発国では，イノベーションにおける政府の役割は大きい[2]。以下ではその概要を確認する。

(1) 輸入代替工業化政策

ブラジルでは1950年代以降，国家の強い介入のもとで輸入代替工業化政策がとられ，産業基盤の整備と新産業の創造が図られた。鉄鋼業，石油産業などは基幹産業とされ，また保安上の理由からも国有企業によって運営された。自動車，造船，電機などの諸工業は国家の手厚い保護のもとで民間企業（とりわけ外国企業）が担った。その後，1973年の石油ショックと国際収支の悪化を受けて，政府は石油化学，資本財，情報産業の育成に乗り出し，民族系企業の参加を奨励した。しかしこれらは例外であり，輸入代替工業化政策のもとでは，全産業が網羅的に保護されていた。有望な産業を選択的に支援するターゲティング政策（picking the winner）は一般的ではなかった。他方で，産業基盤の整備とともに，後述のように科学技術支援組織を国家主導で整備した。つまりこの時期の産業政策としては，公共財の供給と外部性に関わる政策が重要視された。

ブラジルのNISが整備されていったのは1950～60年代である。1947年には空軍所属研究機関として宇宙研究センター（Centro Técnico Aeroespacial : CTA）が設立され，のちにこのCTAからブラジル航空機会社エンブラエル（Empresa Brasileira de Aeronáutica : EMBRAER）が生まれた[3]。1951年には国家科学技術委員会（Conselho Nacional de Desenvolvimento Científico e Tecnológico : CNPq）が設立され，公的研究機関や大学などに科学技術開発の資金を提供した。1952年設

2）ブラジルのイノベーションを支える産業政策および科学技術政策については，Cano e Gonçalves da Silva ［2010］; Nassif ［2007］参照。
3）エンブラエルは1968年に空軍所属企業として官民合弁で設立され，その後94年に民営化された。

立の国立経済開発銀行（Banco Nacional de Desenvolvimento Econômico：BNDE，現在の国立経済社会開発銀行BNDES）は，長期金融市場が欠如するなかで，産業基盤，基幹工業に投資資金を供給した[4]。1964年には大学の基礎研究人材養成に資金を供給する技術基金（Fundo Tecnológico：FUNTEC），国産機械にバイヤーズクレジットを供給する工業金融特別機関（Agência Especial de Financiamento Industrial：FINAME）が設立された。続いて1967年には科学技術省内に，研究開発を促進する組織として研究プロジェクト金融支援機構（Financiadora de Estudos e Projetos：FINEP）が設置された。その目的は1965年に設立された研究プロジェクト融資基金（Fundo de Financiamento de Estudos de Projetos e Programas）を運用するためであった。FINEPはBNDEから技術基金（FUNTEC）を受け継ぎ，科学技術開発に資金を提供する中心的な組織となった。さらに政府は1969年に国家科学技術開発基金（Fundo Nacional de Desenvolvimento Científico e Tecnológico：FNDCT）を設立し，FINEPがその運用を担った。商工省（MIC）は1972年に工業分野の科学技術政策の実施機関として工業技術庁を設立した。

このようにブラジルでは，科学技術政策に多くの組織が関わってきたが，1985年に科学技術革新省（Ministério da Ciência, Tecnologia e Inovação：MCT）を設立し，科学技術およびイノベーション政策を国家主導で実施していく体制を整えた。他方で農業分野のイノベーションについては，農牧供給省（MAPA）が重要な役割を担っている。特に1973年に設立されたブラジル農牧公社（Empresa Brasileira de Pesquisa Agropecuária：EMBRAPA）は，新しい種子や作物，栽培技術などの開発と普及において重要な役割を果たしてきた。

こうしたNSIの整備と並行して，1970年代以降，三次にわたる科学技術開発計画が作成された。第一次科学技術開発計画（I PBDCT：1973-74），第二次科学技術開発計画（II PBDCT：1975-79），第三次科学技術開発計画（III PBDCT：1980-85）である。石油危機後の第二次計画では代替エネルギー，マイクロエレクトロニクス，化学などの新産業に重点を置いた。その際，国家科

4）BNDEは1982年に国立経済社会開発銀行（Banco Nacional de Desenvolvimento Econômico e Social: BNDES）に改組した。

学技術開発基金 (FNDCT) は科学技術開発計画, なかでも基礎研究のための基金として機能した。

　ブラジル経済, とりわけ製造業で重要な位置を占めるサンパウロ州は, 連邦政府の政策とは別に, 独自の科学技術政策を実行してきた[5]。サンパウロ州研究支援財団 (Fundação de Amparo à Pesquisa do Estado de São Paulo : FAPESP) はその中心的な組織である。FAPESPは1960年に州法第5918号によって設立され, 62年から活動を開始したが, その起源は1947年の州憲法に求めることができる。州憲法第123条は, FAPESPを通じて州の科学技術振興を実施すること, 州政府はその資金として経常的な歳入 (税収) の0.5％以上を支出することを定めている。この割合は1989年の州憲法によって1％に引き上げられた[6]。FAPESPは, 組織としては州政府から独立しているが, 州政府がその活動に継続的に資金を供出している。その活動は, 生物学, 農学, 産業技術, 社会科学, 人文科学など科学・技術の広い分野にわたっている。サンパウロ州はブラジルの工業, 農業, サービス業を牽引し, 研究開発が活発な州であるが, FAPESPはその中心として重要な役割を果たしてきたのである。

(2) 経済自由化と産業政策の不在

　ブラジルは前述のように, 石油ショック後に輸入代替工業化とエネルギー開発政策を進めたが, それが累積債務を生み, 1980年代初めには深刻な経済危機に陥った。その結果, 1980-85年の第三次科学技術開発計画の予算は3分の2以上削減された。事実上, 政府主導の科学技術政策とコーディネーションは放棄されたのである (Suzigan and Furtado [2006] 75-76)。

　1990年, ブラジルの産業政策・イノベーション政策に大きな転機が訪れる。輸入代替工業化は放棄され, 経済の自由化・開放が実行された。コロール (Collor) 政権 (1990～92年) が策定した産業・貿易政策 (Política Industrial e de

---

5) ブラジルの2010年のGDP (粗付加価値) に占めるサンパウロ州の比重を部門別にみると, 農牧業11.3％, 工業33.3％ (うち製造業42.0％), サービス業33.3％, 合計33.2％となっている (http://www.seade.gov.br/produtos/pib/2010/cre2010_11.xls)。

6) FAPESPのウェブサイト (http://www.fapesp.br/) による。

Comércio Industrial : PICE）に従い，関税は自由化前の平均40％台から数年後には10％台に切り下げられた。国内に類似品がある場合に輸入を禁止する類似品法（lei de similaridade）や，国内の情報機器・ソフトウェア産業を保護する情報産業法が廃止された。為替は大幅に切り下げられ，金融取引，直接投資，利潤・ロイヤルティの送金が自由化された。

　これら一連の自由化政策は，市場圧力によって産業の競争力を向上させる目的で行われたものであった。ブラジルの貿易自由化は，例えば同じように IMF（国際通貨基金）などの国際機関から構造改革を求められた韓国に比べて，速度（speed）が速く，範囲（scope）が広く，順序（sequence）が同時的であった。関税引き下げが急速で，輸入の量的制限は即時撤廃され，為替の切り下げも同時に行われた（Moreira [1998]）。しかし，イノベーションによって競争力が向上する前にこうした急速な自由化が行われてしまうと，多くの場合，企業は増産や投資を断念してしまう。競争状態を作り出すことはたやすいが，競争力は容易には獲得できないのである（Erber [1991]）。

　1995年に誕生したカルドーゾ政権（1995～2002年）は経済安定化を最優先課題とし，自由化政策を継続したが，その一方で産業政策の不在が続いた。効率的な国家経営と公共サービスの質向上を目的に公企業の民営化が行われ，その実務を担った国立経済社会開発銀行（BNDES）は，開発金融機能を大幅に低下させた。科学技術計画は予算削減によって弱体化した。他方で，中国など新興国への資源・食糧などの一次産品輸出が増加したことで，国内に外貨だけでなく投機的マネーも流入し，為替が上昇した。中国など新興国からの工業製品輸入が増えたことで国内の工業生産が停滞し，雇用が減少した。こうして1990年代から2000年代初頭にかけて，新自由主義的経済政策のもとで，産業政策とイノベーション政策は停滞した。

（3）開発主義とイノベーション政策

　こうした状況を打破し，積極的な開発主義政策をとったのが，カルドーゾの後を継いだルーラ労働者党政権（2003～2010年）であった。ルーラ政権の経済政策は，基本的には市場原理に基づくものであったが，カルドーゾ政権に比べ

て市場に対して懐疑的であった。ルーラ政権は産業技術の向上やイノベーションの推進に政府が積極的に関与すべきと主張した。2003年には工業商工省，財務省，企画省が共同で「開発のためのロードマップ」(Roreiro para uma Agenda de Desenvolvimento) を作成し，産業基盤の整備と拡張，生産部門（とりわけ貿易財部門）の効率性向上，企業のイノベーション能力と輸出能力の引き上げを目標に掲げた。産業政策では，民間企業間の連携とそれを通じたイノベーション能力向上に重点が置かれた。

2004年に発表された産業・技術・貿易政策 (Política Industrial, Tecnológica e de Comércio Exterior : PITCE) は，企業のイノベーション能力向上を通じてブラジル全体の産業基盤強化を狙うもので，ネオ・シュンペータリアンあるいは進化論的アプローチに沿った政策であった (Suzigan and Furtado [2006] 77)。PITCEは，横断的な産業政策としてイノベーション，技術開発，海外市場への参入促進を掲げ，また戦略産業部門としてソフトウェア，半導体，資本財，薬品を挙げた。これらの部門は，その成果がスピルオーバー（拡散効果）によって広く社会に浸透し，経済全体のイノベーションを促進する性格をもつとされた (Nassif [2007] 19)。さらに，将来の有望産業としては，バイオテクノロジー，ナノテクノロジー，再生可能エネルギーが挙げられた。

同じく2004年には，イノベーション法（法律第10903号）が制定された。この法律では，イノベーションを通じた技術的自立が国家目標とされ，その手段として企業間の戦略的提携・協力を促進することが謳われている。さらに，零細中小企業による研究開発施設の共同利用，科学技術プロジェクトを実施する企業への連邦政府の出資，研究開発に携わる公務員にロイヤルティの5％を与えること，政府の科学技術研究所と民間企業とのパートナーシップの推進といった具体的な政策も挙げられている。2008年にはPITCEを引き継ぐ産業政策として生産発展政策 (Política de Desenvolvimento Produtivo : PDP) が定められた。PDPの目的は経済の強化，成長の持続，輸出の促進とされ，設備投資の加速，イノベーションの促進，世界経済への参加拡大，零細中小企業の輸出促進が掲げられた。

ルーラを継いで2011年に発足したルセフ労働者党政権は，リーマンショック

後の世界経済危機を踏まえ、2011〜14年を対象とした国家計画「大ブラジル計画」(Plano Brasil Maior：PBM) を作成した。その基本目標は、国内外市場での産業競争力を高めるためイノベーションを促進することに置かれた。PBM のスローガンは、「競争するためにイノベーションする」(inovar para competir) である。PBM では具体的な数値目標として、2014年までに対 GDP 比で、固定資本投資を18.4％から23％へ、民間の研究開発費を0.55％から0.9％へ、工業部門を18.3％から19.5％に引き上げることが掲げられている。

このようにブラジルの近年のイノベーション政策は、政府の強いリーダーシップによって推進されてきた。現在のブラジル政府はイノベーションに関わる諸政策を立案するだけでなく、研究開発を自ら手がけ、その資金の大半を提供する存在である。その背景には、民間企業の活動が資源・労働力の投入に大きく依存しており、技術開発が不活発で、技術集約度の高い産業における外資系企業の比重が高く、しかもそれら外資系企業の研究開発は母国で実施されているという、ブラジル固有の条件が横たわっている。ブラジルの研究開発（R&D）支出の対 GDP 比はいまだ1％前後にとどまっており、先進国はもちろん、韓国や中国に比べても小さい。しかし、2000年代に入ってその比率は徐々に増加している（図5-1）。また R&D 支出の資金源をみると、政府の割合が70％と群を抜いて大きく、国家がイノベーションを牽引していることがわかる（図5-2）。

2．産業クラスターと地域開発

産業の競争力は、個々の企業の能力だけではなく、企業間の関係、企業と消費者との関係、政府の支援政策、企業が立地するコミュニティとの関係など、多様な経済主体との関係のありように依存する。グローバリゼーションが進展するなかで、ブラジルでは産業と雇用の維持あるいは再生のため、産業クラスター[7]の育成と強化が産業政策の重要な課題となっている。そしてそのために、ローカルな産業基盤としての産業クラスターを支える地域イノベーション・システム（LSI）の重要性が指摘されてきた。

図 5-1　R&D 支出の対 GDP 比・国際比較

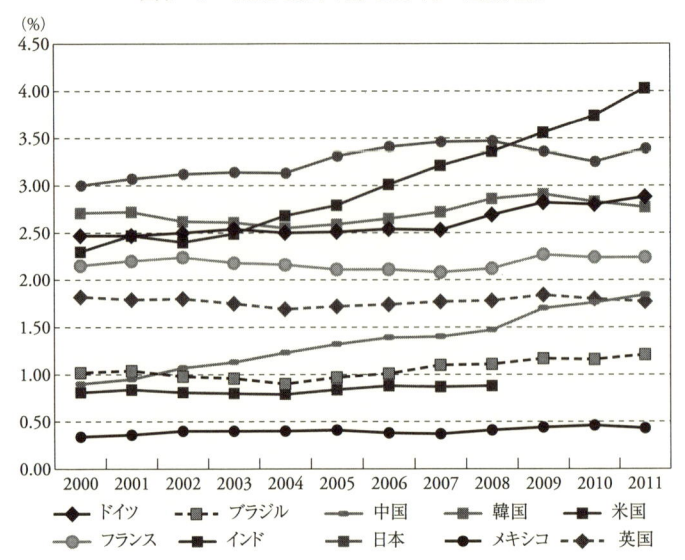

凡例: ◆ ドイツ　■ ブラジル　● 中国　■ 韓国　■ 米国　● フランス　■ インド　■ 日本　● メキシコ　◆ 英国

出所：Ministério da Ciência, Tecnologia e Inovação.

図 5-2　R&D 移出に占める政府予算の割合・国際比較

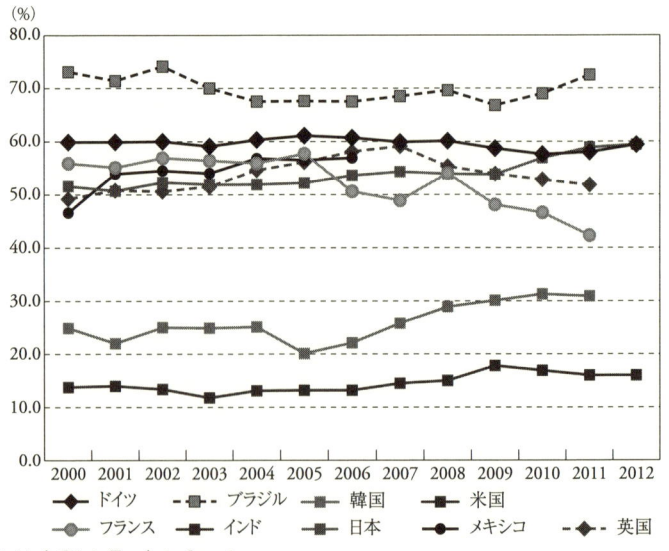

凡例: ◆ ドイツ　■ ブラジル　■ 韓国　■ 米国　● フランス　■ インド　■ 日本　● メキシコ　◆ 英国

出所：Ministério da Ciência, Tecnologia e Inovação.

(1) 地域生産アレンジメント

　ブラジルでは，産業クラスターを「地域生産アレンジメント」（Arranjos Produtivos Locais : APLs）という概念で捉え，各種の支援を行っている。APLs は同一地域に立地する企業の集積を対象とする。個々の企業は特定分野に専門化しているが，企業間，および地域の他のアクター（地方政府，企業・産業団体，金融機関，教育・研究機関など）と連携協力し，互いに学習しあいながら成長発展する。つまりブラジルにおいては，APLs とは産業クラスターそのものを指す[8]。

　産業集積については，A. マーシャルが外部経済の概念によってその意義を論じ，小規模企業が集積した地域を「産業地区」（industrial district）と定義した。その後 M.J. ピオリと C.F. セーブルが『第二の産業分水嶺』のなかで，大量生産から柔軟な分業（flexible specialization）への産業発展のパラダイム転換を論じ，その例として第三イタリアの企業集積や日本の下請生産などを挙げた。開発論の領域からは，1990年代以降，第三イタリアをモデルに開発途上国の産業集積を論じる数多くの研究が，英国開発研究所（IDS）を中心になされた（IDS [1992]）。第三イタリアに代表される発展した産業集積では，専門化した企業による柔軟な分業が見られ，多様化し不確実性を増した市場の要求に対応しつつ効率的な生産を営んでいる。企業は情報交換を密に行い，協力しあうが，他方で競争もしている。一つの地域に原材料・部品メーカー，組立業者，販売会社，デザイン会社などが集積し，継続的な取引と濃密な情報交換が行われる。そのような集積は，クライン゠ローゼンバーグが提起した「連鎖モデル」（chain-linked model）であり（Klein and Rosenberg [1986]），原材料・部品から製品，

---

7) この箇所では「産業クラスター」を産業集積とほぼ同様の意味で使っているが，厳密に使い分ける場合もある。すなわち，単に同業ないし関連産業が地域的に集積する事態を指す場合は「産業集積」とし，地域内に立地する企業間の相互作用がイノベーションを生む点に着目する場合は「産業クラスター」を用いる。

8) たとえば，APLs 研究の中心であるリオデジャネイロ連邦大学が刊行した APLs 関連用語集の内容は，一般の産業クラスター用語集とほとんど同じである（Lastre e Cassiolato [2003]）。

販売方法に至るあらゆる工程でイノベーションを生み出す力をもつ。また、ライバル同士が間近に観察しあう産業集積内の競争は、市場における競争より激しいものになる可能性がある。

多くの論者が指摘するように、産業クラスターの持続的な発展には、地域が有する多様な制度や組織の参加が重要となってくる。マーシャルを受け継いだ「産業地区」論の文脈では、地方政府、産業団体、労働組合などの組織のほか、産業に資金を提供する金融、製品開発、品質検査、デザインセンター、職業訓練などを含めた制度的厚み（institutional thickness）が、イノベーションと産業集積の発展を促進するとされる（Amin and Thrift［1992］）。制度の重要性は特にラディカルな技術革新において重要となる（Späth［1994］317）。とりわけ中小企業は、現在および将来の技術変化や市場変化について正確な情報を迅速に獲得することが難しく、他方で新しい技術や市場への移行は大きなコストとリスクを強いるため、企業は保守的な行動をとる。そこで、厚みのある制度を構築することで、情報提供や金融支援を円滑にし、企業のコストとリスクを軽減し、イノベーションを促進することが重要になってくる。

M. ポーターは、産業クラスターが国あるいは地域の競争力の源泉となることに注目し、①企業戦略・競争環境、②要素（投入資源）条件、③需要条件、④関連産業・支援産業の四つの競争優位条件が相互に作用しあう「ダイヤモンド・モデル」を提示した（ポーター［1999］）。また、国家イノベーション・システム論の延長である地域イノベーション・システム論においても、地域の制度・組織が企業のイノベーションを促進するとされている。地域イノベーション・システム論では、地域レベルで組織される研究開発、教育、職業・技能訓練などに関わる多様な制度がイノベーションを促進すると説く（Cooke, Braczyk and Heidenreich［1998］）。R. フロリダは、経済において知識が重要となる時代にあっては、地域における知識の創造と継続的な学習がイノベーションの鍵を握るとし、それらを促進する制度をもつ地域を「学習する地域」（learning region）と呼んだ（Florida［1995］）。図5-3はこれらの理論を踏まえ、産業クラスターとその支援システムの関連について示したものである。

ブラジルの地域生産アレンジメント（APLs）では、第三イタリアなど先進

図5-3　産業クラスターと支援システム

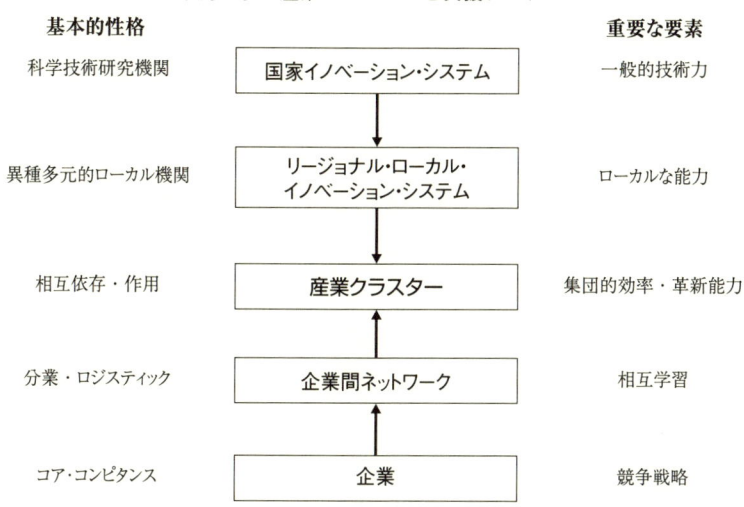

基本的性格		重要な要素
科学技術研究機関	国家イノベーション・システム	一般的技術力
異種多元的ローカル機関	リージョナル・ローカル・イノベーション・システム	ローカルな能力
相互依存・作用	産業クラスター	集団的効率・革新能力
分業・ロジスティック	企業間ネットワーク	相互学習
コア・コンピタンス	企業	競争戦略

出所：Britto [2000].

国の産業クラスターの経験を踏まえて，従来経済発展から排除されがちであった中小企業を産業（とりわけ停滞する地域産業）の担い手とするための支援政策が実施されていった。イタリアをモデルとして政府主導で産業クラスターを形成しようとする試みは，すでに1990年代から始まった。1991年の零細中小企業支援サービス（Serviço Brasileiro de Apoio às Micro e Pequenas Empresas：SEBRAE）による企業近代化拠点計画（Pólo de Modernização Empresarial：PME）[9]がその出発点である。規模の小ささに伴う弱点を分業とネットワーク形成によって補い，零細中小企業を新たな産業および地域経済の担い手にしようとするものであった。政策の構想はラットナー（Rattner [1988]）の議論に基づいている。

その後，SEBRAEの先駆的な試みを引き継ぐ形で，APLsの研究と政策が進められていった。2003年にはAPLsの支援政策を立案するための非公式の作業グループが各省庁の代表によって組織された。2004-2007年の多年度計画にAPLs支援が織り込まれ，作業グループ（Grupo de Trabalho Permanente para

---

9）企業近代化拠点計画については小池 [1997] 参照。

Arranjos Produtivos Locais : GTP-APL) は正規の組織となり，引き続き APLs の進捗状況の確認や支援政策の提案に携わった。

2004年の第1回目の確認作業では，国内に460の APLs の存在を確認した。続いて翌年の2005年にはその数は957にのぼった。957の APLs の業種を地域別にみると，北部では木材・家具，農業，漁業など，北東部では皮革・靴，養鶏，果実，木材・家具，衣料など，南東部では家具，靴，バイオテクノロジー，セラミック，果実，宝石，衣料，金属など，南部では衣料，靴，木材・家具など，中西部では農業，衣料，観光などが多い。こうした調査結果を踏まえ，国立経済社会開発銀行（BNDES）は2009年に APLs の評価と支援のための研究プロジェクトを組織した。その研究成果によれば，ブラジル南部，南東部，中西部の APLs のうち公的支援を受けているものは426件あり，その業種分布は表5-1の通りである。全体に工業が多いが，中西部ではアグロインダストリーが目立つ。

連邦および地方政府は，このように APLs を特定したうえで，各種の産業振興・支援策を講じた。まず連邦政府は2000年以降の多年度計画，2007-2010年国家科学技術・革新計画（Plano Nacional de Ciência Tecnologia e Inovação 2007-2010)，2008-2013年の生産開発政策（Política de Desenvimento Produtivo 2008-2013）

表5-1　APLs の州別・産業別分布（公的支援を受けているもの）

州／産業	アグロインダストリー		工業＊		サービス		商業		合計
	数	％	数	％	数	％	数	％	数
リオグランデドスル	8	24.2	22	66.7	3	9.1	0	0.0	33
サンタカタリーナ	24	34.8	28	40.6	14	20.3	3	4.4	69
パラナ	0	0.0	17	77.3	5	22.7	0	0.0	22
サンパウロ	1	3.7	26	96.3	0	0.0	0	0.0	27
ミナスジェライス	4	11.8	28	82.4	2	5.9	0	0.0	34
リオデジャネイロ	15	21.7	40	58.0	13	18.8	1	1.5	69
エスピリトサント	1	5.6	9	50.0	2	11.1	6	33.3	18
ゴイアス	19	32.2	27	45.8	12	20.3	1	1.7	59
マットグロッソドスル	68	71.6	18	19.0	4	4.2	5	5.3	95
合計	140	32.9	215	50.5	55	12.9	16	3.8	426

注：＊鉱業を含む。
出所：Campos, Vargas e Stallivieri［2010］．（原資料：Projeto de Pesquisa Análise do Mapeamento e das Políticas para Arranjos Produtivos Locais no Sul, Sudeste e Centro-Oeste［2009］）

などにおいてAPLs支援を優先事項とした。APLsに対する金融および技術支援に関しては，関連省庁のほか，輸出入振興公社（APEX），国立度量衡・品質規格院（INMETRO），技術研究所（IPT），ブラジル農牧公社（EMBRAPA），零細中小企業支援サービス（SEBRAE），国立経済社会開発銀行（BNDES），国立職業訓練所（SENAI），全国工業連合（CNI），ブラデスコ銀行（Banco BRADESCO）など多数の官民の組織が関わっている[10]。地方政府レベルでも，州政府を中心にAPLs振興政策を作成し，上記の組織の地方支部が支援を行っている。

（2）リオグランデドスル州におけるAPLs支援政策の実例

ブラジル南部のリオグランデドスル州は多数のAPLsを抱え，支援政策においても先駆的である[11]。1999年には州の開発・国際問題局（SEDAI）内に地域生産システム支援プログラム（Programa de Apoio aos Sistema Locais de Produção）を設立し，産業だけでなく教育や研究開発などにおいても国際競争力を高める条件として集積を重視してきた。2000年代になると財政的な理由からSEDAIの役割は縮小したが，APLs支援は他の機関との連携によって継続された。とりわけ零細中小企業支援サービスの州支部（SEBRAE-RS）との連携による支援が重要であった。2005年には連邦政府の作業グループ（GTP-APL）と連携してAPLsを支援するため，州コアセンター（Núcleo Estadual : NE）を設立した。このセンターにはSEDAIなどの州組織のほか，SEBRAE-RS，州工業連合（FIERGS），エウヴァルド・ロディ研究所（Instituto Euvardo Lodi : IEL）[12]が参加した。図5-4はリオグランデドスル州政府のAPLs支援政策の推移をまとめたものである。支援政策の重点が産業振興から零細中小企業支援，さらに雇用創造へと移っているのがわかる。

APLsの特定・確認作業は，SEDAIとSEBRAE-RSが中心となり，GTP-APL

10）APLsの支援組織と支援内容についてはGTP-APL［2006］参照。
11）以下，主にTatsch, Ruffoni e Batisti［2010］による。
12）IELは学会と産業界の交流促進を目的に，全国工業連盟（CNI），国立職業訓練所（SENAI），国立商業訓練所（SENAC）が合同で設立した研究所で，企業と経営者の能力向上に関わる活動を行っている。

図5-4　リオグランデドスル州政府のAPLs支援政策の推移

期間(政権)	1990～2002（ドゥトラ）	2003～2006（リゴット）	2007～2010（クルシウス）
政策の軸	経済開発	経済・技術開発	持続可能な開発
構造政策	経済開発促進	零細中小企業支援	雇用創出(多くの労働と未来をMais Trabalho, Mais Futuro)
プログラム	企業者の能力向上 産業振興→ALPs支援・部門別計画 企業者支援→企業者間協力ネットワークの形成 商業支援→見本市への参加支援	企業者間協力・イノベーションの促進→APLs支援・協力ネットワークの形成 企業者の能力向上→企業者の能力の拡大 輸出見本市の実施→見本市への参加支援	生産部門の連携・支援→ALPs支援・部門別計画 企業者の能力向上→企業者の能力の拡大・協力ネットワークの形成 国際関係→見本市参加支援

出所：Tatsch, Ruffoni e Batisti [2010].

などと共同で実施した。支援対象となるAPLsを選定するにあたっては，企業間の空間的な近接性だけでなく，教育・研究組織の存在，地域の他のアクターとの関係の強さ，雇用・所得創出力，新規の経済活動，さらには州内における所得再配分への寄与度などが基準とされた。第一次および第二次の選定で支援対象とされたAPLsは33件であった。主な業種（中核都市）をみると，金属・機械・自動車部品（カシアスドスル），農業機械・道具（パッソフンドなど3箇所），家具（ベントゴンサルベスなど3箇所），皮革・靴（ノーバフリブルゴ），繊維・衣料（ノーバペトロポリスなど2箇所），宝飾（サルトドジュカイなど4箇所），ブドウとワイン（ベントゴンサルベスなど2箇所），果樹（カシアスドスルなど2箇所），観光（ベントゴンサルベスなど2箇所），自動化・電子制御産業（ポルトアレグレ）などである（Tatsch, Ruffoni e Batisti [2010] 66-67）。

　ノーボハンブルゴ市などを中心とするシノスバレイ地区は，州を代表するAPLsを形成している。シノス川沿いに広がるシノスバレイは，州都ポルトアレグレに近接し，工業を中心に多様な産業が発展し，シノスバレイ・テクノポリス（Valetec）が設置されている。ノーボハンブルゴ市にも，現在では薬品，化粧品，化学，電子，グラフィックアートなど多様な産業が展開している。しかし，シノスバレイの地域経済を古くから牽引してきたのは履物（革靴）産業であった。シノスバレイ地区には零細中小企業を中心に多数の製靴関連産業が集積し，企業間の濃密な分業のもと，高品質で多様な靴を生産してきた。1950

年代には輸出産業へと成長した。イベント・ビジネスセンター（Centro de Iventos e Negócios：FENAC　1963年設立），国立職業訓練所（SENAI）皮なめし校（65年設立），SENAI 革靴校（68年設立），皮革・靴・関連産業技術センター（CTCCA　72年設立）など，企業の共同組織や支援制度も早い時期に充実している。とりわけ FENAC は，定期的に靴見本市を開催し，外国のバイヤーを呼び込むと同時に，域内の生産者には海外見本市への参加を支援するなど，シノスバレイの製靴産業の発展に大きく寄与した（Schmitz［1993］）。

　1990年以降，中国をはじめとするアジア諸国の台頭によって，シノスバレイの靴は輸出市場で困難に直面する。これに対して域内の企業は，米国など外国のバイヤーとの間で積極的に OEM/ODM（相手先ブランドによる製造／自社デザインによる製造）の関係を結び，デザイン・技術力を強化してきた。その結果，FENAC の役割は相対的に後退したが，シノバレイにおいては引き続き，産業の集積と企業間の分業・協力が競争優位を実現している。現在シノバレイの靴は，外国のバイヤーから次のように評価されている。「価格では中国やインドには劣るが，品質では中国やイタリアと同等。リードタイムでは中国やインドを上回り，イタリア並み。納期では中国に次いで迅速。大ロット注文への対応では中国と同程度に優れている。小ロット注文への対応とデザインではイタリアに次いで優秀」（Schmitz and Knorringa［2000］）。シノバレイには，多品種少量生産を実現する優れた企業間分業システムがある。ブラジルでは同時に，北東部で低廉な労働力を使い，垂直統合によって大量生産を行うという戦略を展開している。こうした複合的な APLs 戦略が，製靴産業の国際競争力を維持してきたと言える（小池［2001］）[13]。

---

[13] 2011年のブラジルの履物産業の生産は8億1900万足（130億ドル），輸出は1億1300万足（13億ドル）である。地域別の構成比でみると，シノバレイを中心とするブラジル南部は生産足数で33.0％（金額で34.0％），輸出足数で21.5％（金額で46.1％）を占める。一方，北東部は生産足数で42.8％（金額で35.0％），輸出足数で71.3％（金額で41.7％）であった（ABICARÇADOS［2012］）。

(3) 生産チェーン

ブラジルのイノベーション政策においてもう一つ重要なのが，生産チェーン（cadeias produtivas）の強化と創造である。生産チェーンは，原材料の生産から製品が消費者に届くまでの各工程の連鎖，つまりサプライチェーンを意味する。このように経済活動を統合的に捉えることによって，問題や課題を俯瞰し，付加価値を高めることができる。生産チェーン論は，マイケル・ポーターのバリューチェーン論や，ジェレフィ（G. Gereffi），カプリンスキー（R. Kaplinsky）ら英国開発研究所（IDS）のグローバル・バリューチェーン（GVC）論から影響を受けている。

ポーターは，サプライチェーンよりも広いバリューチェーンという概念を提案している（ポーター [1985]）。ポーターによれば，バリューチェーンを体系的に把握することで，企業の全活動が最終的な価値にどのように貢献するかを検討することができる。ここで言う価値とは，顧客が企業の提供する商品やサービスに自発的に支払ってくれる価値（直接的には商品・サービスの代価）を意味する。バリューチェーンは，このような価値を創造する経済活動の全体，すなわち原材料購入から製造，販売，マーケティング，サービスに至る生産活動だけでなく，人事，技術開発，調達などの生産支援活動から構成される。主に部品・原材料の調達から製品納入までのモノの流れを意味するサプライチェーンよりも範囲が広い。経済活動をバリューチェーンの視点から見ることで，価値がどこで生まれるかが明らかになる。そこから，企業がどの分野において優位性をもち，どの分野において劣位かがわかる。それに基づいてビジネスを再構築したり，サプライヤーや顧客などとどのような関係を結ぶべきかが示される。

一方，グローバル・バリューチェーン（GVC）は，ウォーラーステインが商品連鎖（commodity chains）という概念を用いて世界システム論の一部として議論したのが最初である（ウォーラーステイン [1995]）。その後ジェレフィらによって具体的な産業・企業に事例をとった研究がなされた（Gereffi and Korzeniewics [1994]）。さらにカプリンスキーら IDS の研究者が，GVC の概念を開発研究に応用した（Gereffi and Kaplinsky [2001]）。ウォーラーステインの関心は，中心（先

進地域）と周辺（途上地域）の両極分解，および周辺から中心への余剰の移転を特徴とする「世界システム」にあった。しかしカプリンスキーらは，開発途上国とその企業が GVC への参加を通じてどのように開発と成長を実現しうるか，グローバル化の利益をいかに広げるか (spread the gains from globalization) (Kaplinsky [2000]) に注目した。多くの開発途上国は製品の加工・組立によってグローバル化に参加している。しかし加工・組立工程の付加価値は，先進国が担うデザイン，基幹部品生産，マーケティングに比して圧倒的に低い。そこでカプリンスキーらは，途上国とその企業は，前方（デザイン，基幹部品生産）と後方（マーケティング）に展開することでアップグレーディングを図る必要があるとしたのである。

　ブラジルは産業・技術・貿易政策（PITCE）に，イノベーション政策の一環として生産チェーンの強化・創造を取り入れた。生産チェーンは，産業のイノベーションを促進し，競争力を向上させ，経済グローバル化の利益を積極的に獲得し，それによって国民の豊かさを向上する重要な手段とされた。PITCE の実施に先立って，政府，企業，労働者から構成される生産チェーン競争力フォーラム（Forum de Competividade das Cadeias Produtivas）が業種別に組織され，各製品の生産チェーンの実態把握，その強化のための行動計画が作成された。フォーラムの目的は，直接的には各業種の生産チェーンを強化し，セクター全体の競争力を高めることにある。同時により長期的には，雇用と所得の創造，地域開発，国際収支の改善，技術基盤の強化を目指すものであった。フォーラムは当初，皮革・靴，繊維・衣服，建設，プラスチック，電子機器，木材・家具の6業種について組織されたが，その後鉄鋼，航空機，自動車，資本財，衛生用品，化粧品，化学肥料・農薬が追加された。

　航空機産業は，ブラジルの生産チェーン強化策の代表的な事例であるとともに，APLs の重要な例でもある。サンパウロ州のサンジョゼドカンポスを拠点とする飛行機会社エンブラエル（EMBRAER）は，国営企業として出発したが，1995年の民営化以降，技術力・経営力を高め，現在では航空機全体で世界第3位，小中型機で世界第1位の企業に成長した。成長の要因の一つは，GE や川崎重工など外国有力企業との取引・技術提携関係を築いたことにある。しかし

それも，サンジョゼドカンポスの産業集積があって初めて可能となったものである。サンジョゼドカンポスには航空技術センター（CTA），航空技術大学（ITA）をはじめとする研究機関が多数存在し，また電子工業など数多くのハイテク産業が立地し，人材，研究開発，部品生産の各方面で優位を保ってきた。エンブラエルの生産システムはボーイングやエアバスなどと同じで，航空機の設計，組立，調整を行うが，エンジン，翼，航空機器などのモジュール（サブシステム）は外部のパートナー企業に任せている。パートナー企業はすべて外資系企業だが，二次下請企業を中心に中小の国内サプライヤーが参加している。サンジョゼドカンポスにおける産業クラスターの形成，そこでのパートナー企業やサプライヤーとの技術・情報の円滑な交換が，エンブラエルのイノベーションと成長を支えてきた（Goldstein［2002］；田中［2010］）。

　農業については，米州機構の一組織である米州農業協力研究所（Instituto Interamericano de Cooperação para a Agricultura : IICA）の協力を得てブラジル農業省が行った調査がある。トウモロコシ，大豆，アグロエネルギー，綿花，オーガニック，植林・木材，果実，牛肉，花卉・蜂蜜について，産業の構造，競争力，政策課題の視点から生産チェーンを調査したものである[14]。農業省はこの調査を踏まえ，農産物とそれに関連する投入財（種子，肥料，農業機械など），食品・飲料などの加工業，それらの流通業などを含めた全体をアグリビジネス（agronegócio）と捉え[15]，その支援を農業政策の最重点課題としている。生産チェーンの強化はその一環であり，個々の農産物を対象に行われている。

　農業分野の生産チェーンのうち，最も発展が著しいのが大豆である。現在ブラジルの大豆の生産チェーンは，大豆油・粕，油を利用した食品，粕を飼料とする養鶏，大豆加工品などに広がっている。さらに熱帯の土の酸性度に適した

---

14) この調査結果は農産物別のアグリビジネス報告書シリーズとして出版されている（http://www.iica.int/Esp/regiones/sur/brasil/Paginas/default.aspx）。
15) 2011年のGDPに対するアグリビジネスの比率は，投入財部門2.62％，農牧業6.38％，加工業6.32％，流通業6.84％，計22.15％に達する。うち農業だけをみると，それぞれ1.58％，3.67％，5.45％，4.72％，15.42％となっている（http://www.cepea.esalq.usp.br/pib/other/Pib_Cepea_1994_2011.xls）。

種子の開発や，遺伝子組み換え，化学肥料，農業機械などの部門も大豆生産チェーンを構成する。大豆はいまやブラジルの重要な輸出品となり，国境を越えた生産チェーンを形成している。ほかに，アグロエネルギーの成長も著しい。ブラジル農業省が2006-2011年を対象に作成した「国家アグロエネルギー計画」（Plano Nacional de Agroenergia : PNA）では，エタノールなどバイオ燃料の生産と，関連するサトウキビ，木材，油脂作物（ヤシなど）生産の全体を生産チェーンとして捉え，その発展を目指している[16]。

3．社会的イノベーション

ブラジルで国家主導のイノベーション政策が本格的に開始されたのは1990年代以降であり，その歴史はいまだ浅い。しかし，その重要性はますます注目されている。ブラジルにおいては，社会的イノベーションが貧困などの社会問題の緩和と克服に寄与すると考えられている。そして，そのような社会的イノベーションは，社会に存在する有形無形の知識によって促進されると考えられている。ここで言う「知識」には，これまで無視あるいは軽視されてきた伝統的な知識も含まれる。

（1）社会的イノベーションの定義

近年，社会的イノベーションに対する国際的関心が高まり，国際機関もその概念と実践の普及に努めている。経済協力開発機構（OECD）は2000年に地域経済雇用開発フォーラム（Local Economic and Employment Forum : LEED）プログラムの一環として，LEED 社会的イノベーション・フォーラム（LEED Forum on Social Innovation）を設立し，雇用，消費，参加を通じて個人およびコミュニティの厚生を高めるような社会的イノベーションの推進を図っている[17]。国連ラテンアメリカ・カリブ経済委員会（ECLAC / CEPAL）も，2004年から社会的

---

16) 農業部門の生産チェーンについては小池 [2009] 参照。
17) LEED 社会的イノベーション・フォーラムについては OECD のウェブサイト（http://www.oecd.org/cfe/leed/leedforumonsocialinnovations.htm）を参照。

イノベーション会議（Concrso de Experiencias en Inovación Social）を開催し，ラテンアメリカ，カリブ諸国における社会的イノベーションの経験を共有し，貧困その他の社会問題解決のための政策と行動に反映させようとしている[18]。ただし，これらの国際機関が言う社会的イノベーションとは，社会開発を目的としたイノベーションであり，イノベーション一般がその過程と結果を通じて社会の厚生を実現すべきとするブラジルの議論とは異なる。

　ブラジルでの社会的イノベーションに関する議論や活動は，社会技術（tecnologia social）を中心になされてきた。この社会技術という概念は，必ずしも社会開発のための技術に限定されない[19]。2001年に公益法人として設立された社会技術研究所（Instituto de Tecnologia Social : ITS BRASIL）は，経済発展のため技術革新を促進することを目的としているが，その際，技術革新が広く社会のニーズ沿ったものであること，そして社会に存在する知識を動員して実行されるべきことを謳っている。社会技術研究所はこうした趣旨に則り，参加型地域開発，民衆連帯事業インキュベータなどのプロジェクトを実施してきた[20]。また，1995年に設立された公益法人「ブラジル品質・生産性研究所」（Instituto Brasileiro da Qualidade e Produtividade : IBQP）は，社会的に公正で，かつ環境面でも持続可能な開発を目指し，そのための産業の競争力向上と国際経済への参入促進を目的としている。IBQPでは，社会技術の概念に基づき，社会問題解決のための単純で低コストの技術を追求した（Farfus e Rocha［2007］19）。州レベルでは，パラナ州の工業社会サービス（Serviço Social da Indústria : SESI）が早くから社会的イノベーションに着目し，労働者の教育と能力向上を通じたイノベーションを支援してきた[21]。

18）社会的イノベーション会議についてはECLACのウェブサイト（http://www.cepal.org/dds/innovacionsocial/）を参照。またラテンアメリカ，カリブ諸国における主な社会的イノベーションの実例についてはRodríguez e outros［2011］；Rey de Marulanda and Tancredi［2010］を参照。
19）ブラジルにおける社会技術の概念や議論，活動についてはFarfus e Rocha［2007］参照。
20）同研究所のウェブサイト（http://www.itsbrasil.org.br）を参照。

（2）産業開発と社会的イノベーション

　ブラジルの産業政策は社会的な性格をもっている。ブラジルの APLs（産業クラスター）の多くは，アパレル，履物，木材・家具など，地域にある原材料を使い，零細中小企業を主な担い手として成立する製品部門である。そのいずれも，域内企業間の連携を強化することで競争力を高め，生産と販売の増加を通じて雇用と所得を創造し，地域経済を発展させることを目的としている。生産チェーンの最終的な目標もまた，特定の企業や業種のみの利益追求ではなく，地域の所得と雇用を増加させることである。つまり，ブラジルの産業政策はいずれも，経済開発だけではなく社会開発を強く意識したものであると言える。

　近年発展著しいバイオエネルギーに関する政策も，社会政策としての性格を強くもっている。1973年の「国家アルコール計画」（Pró-Álcool）は，石油に代わるエネルギーを創出することと同時に，サトウキビ産地，とりわけ低開発地域である北東部の貧困削減や失業克服を目的としていた。2003年に政権に就いたルーラ大統領は北東部出身で，貧困撲滅を政権最大の目標として掲げたが，エタノール振興はその最も重要な政策の一つであった。ルーラ政権は，エタノール生産とその原料であるサトウキビの栽培などで100万人の直接雇用を創出することを目指した[22]。2004年には「国家バイオ・ディーゼル計画」（PNPB）を作成したが，その目的は代替エネルギー開発よりも，北東部農村地域での雇用・所得創出による貧困層の社会的包摂であった。農村開発省（MDA）は，バイオ燃料の原料生産を拡大するため，家族農業プログラム（PRONAF）による低利融資を拡充した。また「社会燃料認証」（SCS）制度は，バイオ・

21）パラナ州ウェブサイト（http://www.sesipr.org.br/inovacaosocial/）参照。工業社会サービスは，1946年，各州の工業企業団体に付置する形で設立された組織で，教育，労働の安全確保，健康増進などを通じて労働者とその家族の生活を向上させることを目的としている。

22）ブラジル労働雇用省（MTE）の労働統計（RAIS）によれば，エタノール産業は2008年に正規労働者だけで約128万人を雇用している。その内訳は，サトウキビ栽培約48万人，砂糖生産約58万人，エタノール生産約23万人である。これら直接労働に加えて，関連産業でその2倍の間接労働を生んでいると仮定すれば，エタノール関連産業全体で385万人の雇用を創出したことになる（UNICA［2011］17-20）。

ディーゼル開発に社会政策的な性格を与えるものである。これは農村開発省がバイオ・ディーゼル生産者に認証を与える制度である。認証の条件として，①家族農[23]から一定率以上（北東部半乾燥地域では50％，北部・中西部では10％，東南部・南部では30％以上）の原料を購入すること，②家族農あるいは協同組合と原料購買について契約（契約期間，購入量，価格調整方法などを明記）を結ぶこと，③家族農の能力向上と技術支援に努めること，が定められている。SCS の認定を受けた生産者は，社会的負担金の軽減，低利での融資などの恩典が与えられる[24]。

（3）社会的デザイン

　デザイン能力の向上を通じて社会開発を推進する動きもある。ブラジルは，混血性，地域性などに起因する文化の多様性から，個性的で斬新なデザインを創造する潜在力を有し，建築，ファッション，家具などの分野で多数の優れたデザイナーを輩出している。こうしたデザインにおける優位性を活かして，貧困，失業，環境破壊などの問題を緩和・解決しようとする活動が生まれている。これは社会的デザインとでも言うべきものである。社会的デザインは，単に直近の社会問題解決のみを目的とするものではない。これまで社会的に排除されてきた人々や，地域の感性，知識，自然を生かして，新たなデザインや製品を創造することを目指している。それは画一的で，環境に多大な負荷を与える従来の大量生産品とは異なるものである。社会的デザインもまた，社会的イノベーションの一端を担うものである。

　鈴木美和子は，ブラジルで展開される多彩なデザイン活動を紹介している（鈴木 ［2013］）。そのいずれも，失業や貧困に対抗し，雇用と所得の創造を目指す連帯経済としての性質を多分に有している。具体的には，協同組合や NGO

---

[23] 家族農（agricultura familiar）は，法的には法律第11326号（2006年）によって定義され，4農地単位（modulo rural　面積は地域によって異なる）を超えて土地を所有していないなどの条件を満たす家族経営の小規模農家を指す。
[24] 詳細は小池 ［2013］ 参照。

などが職人，デザイナーなどと協力し，工芸製品の生産と販売を行っているケースが多数ある。サンパウロのデザイナーであるシルヴィア・ササオカが参加するNPO「連帯工芸」(Artesanato Solidária) はその代表例である。「連帯工芸」は17の貧困州で，5000人以上の工芸デザイナーや職人と連携し，98のプロジェクトを実施している。サンパウロのショールームでは500品目以上の商品を扱っている。ササオカによれば，「連帯工芸」の目的は，雇用や所得の創造だけでなく，文化的アイデンティティや知識の回復，環境教育，市民力の強化など，地域社会の広範な課題に及んでいる。参加者の一人であるテキスタイル・デザイナーのレナート・インブロイジは，貧困地域の伝統工芸とモダンデザインを融合させた多彩な製品を生み出し，市場化している（鈴木［2013］37-40）。

　社会的デザインを支援する制度も多数設けられている。開発商工省のブラジル・デザイン・プログラム（Programa Brasileiro do Design : PBD）はその一つである。PBDは，デザイン分野を付加価値と産業競争力を高めるものと捉え，工業製品などのデザインの振興を目的としたプログラムである。特にアパレル，履物，家具・木工，宝飾品などを対象に，展示会やコンテストの開催，海外デザイン賞応募への支援，情報提供などを行っている。また，零細中小企業支援サービス（SEBRAE）は，零細中小企業技術支援プログラム（Programa de Apoio Tecnológico às Micro e Pequena Empresas : PATME）とビア・デザイン（Via Design, デザインへのアクセスを容易にするプログラム）に従い，各地でデザインの技術支援を実施している。SEBRAEはまた「ブラジルの顔」（Cara Brasileira）プロジェクトを展開している。これは自然，人種，文化などにおける多様性こそがブラジルの「顔」であるという認識のもと，その多様性を生かした小規模な事業創造を支援するプロジェクトである（鈴木［2013］47-50）。

　このようにデザイン活動は，ブラジルにおいては社会的イノベーションと密接に関わっている。それは単に経済問題の解決だけではなく，これまで省みられなかった地域の自然，伝統，知恵などを総動員し，新たな製品と文化を創造する試みである。

むすび

　イノベーションは，ブラジルが目指す社会自由主義国家の経済基盤の要である。その主な担い手は企業であるが，国家はそのための資金を提供し，ナショナルおよびローカルなレベルでの支援制度の構築に重要な役割を果たしている。特に零細中小企業への技術支援，産業クラスター＝地域生産アレンジメント（APLs），生産チェーンなどの組織化と実施において，国家の役割は極めて重要である。国家はまた，基礎研究とその成果の民間セクターへの移転においても重要な責務を負っている。

　ブラジルではまた，社会に存在する知識や文化を生かすとともに，その成果が広く行きわたることを目指す社会的イノベーションが試みられている。社会的イノベーションは，貧困，失業，環境破壊などの克服と，社会が有する経験や知識の活用という二つの目的をもつ。つまりブラジルでは，イノベーション一般に社会的な役割が期待されていると言える。APLsや生産チェーンは，直接的には地域産業の振興や競争力向上を目的とするが，最終目標はそれらを通じて地域社会が持続的に発展し，すべての人々が社会的に包摂されることである。

　しかし，ブラジルのイノベーションは多くの課題を抱えてもいる。例えば研究開発（R&D）への支出はいまだ低水準にとどまる。特に民間セクターのR&D支出は低く，企業の技術開発をいかに促すかが当面の課題となっている。新しい技術のソースはR&Dに限らない。外国企業の直接投資，外国企業との技術提携やOEM取引なども重要なソースとなりうる（Hobday [1995]）。ただし，外国の技術を吸収するには，教育・職業訓練などの整備が不可欠である。要するにイノベーションは，必然的にそれを支える制度としての国家イノベーション・システム（NSI）の整備を要する。

　また国内の多くのAPLsは，製品やサービスの質，マーケティングなどの面で多くの問題を抱えている。特に製造業の場合，経済自由化に伴い外国製品との競合が熾烈化している。APLs内の企業間に能力の差があり，協力・連携を困難にしているケースもある。企業間の連携強化と並行して，技術支援や流通

経路開拓などに関する公的支援が必要である。アグロインダストリー分野は，加工度の向上，安全性と環境の保全などの問題を抱えている。また生産チェーンについても，そもそも零細中小企業にとっては参加へのハードルが高い現状がある。たとえ参加できても不利な取引を強いられる可能性が高い。零細中小企業に対するさらなる技術支援や公正な取引の監視などを政策化する必要がある。

　イノベーションに社会的性格を与えることは重要であるが，それは時に経済発展と対立する。社会政策としての性格を色濃くもつバイオエネルギー振興にしても，現実には原料（大豆）生産の多くを大規模農家が占めており，北東部の貧農の社会的包摂は実現できていない。社会目的と経済目的の対立は，本章で取り上げたいずれの施策においても起こりうる問題であろう。今後は政策と成果配分の面において，社会的イノベーションと経済合理性との整合性が求められる。

第6章 労使関係:経済自由化に伴う制度改革

はじめに

　労使関係は基本的な社会関係である。それは広義には人々および組織間に形成される諸関係を意味するが、狭義には労働者と使用者・経営者との間の関係を指す。狭義の労使関係は、雇用の形態、賃金などの条件、労使交渉、使用者および労働者の組織化などを含むが、その制度は国によってさまざまである。そして制度の違いは経済成長、技術進歩、所得分配などに影響を与える。

　ブラジルの労使関係は、1930年代以降、政府の強い介入のもとにおかれ、労働者が手厚く保護される一方で、労働運動が厳しく規制されてきた。1990年代に入って新自由主義が優勢になると、労使関係のあり方（とりわけ労働者保護）が厳しい批判を浴び、ブラジルは貿易自由化、民営化などとともに、労使関係の柔軟化（フレキシブル化）を迫られた。

　産業界などの新自由主義論者は、経済自由化・グローバル化のなかで産業の国際競争力を高めるには、政府による労働者の過度な保護を撤廃し、労使関係を労使の自由な交渉に委ねる必要があると主張した。彼らはまた、ブラジルの高い失業率、非正規雇用の増大、社会的不平等は、組織化された労働者が過度に保護されていることに原因があると唱えた。

　労働側は逆に、ブラジルの労働者保護政策は決して過度なものではなく、失業や非正規雇用増大の要因はむしろ政府による規制の不足にあるとした。さらに、労使関係の柔軟化が雇用の不安定化とさらなる非正規化を促し、経済成長と社会的公正を脅かすと反論した。

　こうした両側からの議論を踏まえて、ブラジルでは1990年代、カルドーゾ社会民主党政権のもとで、労使関係の柔軟化をめぐる制度改革がなされた。その内容は、有期雇用に一定の制限を設け、かつ労働組合の承認を条件づけた上で認めるなど、企業側からすれば不徹底なものであった。

　1980～90年代、労使関係の柔軟化は、ブラジルに限らず世界各地で見られた。その先駆けは英国のサッチャー政権であり、以後多くの国で柔軟化に向けた制度改革が実行されてきた[1]。ラテンアメリカについても早くから労使関係柔軟化の必要性が指摘されていた。米州開発銀行は1997年の年次報告『ラテンアメ

リカ　改革の10年の後に』で，経済自由化に向けての改革が最も遅れている分野として労使関係を挙げ，制度改革の遅れが雇用の停滞と非正規化の原因であると断じた（IDB［1997］）。最近でも世界経済フォーラムの『国際競争力報告』で，ブラジルをはじめとするラテンアメリカ諸国の国際競争力が低水準にとどまっている重要な理由の一つとして，国家の介入による労働市場の非効率性が挙げられている（World Economic Forum 各年）。ブラジルにおける労使関係の柔軟化は，こうした動きに対応するものであった。

本章では，経済グローバル化に伴うブラジルの労働市場の変化と労使関係の柔軟化を評価し，経済成長と社会的公正をともに実現するためにはどのような労使関係が望ましいかを検討する。

1．統合労働法と労使関係

（1）統合労働法の基本的な枠組み

ブラジルでは，1943年に制定された統合労働法（Cosolidação das Leis do Trabalho：CLT）が，現在に至るまで労働市場，労使関係を規制する基本法となっている。CLTはそれまで存在していたいくつかの労使関係法を集成したものであり，国家の強い介入のもとで労使協調を目指す内容となっている。

20世紀，とりわけ1930年代に入って，ブラジルは急速に産業化の道を歩んだが，その障害の一つとなったのが労使紛争であった。労働者の組織化が進む一方で使用者側の組織化は遅れ，また労使交渉のルールは確立していなかった。ヨーロッパから労働組合思想が輸入され，労使紛争は政治的にも危険視されていった。こうした状況のなかで数々の労働者懐柔策がとられ，1930年代にはファシズム的コーポラティズムの影響を受けた組合国家体制に労働者階級が編入された。CLTはその法的装置であった[2]。

1）先進国での労使関係の柔軟化については田幡［1998］参照。
2）ブラジルの労使関係の歴史的経緯については，Pastore e Zylberstajn［1988］；Camargo and Amadeo［1993］；Amadeo e Camargo［1996］；Kassouf e outros［2004］などを参照。

CLT法は，家父長主義的・権威主義的な性格をもち，労働者を保護する一方で労働運動を強く規制している。具体的には，労働組合の組織，労働者の個人的・集団的権利，労使間の団体交渉，労使紛争処理を目的とする労働裁判所の設置などを定めている。重要なのは，ほとんどの労働条件が法で細かく規制され，労使間の自由な交渉に委ねられていない点である。

　労使間の契約は，週労働時間，超過勤務，休暇，最低賃金などの諸条件について，CLTの定める規則に従って交わされなければならず，いずれの条件も労使交渉の対象とされない。解雇については，正当な理由なく解雇された場合の賠償額（勤続1年につき給与1か月分）を定めている。この賠償額は勤続10年を超えると2倍になる。また勤続10年以上の労働者については，法の定める特別な理由（労働者の重過失，会社の清算など不可抗力の理由）以外は解雇を禁止している。特別な理由がある場合も使用者側は1か月前までに解雇通知をしなければならず，通知後1か月間は労働者に1日2時間の求職休暇（有給）を与えることが義務づけられている。その後1963年の改正で労働者の権利が追加され，解雇通知時に給与の1か月分相当の賞与と家族手当を給付することが義務づけられた。

　CLTは労働組合組織についても細則を定めている。労働組合は職種あるいは業種別，地域別に組織され，労働省（現在は労働雇用省）の認可を必要とする。認可された労働組合は当該職種あるいは業種，地域の独占的な代表権をもつ。団体交渉，労働裁判所への提訴，労働協約の締結は労働組合の排他的な権限である。労働者の労組への参加は自由だが，組合費は参加の有無にかかわらず強制的に徴収される。組合費は個々の組合と上部組織に法の定める割合に従って配分される。使用者側についても職種・業種・地域別に組合を組織することが義務づけられている。

　団体交渉によって解決できない労使紛争は労働裁判所に送られる。労働裁判所は調停・裁定委員会，地方労働裁判所，高等労働裁判所からなり，裁判官は専門裁判官と労使の代表から構成される。裁判所の主たる任務は調停であり，それが不可能な場合に判決を下す。

　CLTはストライキについては明確な規定を欠いていた。その一方で，管轄

裁判所の事前の許可なく作業を放棄し，あるいは争議に関する命令に従わなかった場合には，6か月間の雇用の停止または解雇，労働者代表権の喪失・停止を定めていた。同様に，使用者についても，管轄裁判所の事前の許可を得ずにロックアウトを行った場合には，罰金，代表権の喪失を定めていた。ストライキが法的に認められたのは1946年憲法においてであった。

（2）労使関係への国家管理の強化

　以上のようにブラジルの労働法は，労働者の保護と規制の両面をもっている。労使関係は政府の強い介入のもとにあり，労使交渉の自由度は著しく制限されている。労使関係のこうした特徴は，1964年の軍事クーデタ以降においても基本的に変わらなかった。それは，軍事政権にとって組合運動の統制が政治課題として必要であり，同時にインフレ抑制のためには賃金を統制しなければならなかったからである。クーデタの直後にはストライキ法と賃金法が制定された。ストライキ法では，合法ストの範囲を明確に定め，公共サービスなど国民生活の質を左右する部門についてはストを厳しく規制し，公務員のストや政治的理由によるストは禁止された。賃金法はインフレ抑制を目的とするもので，賃金ベースは過去の物価上昇率，今後の物価上昇率，生産性上昇率（1人当たりGDPの伸び率）の3つの条件によって一律に決定・改定されることになった。つまり，賃金ベースの修正にあたって，個々の産業や企業の生産性・収益性は全く考慮されなかった。こうした労働運動と賃金の統制は80年代半ばまで続いた。

　続いて1966年には，雇用の安定と労働者の保護を図る目的で勤続年限保障基金（Fundo de Garantia de Tempo de Serviço：FGTS）が設立された。前述のように，統合労働法（CLT）では勤続10年以上の労働者に対しては特に手厚い保護が与えられていた。そのため，勤続10年に近づいた労働者を解雇したり，10年以上の労働者に自主退職を勧告したりする企業もあった。そこで政府は，長期勤続者への優遇措置を改めつつ，勤続年数にかかわらず企業の恣意的な解雇を抑制し，労働者の財産形成を支援することを目的にFGTSを設立した。つまりFGTSは，労使関係と労働条件に対する国家管理の強化を意味する。

この制度のもとでは，個々の労働者がそれぞれ FGTS に自分名義の勘定をもち，企業はそこに毎月賃金の 8 ％を払い込む。正当な理由がない解雇の場合，企業は自社の積み立て分に10％上乗せした額を労働者の FGTS 勘定に払い込む。労働者は住宅購入時と，解雇・自己都合退職を問わず離職時に FGTS から基金を引き出すことができる。こうして，国家が管理する基金によって，雇用の安定と労働者の財産形成が図られた。

　労働法制は，1985年の民政移管後，1988年憲法によって，労働者の権利を一層拡大する方向で改正された。過労働時間の削減（48時間→44時間），超過勤務手当の引き上げ（20％上乗せ→50％上乗せ），年 1 か月の特別休暇，月額賃金の 3 分の 1 相当のボーナス支給，企業の都合で解雇した場合の FGTS 上乗せ分の引き上げ（10％→40％），労働者の企業利益への参加の制度化（任意だが，参加を認めた企業に対して税制恩典を付与）などである。1988年憲法はまた，統合労働法のストライキ規定を削除し，その濫用を違法としたうえで，労働組合への政府の干渉を禁止し，公務員を含めてストライキ権を認めた（第 9 条）。しかし他方で，業種別・地域別労働組合の独占的な代表権，組合費の強制的な徴収などの制度については改正しなかった。労働裁判制度も基本的には維持された。

　1988年憲法はまた，失業保険制度をより強固なものとした。ブラジルの失業保険制度（seguro-desemprego）は1986年の法律第2284号によって確立したが，財政基盤が脆弱であった。同法では，解雇前に 6 か月以上正規雇用され，過去24か月間に15か月以上公的社会保障制度に加入している労働者に対して，最高で賃金 4 か月分の失業手当を支給することを定めていた。しかし，その原資として設立された失業保険基金（Fundo de Assistência ao Desempregado：FAD）[3]は限られたものであった。これを改善するため，1988年憲法では，民間，政府部門の労働者の財産形成を目的とした社会統合プログラム（PIS）と公務員財産形成プログラム（PASEP）の資金の一部を，失業保険プログラム（Programa do

---

3) FAD は軍政期の1965年に，企業からの賃金の1％相当の拠出と労働組合費の一部を原資として設立された。

Seguro-Desemprego）と追加賃金手当（Abono Salarial）の支払いに，残り（資金総額の最低40％）を経済開発プログラムに支出することを定めた。追加賃金手当は，PIS もしくは PASEP 加入者のうち，失業後に得た給付金が最低賃金の2倍未満だった者に対して，賃金1か月分相当の手当を支払うものである。1988年憲法（第239号）はまた，離職率が国内平均を超える企業に対して追加的徴収を行い，その資金を失業保険プログラムに充当するとした。

　こうした憲法の規定を受けて，1990年の法律第7998号（同年の法律第8019号，1994年の法律第8900号で改正）によって，失業保険プログラムと追加賃金手当が制度化された。法律第7998号は同時に，PIS および PASEP を資金源に，労働者支援基金（Fundo de Amparo ao Trabalhdores：FAT）を設立し，憲法に則り失業保険プログラム，追加賃金手当，開発プログラム向けに資金を運用することを定めた。併せて，労働者，企業，政府の代表から構成され，FAT の運用や雇用政策などについて議論し，指針を決定する機関として，労働者支援審議委員会（Conselho Deliberativo do Fundo de Amparo ao Trabalhdores：CODEFAT）を設立した。

　労働者支援基金（FAT）を利用した政策のなかで特に重要なのは，失業保険プログラムと雇用・所得創造プログラム（Programas de Geração de Emprego e Renda：PROGERO）である。失業保険プログラムは，PIS もしくは PASEP の加入者が正当な理由なく解雇された場合に失業手当を支払い，雇用の斡旋を行う重要な制度である。PROGERO は，起業あるいは事業拡大に臨む個人事業者・小規模事業者に資金を提供する制度で，都市向けプログラム（PROGERO Urbano），農村向けプログラム（PROGERO Rural），また家族農向けの国家家族農業強化プログラム（Programa Nacional de Fortalecimento da Agricultura Familiar：PRONAF）がある。FAT はまた，国家労働者能力開発計画（Plano Nacional de Qualificação do Trabalhodor：PLANFOR）の主要財源ともなっている。PLANFOR は1995年にカルドーゾ政権によって作成されたもので，職業教育や人材育成を実施してきたが，雇用政策や教育政策との不整合などが問題視され，2003年にルーラ政権によって国家能力開発計画（Plano Naciona de Qualificação：PNQ）に改変された。PNQ は多年度国家計画「すべての人のためのブラジル」（2004-2007年）の一環をなす。「すべての人のためのブラジル」は，社会的包摂と格

差削減,雇用創出と所得向上を伴う成長,市民権と民主主義の強化を目的としており,PNQ はこの目的に沿って失業者,初職求職者(初めて職を求める者),家族農,連帯経済従事者など,社会的に排除されている人々の職業的能力の向上を優先課題とした[4]。

このようにブラジルの労使関係は,長らく統合労働法(CLT)下の国家の強い介入と労働者保護を特徴とし,軍政期にもそれは基本的に維持され,民政移管を経て1988年憲法制定後にはさらにその内容が拡大された。

(3) 統合労働法と経済成長

輸入代替工業化政策を基軸とする閉鎖的な経済のもとでは,労働者保護政策はある程度機能した。輸入品との競合がないため,企業は高い労働コストを価格に上乗せすることができた。しかも,所得上昇によって労働者が購買力を高めたことによる利益もある程度享受できた。こうして需要と生産がともに拡大するという好循環が実現した。

しかしながら,こうした成長枠組みには制約があった。工業部門などの生産性の伸びは小さいものにとどまったし,統合労働法(CLT)によって保護されたのは一部の労働者に過ぎなかったからである。つまり CLT 下の産業発展と経済成長は,需給両面で制約を受けていた[5]。

第一に,生産性上昇の源泉となる技術革新(新しい生産技術や組織の採用)は全体に不活発であった。各産業は高率の関税に保護され,競争圧力が乏しく,企業の技術革新への動機が減殺されたからである。閉鎖経済のなかで比較的高い賃金と安定した雇用を享受していた労働側も,自らの利益を危うくする新技術・新組織の採用を阻んだ。労働現場ではフォード的生産様式の採用によって工程が細分化され,労働者は互換部品のような存在であった。しかし,工程細分化に伴いジョブローテーション(配置転換)が必要になると,労働者は労使

---

4) 職業教育と社会的包摂については小池[2008]参照。
5) 輸入代替工業化期の労使関係と成長制約の包括的議論については篠田[1997]を参照。

交渉で対抗した。そこで企業は，新たな工程や職種が必要になると，専ら新規採用によって人員を調達するようになった。したがって労働者にとっては結局のところ，新しい技術や組織の導入は雇用と賃金が脅かされることに等しかったのである。このように，CLTによる保護は万全ではありえず，そのことが新技術・新組織の採用を阻害する要因となっていた。

　また，生産性の低さは，労働者の能力の低さにも起因していた。細分化された分業によって生産性上昇を図るフォード的生産様式は，低い労働能力に対応した生産システムである。生産性の上昇は専らこの分業のシステムと労働の強度に依存しており，そのいずれにも限界があった。労働強化は肉体的に限界があるし，労働組合の反対もあった。一方，ベルトコンベヤーなどの機械化による高度な分業システムの構築には大規模な投資が必要となるが，以下に述べるような需要の制約によってそれは実現しなかった[6]。

　第二に，産業発展は需要面でも制約を受けていた。生産性の伸びが小さいため，賃金の上昇は小幅なものにとどまり，またコストも十分には削減されず，製品価格もわずかしか下落しなかった。そのことが消費市場を狭隘にし，工業製品に対する需要はさほど拡大しなかった。需要面でのもう一つの制約は，CLTで保護されたのは一部の労働者に過ぎなかったことである。インフォーマルな労働者はCLTの制度外にあり，その所得は相対的に低かった。さらに，CLTの制度内にある労働者の場合も，現実には労働組合の影響力の大きさによって労働条件に大きな格差があった。これは，産業別・地域別の組合制度が労使交渉を分権化させ，全国レベルでの労働条件向上を阻害したからである。高賃金を得たのは，政府の保護のもとで労働組合が強い力をもつサンパウロなどの大都市およびその周辺の，近代工業部門の大企業などの労働者だけであった。反対に，労働組合の交渉力が脆弱な小規模工業，地方工業では賃金は低かった（Amadeo［1996］60-61）。このこともまた消費市場を狭隘にした。このようにCLT体制のもとでの産業発展は，需要と供給の両面で制約を受けていた。

　にもかかわらず，CLTのもとでの労働者保護が長期にわたって維持され，破

---

6) 詳細は小池［1991］参照。

綻を免れたのは，一つには CLT 外にある広範なインフォーマル・セクターの存在と，CLT 内にいながら十分な保護を受けられない多数の労働者の存在による。企業は，正規雇用と平行して非正規雇用などによる低賃金労働者を雇い，あるいは非正規雇用に依存した企業への外注によって，労働コストを減らした。他方，閉鎖経済のもとで価格形成能力を有する企業は，フリンジ・ベネフィット（賃金以外の経済的利益）などのコストを価格に転嫁することができた。また，ブラジルでは企業規模を問わず，一般に高率のフリンジ・ベネフィットをある程度織り込んだ形で賃金額が決定された（その分，賃金が圧縮された）ことも，正規雇用の労働者保護が持続した一因であった。

　要するに，CLT 体制のもとでの産業発展と成長は限定的であったにもかかわらず，CLT 体制自体は維持された。しかし，フォーマルな雇用とインフォーマルな雇用の間で，またフォーマルな雇用のなかでも組合の交渉力や企業の価格形成能力の差などによって，労働条件に大きな差が生じるという分配上の問題もはらんでいた。

2．経済自由化による労働市場の変化

　ブラジルの労働市場は経済の自由化・グローバル化によって大きく変化した。経済自由化が本格的に始まった1990年に32.2％だった平均関税率は，94年には14.2％へと急激に低下した（Giambiagi e outros ［2005］ 147）。国内に類似品がある場合に輸入を禁止する類似品法（Lei de Similaridade）が廃止され，工業部門に対する補助金は大幅に削減された。その結果，製造業を中心に各産業は厳しい国際競争に晒され，合理化が相次いだ。経済自由化以降の労働市場の変化として，雇用の停滞と失業率の上昇，雇用のインフォーマル化，工業部門における雇用の減少とグリーン・フィールド（新工業地帯）への移動，知識労働の需要拡大を挙げることができる。

（1）雇用の停滞と失業率の上昇

　経済自由化が本格化した1990年代には，完全失業率が上昇しただけでなく，偽装失業も増加した。「偽装失業」とは，著しく不安定な雇用，もしくは非自

発的失業（ただし，過去12か月間に求職活動を行った者）の状態を指す。失業率は経済変動に伴って上下し，特に1997～98年は国際的な不況のため上昇した。成長率が比較的高い時期でも失業率の減少幅は小さく，上昇傾向が続いた（図6-1）。

労働省によれば，ブラジルで経済自由化が進展した1990年以降，98年までに10歳以上の労働人口は年率2.0％で増加した。とりわけ経済活動人口は，女性の労働市場への参入によって年率2.7％で増加した。これに対して労働需要は停滞した。労働契約を結び，社会保障が適用される正規労働者の数は，1990年代に全体で260万人（8.4％）減少している。うち60％は製造業であり，その減少率は実に19.5％に達した。製造業部門の雇用が減少したのには，輸入品の増加による国内生産の縮小，生産性の上昇，外注化（outsourcing）の3つの要因があった（MTB［1998a］）。また，ブラジル地理統計院（IBGE）の調査によると，

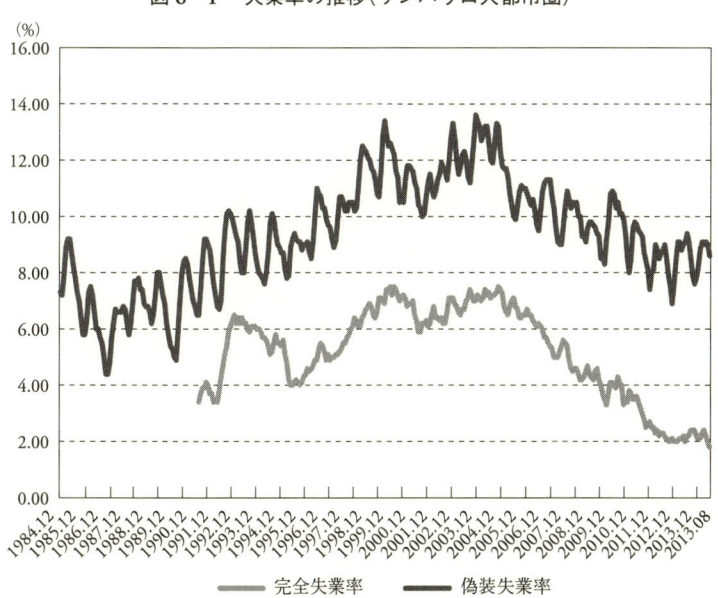

図6-1　失業率の推移（サンパウロ大都市圏）

出所：IPEA Data.（原資料：Fundação Estadual de Análise de Dados）

完全失業者の失業期間は長期化する傾向にあった。1991年には「6か月以上12か月未満」の割合が13.77％，「12か月以上」の割合が4.05％であったが，98年（1〜5月）にはそれぞれ17.91％，12.93％に増えている（MTB［1998 b］）。

　製造業における雇用減少の要因のうち，生産性の上昇について見てみよう。図6-2が示すように，製造業の労働生産性（労働者1人当たりの物的生産性）は急速に上昇し，他方で雇用が停滞ないし減少している。雇用にはほかに工業生産の変動などの要因も関わってくるので，生産性の上昇が直接的に雇用減少を引き起こしたとは断言できないが，企業が新たな雇用よりも生産性の上昇によって増産を図っていることは想像に難くない。外注化，輸入部品の使用，雇用のインフォーマル化などの要因もあるため，生産性の正確な計測は容易ではないが，それらを考慮した場合でもブラジルの生産性は上昇していると言える（Cacciamali e Bezerra［1997］）。一方，平均賃金は上昇しているものの，生産性の伸

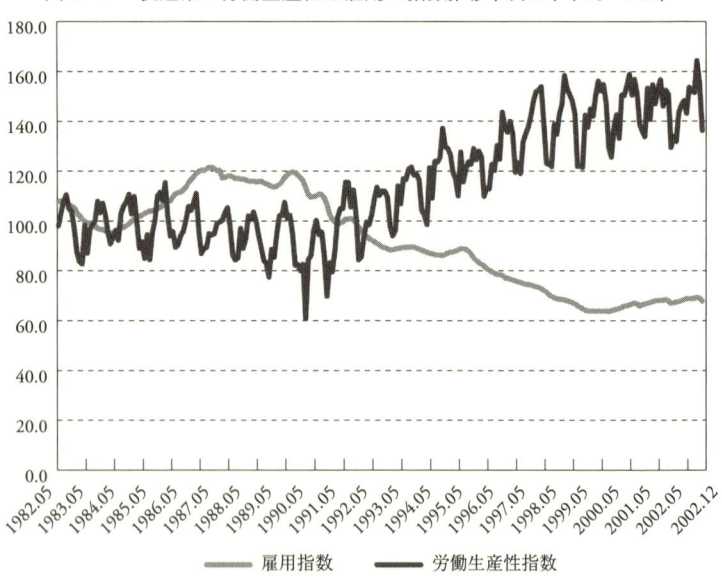

図6-2　製造業の労働生産性と雇用の指数推移（1991年平均＝100）

出所：IPEA Data．（原資料：生産性については IBGE, *Pesquisa Mensal de Emprego* 各号，雇用指数については FIESP, *Levantamento de Conjuntura* 各号）

びを大きく下回っている[7]。

生産性の高い伸びの原因の一つは生産の自動化であるが，それ以上に労働組織の変更によるところが大きい。ブラジルでは1970年代以降，生産自動化とともにグループ労働，多能工化，セル生産といった労働組織の変更が徐々に進められてきたが，90年代の経済自由化に伴い，それが加速的に普及しつつある。雇用が停滞するなかで，労働組合も自動化と労働組織の変更をやむをえず受け入れてきた[8]。

こうした労働組織の新たな形態は，職務区分が厳密だった従来の組織に比べ，生産の変動に柔軟に対応できる。それは一部の多能工化した労働者に雇用の安定をもたらすと同時に，職務の拡大に伴い労働負担の増大を強いる。他方で，雇用の削減とともに，労働の単純化が一層進み，低賃金で不安定な雇用状態に置かれた労働者群を生み出した。「構想と実行の分離」はフォード的生産システムの特徴であるが，労働組織の変更によってそれが強化された[9]。

（2）雇用のインフォーマル化

雇用のインフォーマル化も1990年代に進展した現象である。ブラジルではそれが経済自由化以前にも労働市場の一般的な特徴であったが，90年代にその傾向は一層強まった。正規雇用の停滞によって職を失った労働者群をインフォーマル・セクターが吸収したためである。図6-3は，1982～2012年の正規・非正規雇用の推移を示したものである。使用者の署名のある労働手帳をもつ正規の労働者（労働契約は労働手帳に使用者側が署名することによって成立する）の割合が減少する一方で，労働手帳をもたない労働者と自営業者（零細・個人企業が多く含まれる）の比率が上昇していることがわかる。

雇用のインフォーマル化が進んだもう一つの要因は制度的なものである。前

---

[7] Bonelli e Fonseca［1997］は，賃金が生産性と並行して上昇しているという推計を示している。
[8] 詳細は小池［1996］参照。
[9] 生産技術，労働組織の変化にともなう労働者の二極化については，Fleury and Humphrey［1992］; Carvalho［1994］参照。

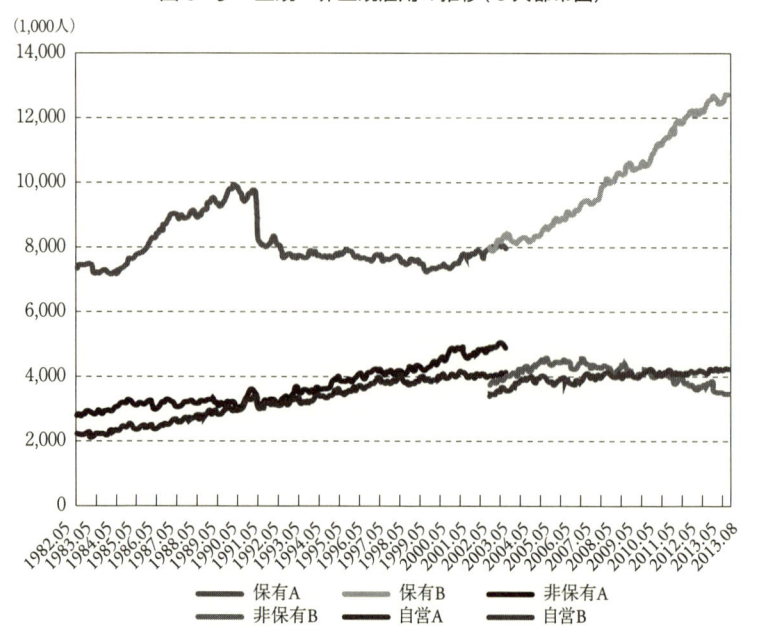

図6-3　正規・非正規雇用の推移（6大都市圏）

（1,000人）

凡例：保有A　保有B　非保有A　非保有B　自営A　自営B

注：保有A：労働者手帳をもつ10歳以上の雇用人口。保有B：労働者手帳をもつ15歳以上の雇用人口。保有A, 保有B, 非保有Bは民間企業。6大都市圏：レシフェ，サルヴァドル，ベロオリゾンテ，リオデジャネイロ，サンパウロ，ポルトアレグレ。
出所：IPEA Data.（原資料：IBGE, *Pesquisa Mensal de Emprego* 各号）

　節で述べたように，ブラジルでは正規雇用はフリンジ・ベネフィットなど高率の社会的負担を必要とする。1988年憲法による労働者保護の強化は，そうした社会的負担を一層増大させた。企業はそれを避けるため，インフォーマルな雇用を選好する傾向を強めたのである。

　外注化の進展はその一つの現れである。経済自由化以降，各部門で外注化が積極的に行われた。一般に外注化の目的の一つは，企業外部の専門的能力を利用することにあるが，ブラジルの場合は専ら労働コストの削減が目的とされた。外注先の多くは零細企業などのインフォーマル部門であり，発注企業は外注化によって社会的負担を節約できた。こうした意味では，外注化は雇用のインフォーマリティを強める要因になりうると言える。また，社会的負担の節約の

みを目的とした外注化は，企業の労働力向上への意欲を削いでしまうという問題もある（Amadeo e outros［1996］）。

（3）工業部門における雇用のグリーン・フィールドへの移動

　経済自由化以降，雇用の地域分布にも大きな変化が生じた。先進地域では全体に雇用の伸びが大きいが，工業部門をみると雇用が大幅に減少している。地域別にみると，旧工業地帯（ブラウン・フィールド）で雇用が減少している一方で，新工業地帯（グリーン・フィールド）では増加している。この時期，多くの工場がグリーン・フィールドに建設されており，その一部はブラウン・フィールドからの移転であった。とりわけ「ブラジルの工場」といわれるサンパウロからは多数の工場が流出し，雇用の減少も著しかった。その背景には，ブラウン・フィールドにおける立地難，労働コストの高さ，そして労働組合運動の強さなどがあった。準農村地帯などが多くを占め，従来工業が存在しなかったグリーン・フィールドでは，同等の能力をもつ労働者を低賃金で雇用できるうえ，労働組合が存在しないか，あってもさほど影響力がない。労働組合の力は，雇用の停滞と失業増加のなかで全体的には脆弱化していたが，工業の歴史の長いブラウン・フィールドは別格であった。賃上げだけでなく，自動化，多能工化などの技術・組織革新も組合との交渉事項となることが多く，導入は容易でなかった。グリーン・フィールドへの移転は，こうした伝統的な労働組合の影響力を回避することを一つの目的としていた。

　地方政府による工場誘致政策も，グリーン・フィールドへの移転に拍車をかけた。この動向は特に自動車産業で顕著で，各州・市郡政府は誘致をめぐって，地方税の減免，用地の提供，低利融資などの恩典供与競争をくりひろげた。こうした「税減免戦争」（guerra fiscal）[10]によって，グリーン・フィールドへの工

---

10) 地方政府が個々にどのような恩典を与えているかは明らかにされていない。「税減免戦争」が産業発展，雇用，地方財政に与える影響も不確実である。工場誘致に成功する勝者と失敗する敗者を生むという問題もある。この点については Varsano［1997］参照。

場立地が一層加速した。

　グリーン・フィールドにおける工場立地は，産業の競争力を高める手段であったと同時に，雇用を創出し，所得の地域間格差を是正するという効果も生んだ。一方この動向は，ブラウン・フィールドにもプラスの効果をもたらす可能性がある。工業労働力が流出したブラウン・フィールドで，高賃金だが質の高い労働力を活用した高付加価値産業（サービス産業なども含む）に企業がシフトする機会となりうるからである。しかし，グリーン・フィールドへの移転が専ら低賃金労働の利用を目的として行われたものなら，それは技術革新を抑制する危険をはらむ。他方で，ブラウン・フィールドでの高付加価値産業の創造はそれほど容易ではない。

（4）知識労働の需要拡大

　企業がグリーン・フィールドへの移転ないし立地を選好する一つの理由は，生産技術・組織の変更に伴い，職人的技能の役割が低下し，代わって知識労働の役割が重要となったことである。サンパウロなどの旧工業地帯では，工業化の長い歴史のなかで技能が蓄積されてきたが，生産自動化などの技術変化に伴い，その重要性はかつてほどではなくなった。例えば自動車産業の場合，新規の工場が立地しているブラジル南部，とりわけサンパウロ西部内陸は，全体に教育水準が高く，技術系の優れた大学や専門学校を有する地域である。知識労働の需要拡大は，ブラウン・フィールドの工業以外の部門でも同様にみられる。労働省によれば，1994～98年にかけて，6大都市圏の被雇用者の学歴は急激に上昇した。すなわち，就学年数0～4年の被雇用者の割合が37％から29％に低下した一方，9～11年の割合は22％から27％へと上昇した。これは教育の普及とともに，企業が生産技術などに関する知識をもった労働者を求める傾向が強まったためである（MTB [1998b]）。

3．労使関係の柔軟化と制限

　これまで述べたように，ブラジルの労使関係には長らく国家の強い介入が伴い，正規雇用には手厚い保護が与えられていた。それが経済自由化，グローバ

ル化のなかで，産業の競争力を奪い，失業や雇用のインフォーマル化をもたらす原因として批判されるようになり，1995年に誕生したカルドーゾ社会民主党政権のもとで労使関係の柔軟化が試みられた。しかし，経済自由化が要因で失業や貧困などの社会問題が悪化した側面も否定できず，それへの批判を背景にルーラ労働者党政権が成立すると，労使関係の柔軟化に向けての制度改革は停滞した。

(1) 労使関係への経済グローバル化の影響

前述のように，国家による労働者保護と団体交渉制度は，需給両面で制約されていたとはいえ，閉じられた経済のなかである程度は有効に機能していた。しかし，1990年代以降の経済グローバル化は，ブラジルの労使関係にも変更を迫ることになった。

1950～60年代，欧米諸国において，国家による労働者保護と団体交渉制度が有効に機能したのは，一つには社会全体で生産性が向上したからであった。そこでは，高生産性が高賃金を保証し，高賃金が高生産性に吸収されるという機制が働いた。もう一つの理由は，経済システムが国民経済単位で組織されていたことにあった。その後，生産性の停滞，あるいは生産システムの機能不全が露呈し，グローバル化の進展に伴いプラス・サムの経済成長（全体が成長することで部分も成長する）の枠組みが掘り崩されると，従来の労使関係は根本的な変革を迫られることになった（田端 [1998]）。特に技術革新がなされず生産性が停滞すると，これまでの成長枠組みは維持できなくなる。それが経済成長の制約条件として顕在化するのは，直接的には後発工業国の輸出攻勢によって多くの産業が困難に直面したからであり，さらにはグローバル化によって単に財だけではなく資本その他の資源の移動が自由になったからである。

開放経済にあっては，高い所得を得た労働者の消費は，必ずしも国内製品に向かわない。他方，企業は労働コスト削減のため海外生産に向かう。こうして，賃金上昇と生産増加の好ましい関係は終焉を迎える。もっとも，現実には，需要が専ら輸入品で満たされ，生産のほとんどが海外で行われるといった事態は起こらない。それ以前に，あるいは並行して，企業が競争力獲得のため，生産

性の向上，人件費を含めた生産コストの削減を図るからである。技術革新その他の理由から生産性向上に制約があるとき，労働コスト削減圧力は強いものとなる。こうしてサッチャー政権下の英国をはじめ数多くの先進国で，労使関係の柔軟化（具体的には賃金の抑制や社会的負担軽減），その下地としての労働組合の弱体化が図られた。こうした柔軟化政策を通じて，産業競争力の向上，失業の削減と雇用増大が目指された。

　ブラジルにおける労使関係の柔軟化も，こうした流れに沿ったものであった。1990年代に急速に進展した経済自由化，グローバル化のなかで，政府と企業は産業の競争力向上にとって雇用柔軟化が不可避と考えた。政府と企業はまた，失業や雇用のインフォーマリティの要因を，労使関係への国家の過度な介入および労働者保護に求め，旧来の政策の骨格を定めた統合労働法（CLT）の法制改革を図った。

（2）社会的負担の軽減

　労使関係改革の第一の標的は，社会的負担（encargos sociais）の軽減であった。労働者の雇用にあたって企業が負担する高率の社会的負担は，労使対立の要因の一つとなっていた。使用者側は，賃金に上乗せされる社会的負担を軽減することが，産業の競争力を高め，正規雇用を促進し，新たな雇用を創出すると主張した。その主張の理論的支柱となった一人が，社会学者パストーレである。パストーレは，高率の社会的負担が労使双方に不利益（労働者には低所得と失業，企業には高い雇用負担）をもたらしているとした（Pastore［1998］133）。その試算によれば，社会的負担は賃金の102.06％に及ぶ（表6-1）。そのなかには，13か月給与（クリスマスなどに支払われる1か月分のボーナス。毎月支払われる12か月分の給与に対して13月目の給与という意味でこう呼ばれる）や，有給休暇，休憩時間，解雇通知後の有給休暇など，ありとあらゆる雇用負担が含まれる。

　こうしたパストーレの試算を労働組合の調査機関である組合間統計・社会経済調査部（DIEESE）は厳しく批判する。DIEESEによれば，「13か月給与」はもちろん，離職時に勤続年限保障基金（FGTS）から支払われる分も，後払い

表6-1 雇用に伴う社会的負担(工業部門)

社会的負担の種類	賃金に対する割合(%)		
	CLT時代	柔軟化後*	下落率
A)社会的義務			
社会保険	20.00	20.00	0.00
勤続年限保障基金(FGTS)	8.00	2.00	6.00
教育手当て	2.50	1.25	1.25
労働災害保険	2.00	2.00	1.00
工業社会サービス(SESI)納入金	1.50	0.75	0.75
国立職業訓練所(SENAI)納入金	1.00	0.50	0.50
零細中小企業支援サービス(SEBRAE)納入金	0.60	0.30	0.30
農地改革院(INCRA)納入金	0.20	0.10	0.10
小計	35.80	26.90	9.90
B)非労働時間 I			
週休日	18.91	18.91	0.00
有給休暇	9.45	9.45	0.00
有給休暇ボーナス	3.64	3.64	0.00
祭日	4.36	4.36	0.00
病気補助金	0.55	0.55	0.00
解雇事前予告負担	1.32	0.00	1.32
小計	38.23	36.91	1.32
C)非労働時間 II			
13か月給与	10.91	10.91	0.00
労働契約解除費用	2.57	0.00	2.57
小計	13.48	10.91	2.57
D)その他			
Bに関わるAの負担	13.68	9.56	4.12
13か月給与に関わるFGTS納入金	0.87	0.22	0.65
小計	14.55	9.78	4.77
合計	102.06	84.50	18.56

注：＊1998年の期限付き労働契約（有期雇用）による社会的負担。
出所：Pastore [1998].

の給与であって雇用時の社会的負担ではない。週休日，有給休暇，祭日，病休などは労働者の当然の権利である。解雇通知に伴って労働者に与える求職のための休暇，労働契約解除に伴う諸費用は通常は発生しないものである。パストーレの試算は，非正規雇用との比較によるものであり，国際的な通念からすれば労働者が権利として当然享受すべきものを削減可能なコストとみなしており，その主張は不当であると言わざるをえない。DIEESEによれば，社会的負担として算入しうるのは，社会保険，労働災害保険，教育手当て，農地改革院（INCRA）納入金，工業社会サービス（SESI）あるいは商業社会サービス（SESC）

第6章　労使関係：経済自由化に伴う制度改革

納入金，国立職業訓練所（SENAI）あるいは国立商業訓練所（SENAC）納入金，零細中小企業支援サービス（SEBRAE）納入金であり，その額はベースとなる賃金（月給与，13か月給与，FGTS）に対して30.89％である（DIEESE [1997]）。

また，パストーレが言うように社会的負担を軽減したからといって，それが雇用の増大と正規化を促すかどうかは不確実である。13か月給与，FGTSなどは賃金の一部である。市場での賃金決定が13か月給与，FGTSを織り込んでなされるとすれば，仮にそれらを削減あるいは廃止しても，それは月額賃金の引き上げを意味するに過ぎない。

他方で，現行の社会的負担には雇用に直接関係しないものが多く含まれており，それが企業が非正規雇用を選好する一因となっているとすれば，改める必要がある。雇用に直接関わらない積み増しが付加されたのは，それらが社会政策，分配政策としての性格をもち，最終受益者としての労働者を保護するという理念に基づくものであったろう。しかし，本来社会的負担の多くは，一般の租税で徴収し，財政から支出すべきものである。

社会的負担が雇用の非正規化に関わっていたとしても，それは要因の一つに過ぎない。ブラジルでは2000年代に正規雇用が急速に増加し，非正規雇用の比率が減少した（前掲図6－3）。2000年12月に53.1％であった非正規雇用（労働手帳非保有，自営業）の割合は，2012年12月には38.3％に低下した。その理由としては，経済成長率の上昇，労働力需要の急増，労働条件に対する監視の強化が挙げられる。経済成長に伴い労働市場が逼迫し，企業が良質の労働力を確保するため正規雇用を選好したのである。

（3）雇用の柔軟化

改革の第二の標的は労使関係そのものであった。1995年に誕生したカルドーゾ社会民主党政権は，経済の自由化・グローバル化に対応し，生産性向上，生産コスト削減などを通じて産業の国際競争力を高め，失業と雇用のインフォーマリティを改善するため，労使関係の柔軟化に本格的に着手した。具体的には，有期雇用，労働時間，レイオフ（一時的解雇）に関する制限の緩和であった。

まず有期雇用は，1998年の法律第9601号と政令第2490号（細則）によって法

制化された。これにより，企業は団体交渉によって労働者と期限付きの労働契約を結ぶことができるようになった。期間は最高2年で，事前に決定される。再雇用の場合は6か月の間隔を置く。期間契約の労働者の割合は従業員規模によって異なり，たとえば49人以下の企業は25人以下，200人の企業は77人以下などと制限されている。期間契約労働者は，使用者が署名した労働手帳をもつフォーマルな労働者であり，最低賃金規制が適用され，13か月給与（ボーナス），休暇，労災，FGTS（ただし2％），契約前の解雇の場合は失業保険を受給できるなどの資格をもつが，解雇の事前通告やFGTSの40％上乗せについては保障されない。

労働省は法の趣旨について，採用・解雇のコスト引き下げを通じて雇用の増加とフォーマル化を促すものとし，それが開放的・競争的な経済に適合した雇用形態であると説明している。労働省はまた，期間労働契約制の導入によって，企業が社会保険を除く社会的負担を50％削減できると試算している（MTB [1998b]）。これに対してパストーレは，有期雇用の導入によって社会的負担が20％削減できるとした（前掲表6-1）。他方，企業側を代表するブラジル工業連盟（CNI）は，有期雇用の導入を評価する一方で，それは労使関係柔軟化への臆病な一歩に過ぎないと批判した（CNI [1998]）。

次に労働時間の柔軟化については，期間フレックス・タイム制が，有期雇用と同様に法律第9601号と政令第2490号によって制度化された。これにより，企業は労働組合との団体交渉によって，120日間内で労働時間を調整する「フレックス・タイム」（Banco de Horas）を導入できるようになった。ある時期に労働時間が所定より短かった場合でも賃金は削減されない。反対に長かった場合（ただし2時間を限度とする）でも超勤手当は支給されない。労働省は，この制度が企業業績の変化に伴う雇用変動を抑制する効果をもつとした（MTB [1998c]）。

最後にレイオフ（一時的解雇）については，暫定規則第1726号（1998年11月3日）によって法制化された。その主旨について労働省は，雇用調整の手段としてレイオフ制度を導入することによって，解雇とそれに伴う失業を減らすことができるとしている。暫定規則によれば，レイオフは労働協約に基づいて実

施しうる。解雇期間は2か月から5か月間で,使用者にはその間,労働者の専門能力形成のための訓練を義務づけている。レイオフ期間中,使用者は賃金とは別に補償金を支払うことができるが,その額は労働協約により決定される。訓練の費用は労働者支援基金(FAT)からの支出が可能である。

　有期雇用と期間フレックス・タイム制は,ともに雇用柔軟化を実現するが,労働能力形成という点では両者の効果は正反対である。期間フレックス・タイム制は,雇用の安定化を促し,それを通じて持続的な労働能力形成を可能にする。これに対して有期雇用は雇用を不安定にさせ,持続的な労働能力形成を困難にする危険がある。有期雇用はまた,熟練度の高い労働者と低い労働者の二分化をさらに促し,後者の雇用を一層不安定化させ,その労働能力形成の機会を奪う恐れがある。労働者の二分化はまた,労働組合を弱体化させ,労働者全体の交渉力を弱める[11]。

　レイオフ制度は,労働省が言うように,雇用調整の手段としては有効である。訓練機会が与えられることによって労働能力の維持・向上も可能となる。しかし,暫定規則ではレイオフのルール(例えば米国の先任権制度のような)が示されておらず,労使の交渉に委ねられている。そもそもレイオフの伝統がまったくないブラジルで,それが個別の労使交渉に委ねられれば,労使の対立を激化させ,労働者側が不利な扱いを受ける危険がある。

　ブラジルにおいては,こうした柔軟化政策は,すべて労働組合との団体交渉と労働協約が前提となっている。加えて有期雇用の割合などに関しては厳しい制約が課されている。使用者側からみれば,大幅に制限された柔軟化ということになる。逆に労働者側からみると,使用者側の一方的な雇用変更に一定の箍をはめたことになる。

(4) 労働組合改革

　労使関係改革の第三の標的は,労働組合と団体交渉制度である。労働省の意図は,特定産業別・地域別に組織された労働組合の独占的な代表権を排除し,

---

11) 有期雇用の導入が労働組合の交渉力を弱める点については,矢谷[1998]参照。

労使交渉の個別化・企業内化によって，労働組合の実質的な代表性を高めることにあった。組合員・非組合員を問わず強制的に組合費を徴収し，労働組合に配分するという方式も変更が検討された。また，労働裁判に関する法律を厳格化し，裁判を構成する人員は裁判官のみとすることが検討された（MTB [1998b]）。これは，労働裁判における判例主義と労働者代表の存在が，労働者側偏重の判決に帰結するのを是正するための措置であった。

　労使交渉が企業内化されたことで，生産性の向上，そのための新技術・新組織の導入が容易になりうる。賃金に企業業績が多少とも反映されるようになれば，労働者のモラルが高まる可能性があるし，グリーン・フィールドへの工場立地も抑制されるかもしれない。しかし現実には，労使交渉の企業内化は，産業の競争力向上や，ブラウン・フィールドでの雇用の回復にそれほど大きな影響を与えるものではないであろう。ブラジルの多くの企業では，すでに新技術・新組織を導入している。グリーン・フィールドへの工場立地は，労働組合以外の多様な要因，とりわけ労働コスト削減を理由としている。つまり，労使交渉の企業内化の効果は部分的である。他方で，労働組合および労働者の交渉力を弱体化させる危険がある。経営権の強化は民主的な労使関係を損なう恐れがある。

　一連の改革はなされたものの，実態としては労働組合の形態や団体交渉制度は大きく変更されることはなかった。唯一変わったのは，2000年に法律第9958号によって「事前調停委員会」（Comissão de Conciliação Prévia）制度が導入されたことである。その目的は，労働裁判に伴う労働者と企業の負担軽減である。事前調停委員会は，個別の労働紛争の調停を目的に，使用者側と労働組合の参加によって組織される。また事前調停委員会は，個々の企業内だけでなく，複数の企業の合同や各業種組合間でも組織できる。この制度によって，夥しい数の訴訟が労働裁判に至らずに解決された。

　労働組合運動は，1990年代には雇用情勢の悪化のなかで停滞した。工業部門では，解雇，その一因となった生産の自動化，労働組織の変更などがなされたが，労組運動は不活発であった。ストライキは，民政移管，民主憲法の制定，経済成長率の鈍化のなかで，1980年代後半の一時期急増したが，その後は減少

に転じた(図6-4)。労働市場の悪化と労働運動の停滞は,生産技術や労働組織の変更を促すとともに,先に述べたような労使関係柔軟化の要因ともなった。他方で,工業部門全体の縮小,工場のグリーン・フィールドへの移転などの逆境のなかで,労働組合への加入者数は緩やかではあるが増加した。2000年代にルーラ労働者党政権が成立すると,その傾向はさらに強まった(図6-5)。

(5) 労働基準監督の強化

ブラジルではこうして労使関係の柔軟化に向けた制度改革が行われた一方で,労働基準監督が強化された。すでに統合労働法(CLT)は労働基準を定め,国家にその監督義務を課していたが,1988年憲法では改めて労働基準監督における国家の責任を確認し,89年にはILOの労働監督条約(第81号)を批准した。監督の実務は労働雇用省(MTE)[12]が担当し,違法があった場合に改善命令を出し,それでも改善が見られない場合は司法処分などを行う。1995年には,特に違法性の高い奴隷的労働などの強制労働を摘発するため,MTEの監督官,労働公共局(MPT)[13]の検事,連邦警察官などによって構成される特別移動監視グループ(Grupo Especial de Fiscalização Móvel : GEFM)を設置した。さらに1999年には統合労働法を改定し(第627条A項),労働基準監督官が主導して使用者と労働者の対話の場を設定し,労働基準の順守と改善を図る新しい枠組みを作った(Simão [2009] 20)。監督対象企業,労働者数などは表6-2の通りである。労働基準監督の強化後,対象とされる労働者数が増加し,違反の是正率が上昇していることがわかる。

労使の交渉力の非対称性,労働者が使用者に対して不利な立場に置かれていることを考えれば,行政による労働基準監督は不可欠である。他方で,労働条件の改善が当事者による対話や交渉によっても可能であることを考えれば,労働基準監督官の主導によって労使協議の場が設定されることは有用である。し

---

12) 労働省(MTB)は1999年に労働雇用省(Ministério de Trabalho de Emprego : MTE)に改組した。
13) 労働公共局(Ministério Público do Trabalho : MPT)は1988年憲法によって設置された公共省(MP)の分局で,労働者の個別的・集団的な権利の保護を目的としている。

図6-4　ストライキ件数の推移

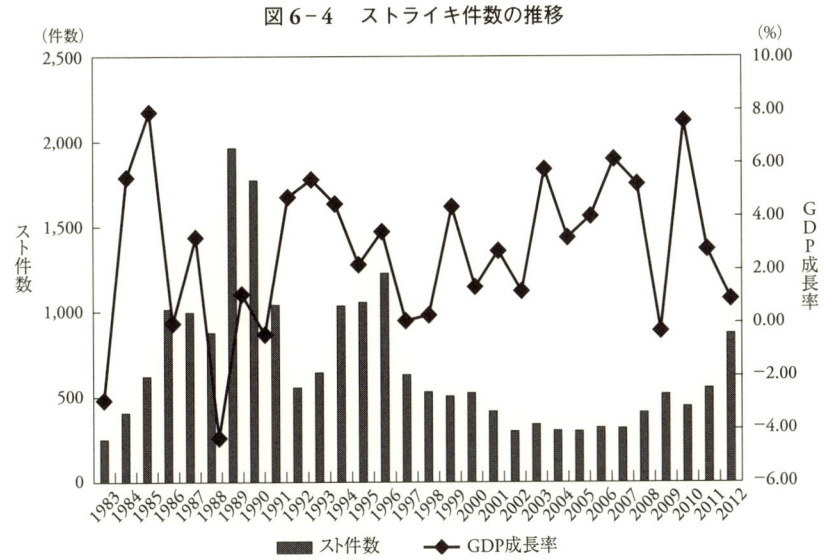

出所：DIEESE, *Estudos e Pesquisas*, No. 66, maio de 2013.

図6-5　労働組合数と組合員数の推移

注：IBGE：ブラジル地理統計院。DIEESE：組合間統計・社会経済調査部。
出所：ILO, *Trade Union Membership Statistics 2011*, Rome.

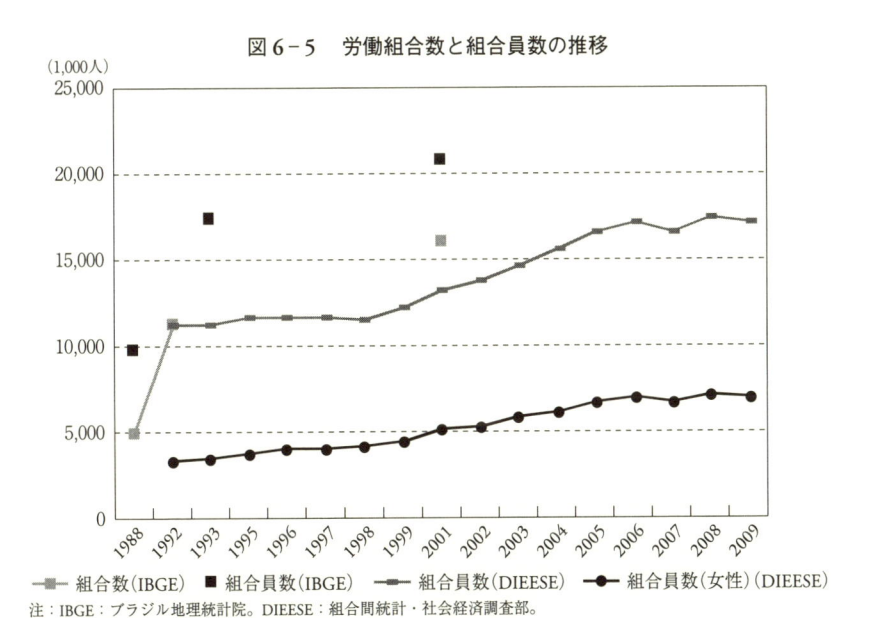

表6-2 労働基準監督の結果

	監督官数*	監督企業数	監督労働者数 (1,000人)	調書作成 企業数	違反調書 作成数	是正率** (％)	監督対象 労働者数
1998	3,106	315,605	18,014	66,549	107,695	69.10	249,795
2000	3,131	353,617	19,117	58,213	95,828	80.94	525,253
2002	3,044	304,254	19,935	53,622	95,828	84.89	555,453
2004	2,927	302,905	24,453	56,086	100,413	87.13	708,957
2006	2,872	357,319	30,682	61,809	115,085	86.46	670,035
2008	3,112	299,013	30,958	55,644	108,722	84.53	668,857
2010	3,061	255,503	30,884	57,258	108,253	77.77	515,376
2012	2,875	269,025	35,507	57,960	143,025	71.83	419,183

注：＊年末の数字。＊＊是正勧告に対して是正がなされた割合。
出所：MTE, "Resultados de Fiscalização do Trabalho - Nível Brasil - 1995 a 2002", "Resultados de Fiscalização do Trabalho - Nível Brasil - 2003 a 2013".

かし，それが有効に作用するためにも，法による労働基準監督が実効的に行われる必要がある。

むすび

　ブラジルの労使関係は従来，国家の強い介入を伴うものであった。1943年に制定された統合労働法（CLT）は，現在でも労使関係を規定する基本法である。労働者の手厚い保護は安定した雇用と所得を保証し，国内工業製品に対する需要を生成し，輸入代替工業化を可能とした。しかし一方で生産性の上昇は低率にとどまり，また政府の保護のもとにあるのは一部の正規労働者に限られていたため，工業化とそれによる産業発展は持続的なものではなかった。経済自由化は国内の限られた需要に依存しており，また生産性の上昇を伴わない工業化を根底から危うくするものであった。こうした環境変化のなかで，産業の競争力を高め雇用を創造する目的で，労使関係の柔軟化がブラジルの喫緊の政策課題となった。それは新自由主義的制度改革の一環でもあった。

　しかし，労働組合の政治力が強いブラジルでは，現実には労使関係の柔軟化は一向に進展しなかった。加えて急激な経済自由化が経済成長に結びつかず，失業と雇用の非正規化を悪化させていく。1990年代後半以降の社会民主主義政権を経て，労働者党政権に至ると，労使関係の柔軟化政策は頓挫した。経済の停滞，失業と雇用の非正規化は労働制度改革の遅れによるものだと主張する新

古典派と，逆に自由化こそがその要因だと主張する構造派が対立した。社会政策を重視する一方で，グローバル化に対応するには経済自由化が不可避とするカルドーゾ社会民主党政権は，労使関係柔軟化の制度改革に着手したが，それは大きな制約を伴うものであった。

新自由主義者が主張するように，不徹底な柔軟化は，産業の競争力を奪い経済成長を阻み，雇用の増加とフォーマル化を抑制するのだろうか。産業の競争力を高め雇用を増やすには，政府の介入を排除し，労働者の保護を弱め，労働組合と労使交渉を企業内化すべきであろうか。それとも構造派が言うように，経済の持続的な成長と社会的公正には，労使関係の柔軟化は制限されるべきであろうか。

ブラジルにおけるCLTのもとでの組合国家主義的な労使関係は，グローバル化した現在の経済状況にはそぐわない面はある。正規雇用に伴う企業の社会的負担は過大であるが，これは税によって徴収し財政から支出するシステムに転換すれば軽減できる。失業保険や健康保険などは，社会的通念からすれば労働者の当然の権利であり，これを削減可能な雇用コストとみなすのは不当である。失業や疾病に際して一定の保障がなければ，労働者は自らの生活を維持し，労働力を再生産することさえできず，それは結果的に企業と産業界の生産力をも損なう。

現在では有期雇用の導入によって，企業が必要な人材を柔軟に調達できる状態が生まれている。しかし，有期雇用のほかにも柔軟な人材調達の方法は可能である。有期雇用があまりに拡大すれば，雇用の不安定化が一層進む危険がある。

雇用の正規化は，前述のように社会的負担の徴収・支給システムを変更することである程度は可能である。また，違法な非正規雇用に対する監視を強化することによっても，正規化は実現可能である。このことはルーラ政権の監督強化策の実例が証明している。

雇用と賃金のフレキシブル化，フリンジ・ベネフィットの削減，労働組合の弱体化，労使関係の企業内化といった柔軟化政策は世界各国で試みられたが，いずれも必ずしも産業の競争力向上と雇用の増大につながっていない。労働条

件の引き下げ競争,ソーシャル・ダンピング競争が熾烈化し,それに雇用増も競争力向上も伴わなかったことで,かえって国内市場を萎縮させ,経済成長が抑制されるという問題もある(篠田 [1994])。

業種別・地域別労働組合が独占的交渉権を有してきたため,企業ベースでの労使交渉の視野が狭まり,それが新技術・新組織の導入,それによる生産性向上,労働者のモラル向上などを妨げてきたのは事実である。その意味では,企業内での労使交渉は範囲を広げる必要がある。しかし,労使交渉の企業内化は,労働組合の交渉力を弱める可能性がある。そしてそれ以上に重要なのは,企業横断的な労働組合運動を通じて,労働者の基本的な権利を保護し,基本的な労働条件を向上させることが困難になる点である。例えば,企業内での労使交渉によってソーシャル・ダンピングを阻止することはできない。ソーシャル・ダンピングを阻止し,生産性向上につながるイノベーションを促し,またそれに不可欠な民主的な労使関係を形成するには,企業あるいは工場レベルでの交渉と,産業および国家レベルでの交渉の双方が必要となる。つまり労使交渉の制度は,企業や工場といった個別レベルと中央レベルの二重のシステム(dual system)であることが望ましい[14]。

短期的な競争を促す市場原理のみでは,産業の競争力向上は困難である。産業の競争力を長期的に左右することになる広い意味でのイノベーション,それを支える技能その他の労働能力の涵養を促すには,安定した雇用が不可欠である。また労働力の再生産を可能にするには,企業および国家による教育と,生活を保障する制度が不可欠である。労働条件の切り下げよって競争力を向上させようとする「ロー・ロード」(low road)ではなく,イノベーションと社会保障によって持続的に競争力を獲得する「ハイ・ロード」(high road)を歩む必要がある[15]。ブラジルの労使関係をめぐる制度改革も,この視点に立って今一度練り直される余地がある。

---

[14] 同様な考えは以下でも述べられている。Amadeo [1996] 64-65;篠田 [1997] 346;Siqueira Neto [1997] 157-159.
[15] 「ロー・ロード/ハイ・ロード」の概念については,Sengenberger and Pyke [1992] 参照。

第7章　社会都市：クリチバの都市政策と社会的包摂

はじめに

　ラテンアメリカでは開発に伴い急速に都市化が進み，豊かな都市生活がもたらされた一方で，雇用の吸収や社会資本の供給は不十分だったため，失業，貧困，スラムの形成，大気・水汚染など多くの社会問題を引き起こした[1]。大都市では社会格差が広がり，それは犯罪など暴力の一因となった。さらに近年，都市部では核家族化，高齢化が進み，孤立して暮らす青少年や高齢者が増えている。また，ブラジルの政治はなお民主主義からは遠く，政治的・社会的権利の行使も政治への参加も不十分で，社会的排除（social exclusion）が広く見られる状況にある。

　こうした都市問題と社会的排除は，本章でとりあげるブラジル南部の町クリチバ市においても例外ではない。クリチバでも急速な人口増と都市化によって失業が拡大し，貧困や飢餓が深刻化した。道路，住宅，上下水道など社会資本の供給が不足し，数多くのスラムが生まれ，都市環境は悪化した。

　しかし，クリチバが他の都市と異なるのは，早くから都市が抱える問題を認識し，実効的な都市計画を策定し，問題の解決に挑戦してきたことである。1970～90年代にかけて，3期（1971～74年，79～83年，89～93年）にわたって市長を務めたジャイメ・レルネル（Jaime Lerner）は，建築家・都市計画家でもあり，クリチバの都市政策に大きな影響を与えた。その都市政策を貫く理念は社会的包摂であった。「さまざまな年齢や収入の人々が集まり，多様な機能をもつことで，都市は豊かで活力あるものとなる」（Lerner［2005］31, 41）。「貧しい層でも富める層でも，孤立した集団があるような都市は都市ではない」（ホーケンほか［2001］482）。「何らかのグループあるいは機能が不足している場合，それを意識的に埋め込んでいくことが，都市の再生につながる」（Lerner［2005］24）。こうした言説がその理念を具体的に表している。つまりクリチバの都市政策の背景には，社会的排除をなくし，社会的包摂（social inclusion）を実現するという理念があった。

---

1) ラテンアメリカの都市化と都市問題については幡谷［1999］を参照。

本章では，クリチバの都市政策を社会的包摂の視点から考察する[2]。社会的包摂は，多様な能力を備えた人材の動員を可能にし，経済開発を促すだけでなく，政治を安定させ，治安維持の費用を節約する。多様な人々が主体的に社会に包摂されることは，個々の都市ばかりでなく，社会全体の持続的な発展に不可欠な条件である。

1．クリチバ市の発展と都市計画の歴史

　ブラジル南部パラナ州の州都クリチバ市は，面積約430km^2，人口は2000年の約159万人から，2007年には約180万人に達した。市周辺部の発展も著しく，クリチバ大都市圏（Região Metropolitana de Curitiba：RMC）を形成している。RMCは26のムニシピオ（基礎自治体）から構成され，面積は約135km^2，人口は2000年の約272万人から，2007年には推定約317万人へと増加してきた（表7−1）。市の起源は1693年に遡り，パラナ州の州都となったのは1853年である。19世紀後半のコーヒーブームで多数の移民が流入して以降，人口増加が進んだ。移民の出身地はドイツ，イタリア，ポルトガル，ポーランド，ウクライナ，レバノン，シリア，日本など多様である。

　クリチバの産業構造をGDP構成比（2005年）でみると，サービス業63.04％，工業18.71％，税収18.71％，農業0.04％で，サービス業のシェアが高いが，工業の比率も比較的高い。また州都のため税収の割合も大きい。クリチバ大都市圏（RMC）がパラナ州のGDPに占める割合は40.41％，クリチバ市がRMCのGDPに占める割合は58.28％である（IPPUC［2009］314-315）。クリチバ市，RMC，パラナ州，ブラジル全国の1人当たりGDPの推移を比較したのが図7−1である。クリチバ市の1人当たりGDPは，州の約1.3倍，全国の約1.5倍である（2007年）。2000年代の変化をみても同様の水準にある。

---

[2] クリチバの都市政策に関する最も包括的な研究は服部［2004］である。その他，ホーケンほか［2001］；Schwartz［2004］；Moore［2007］などがある。本章では，クリチバ市政府，クリチバ都市計画研究所（IPPUC）などの一次資料とともに，これらの研究成果を広く参照している。

表7-1　クリチバ大都市圏の人口推移と予測(単位：1,000人)

	1970	1980	1991	2000	2007	2010	2020
クリチバ市	609	1,025	1,315	1,587	1,797	1,874	2,089
クリチバ大都市圏(RMC)*	870	1,497	2,062	2,727			
				2,768	3,166	3,312	3,716
クリチバ市を除くRMC	261	472	746	1,139			
				1,181	1,369	1,438	1,629
RMC中心部(NUC)**	762	1,368	1,922	2,560			
				2,608	2,996	3,137	3,632
クリチバ市を除くNUC	153	343	607	972			
				1,022	1,198	1,263	1,443

注：＊2000年の上段はRMC中心部の12市、2000年以降の下段は同14市の人口。＊＊NUC: Núcleo Urbano Central. 2000年以降の下段は27市の人口。
出所：IPPUC [2008b].

図7-1　1人当たりGDP（年間・時価）の推移

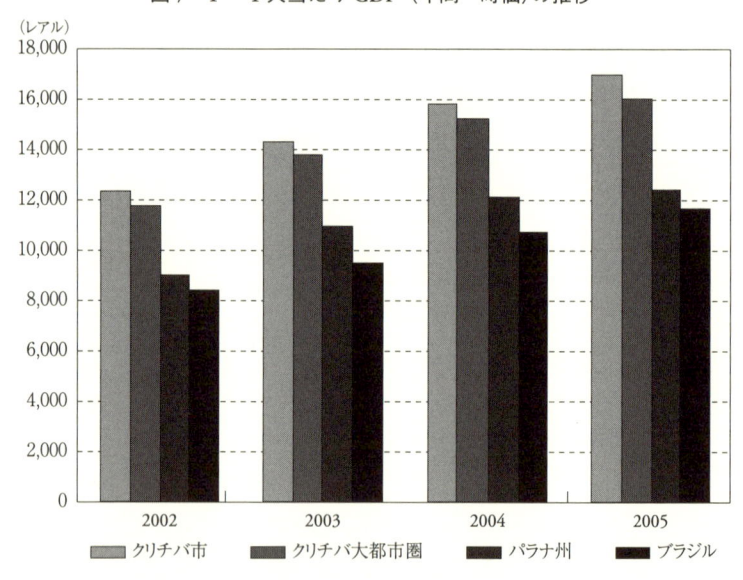

出所：IPPUC [2009] 314.

　クリチバでは都市の形成と発展に伴い、交通や住宅などのインフラ整備を含む社会問題を解決するため、数々の都市計画が作成されてきた。その歴史を整理したのが表7-2である。最初の体系的な都市計画は、リオデジャネイロで

表7-2　クリチバ市の都市政策の変遷

年	都市政策	市長
1943	最初のマスタープランとなるアガシ・プラン作成	Alexandre Beltrão (43-44)
1953	最初のゾーニング法(条例第699号)施行	José Luis Guerra Rêgo (53-54)
1955	最初の公共交通計画作成	Ney Braga (55-58)
1960	ゾーニングのパイロットプラン承認(条例第1908号)	Iberê Matos (58-62)
1963	クリチバ都市公社(URBS)設立	Ivo Arzua Pereira (62-66)
1964	都市計画コンペ開催。ジョルジェ・ウィルヘルムらのグループが最優秀賞を獲得	
1965	クリチバ都市計画研究所(IPPUC)設立 クリチバ民衆住宅公社(COHAB)設立	
1966	ウィルヘルム・プランを基にした新たなマスタープランを法制化(条例第2828号)	Ivo Arzua Pereira (66-67)
1968	クリチバ市ファベーラ撤去政策立案	Omar Sabbag (68-71)
1971	伝統地区保全政策施行 歴史保全地区指定 ファベーラ撤去政策施行	Jaime Lerner (1971-74)
1972	都心の「11月15日通り」を歩行者専用道路化 工業地区(CIC)設立	
1975	土地利用定義・ゾーニング(条例第5234号)	Saul Raiz (75-79)
1976	「脱ファベーラ計画」作成	
1979		Jaime Lerner (79-83)
1980	「ファベーラ憲章」作成 社会住宅特別セクター (SEHIS)設立	
1982	割増土地法(Lei do Solo Criado)施行	
1983		Maurício Fruet (83-86)
1984	市住宅計画作成	
1986		Roberto Requião (86-89)
1989	住宅政策指針作成 ゴミ購入プログラム策定	Jaime Lerner (89-93)
1990	市住宅基金(FMH)設立	
1991	児童・青少年統合プログラム(PIA)策定 「緑の交換」プログラム策定 社会活動財団(FAS)設立	
1992	24時間通りオープン	
1993		Rafael Greca (93-97)
1994	「知識の灯台」建設	
1995	市民通りオープン	
1999	母親プログラム策定	Cássio Taniguti (97-04)

出所：クリチバ市政府，クリチバ都市計画研究所 (IPPUC) などの資料を基に筆者作成。

活動していたフランス人建築家アルフレッド・アガシによって作成された。アガシの手になるマスタープラン（Plano Agache）は，中心から放射状に都市を発展させ，それに対応して道路，住宅，上下水道，工場などを配置させようとするものであった。しかし，その後のクリチバの人口増加は，アガシ・プランの予想を上回るものであった。そこで軍事クーデタ直前の1964年に市長に選出されたイヴォ・アルザ・ペレイラ（Ivo Aruza Pereira 1963～67年）は，都市としての将来を議論するため，一般市民と都市計画の専門家を交えた公開の場を設けた。それは同年に実施されたコンペによる都市計画策定につながった（Moore [2007] 78）。このコンペでは，ジョルジェ・ウィルヘルム（Jorge Wilhelm）をリーダーとするグループ（Sociedade Serete のちに市長となるレルネルも参加していた）が作成したプランが選ばれた。

新しい都市計画は，放射状のアガシ・プランを根底から見直し，市中心から東西南北に延びる4本の開発軸に沿って都市開発を行うというものだった。道路や住居の建設，歴史的建造物の保全も，この4本の開発軸に沿って設計されていた。翌1965年にはウィルヘルム・プランの実施機関としてクリチバ都市計画研究所（Instituto de Pesquisa e Planejamento Urbana de Curitiba : IPPUC）が設立された。プランは IPPUC により精緻化され，「明日のクリチバ（Curitiba de Amanhã）」と題されたセミナーで市民を交えて議論された。それを踏まえ，1966年に法制化された新しいマスタープラン（Plano Diretor de Curitiba）の冒頭には，「包括的で調和のとれた開発を実現し，クリチバ大都市圏におけるコミュニティの生活水準向上を可能とする条件を提示する」と記されている（服部 [2004] 25-28）。

2．公共交通政策

公共交通の遅れは社会的排除の重要な要因となる。とりわけ都市の中心部から離れた地域に住む低所得層は，生活，仕事，レジャーいずれの面においても，公共交通が発達していなければ移動の便を奪われ，機会を喪失する。ブラジルでは公共交通が社会的包摂の重要な手段として位置づけられており，その整備を求める運動も活発である[3]。クリチバの優れた公共交通システムは，そうし

た社会運動の一つのモデルともなっている。

(1) 公共交通システムとゾーニング

　クリチバ市の都市計画において，公共交通システムは1966年に法制化されたマスタープランの中心をなすものであった[4]。財政の制約から，交通手段としては地下鉄ではなくバスが選択された。また，路線確保のために都市中心部の建物を収用して道路を拡張するのではなく，既存の通りを効率的に活用する方法を選んだ。それによって景観を保全すると同時に収用予算を節約することが可能になった。

　先に述べたように，マスタープランでは市中心部から東西南北に伸びる4本の開発軸が設定されている。交通路の整備にあたっても，この4本の軸のそれぞれに幹線道路が配置された。各幹線道路は，3本の平行路（トライナリー）から構成される。3本のうち中央の1本をバス専用レーンとし，両端の2本は都心と郊外をつなぐ高速専用路（それぞれ一方通行となっている）とした。バスは2両連結と3両連結を導入した。

　1974年には，新たに市中心部と南北の郊外を結ぶバス路線が開設された。この南北路線で，高速専用線 (linha expressa) と，トライナリー上のバスターミナルとその近隣地域をつなぐフィーダー線 (linha alimentador) が運行を開始した。高速専用線には100人乗りのバスを導入した。また，路線の複雑化に伴い，一目でルートがわかるよう車体の色を変えるといった工夫も施された。クリチバ市はこのシステム導入によって，1日に5万4000人の乗客を運び，市の交通需要の8％を満たすことになった。1977年にはさらに南東の路線が新設され，合わせて交通需要の32％を満たすことになった。1979年には，市中心部の各地区を環状に結ぶバス網の整備が始まった。市の交通需要の34％を占めると推定

---

3) 交通権国民運動 (Movimento Nacional pelo Direito ao Transporte: MTD) と呼ばれ，市民権を得ている (MTD [2009])。
4) クリチバの交通政策の変遷については，IPPUCのウェブサイトのほか，IPPUC [2009]；中村 [1997]；福島 [1998]；服部 [2004] などを参照。

される，最も人口密度の高い地区の交通整備が目的であった（服部［2004］82-83）。

続いて1980年に東西の路線が開設されたのに合わせて，統合交通ネットワーク（Rede Integrado de Transporte : RIT）という概念と，それを実現するための制度を導入した。このRITの一環として，均一運賃制度（Tarifa Social Única）が採用され，各路線の結節点にバスターミナルが設置された。乗客は定額の運賃を一度払えば，何度でも乗り継ぎができ，市内のどこにでもバスで移動できるようになった[5]。1986年，クリチバ都市公社（Urbanização de Curitiba S.A. : URBS）が再編され，RITをはじめ市の公共交通システム全体を管轄することとなった[6]。バスの運行は民間のバス会社に委託された。

1991年にはRITに直行路線（Linhas Diretas, "Ligeirinhos"）が加わった。先に述べたトライナリーの両端の高速専用路を走り，市中心部と郊外を結ぶ路線である。停留所の間隔は3〜4kmと長く，チューブ型のバス停（Estação Tubo）が配置されている。運賃は乗車前支払とし，バス停とバスの乗降口が同じ高さになるよう設計されている。これらの工夫によって運行の効率性が高まった。1992年には270人乗り・3両連結のバスを導入した。このようなバス網の整備によって，乗客数は格段に増加した（図7-2）。

複数路線が乗り入れる要衝地点には，1995年以降「市民通り」（Rua da Cidadania）という施設が設置されている。現在では9つの行政地区（região adminisrativa）すべてに置かれ，市民に行政サービスを提供し，市民と行政の交流を促進する場として機能している。市民はここで，市政府の各部局のほか，都市公社（URBS），社会活動財団（Fundação de Ação Social : FAS），クリチバ文

---

5) RITの導入により，市内の最長路線の運行距離は30kmに及んでいる。なお現在では，RITは一部の周辺自治体にも適用されている。元クリチバ市環境局長中村ひとし氏へのヒアリング（2011年3月14日）による。
6) クリチバ都市公社（URBS）は，1963年に都市生活に関わるさまざまなサービスを提供する公社として設立された。その後交通以外のサービスを他の公社に移管し，現在は交通システム計画，バス運行会社との契約，料金や時刻表の設定など，市の公共交通全般の管理を業務としている。

図7-2　クリチバ市における人口・バス乗客数・乗用車保有台数の推移

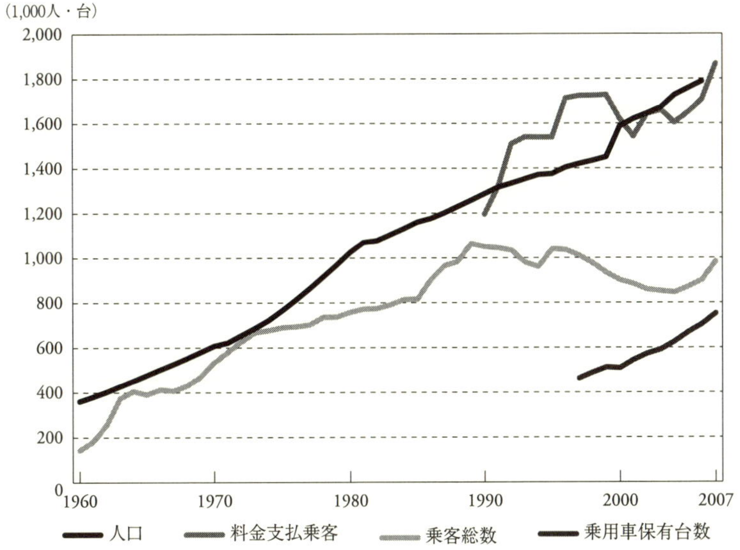

(1,000人・台)

凡例: ━━ 人口　　料金支払乗客　　乗客総数　━━ 乗用車保有台数

注：乗客総数は1990年からのデータ。
出所：IPPUC［2009］225, 342.

化財団（Fundação Cultural de Curitiba：FCC），職業訓練所，職業斡旋所，病院など市の組織のサービスに加えて，州や連邦政府のサービスも受けることができる。市民通りにはまた，商店，レストラン，レジャー施設などが立地している。市民通りの設置によって，クリチバの人々は各種行政手続きや買い物のためにわざわざ都心に出向く必要がなくなり，交通渋滞も軽減された。

交通システムとともに，ゾーニングもクリチバの都市計画の中心に据えられている。クリチバの都市計画においては，4本の開発軸に沿って，土地利用と公共交通システムの整合性が配慮されている。例えば，交通整備予定地域には高い容積率，それ以外の地域には低い容積率が設定されている。これにより，人口も経済活動も，交通網や諸施設が整備され，発展した地域に集まるようになり，都市が無秩序に拡散するのを防ぐことができる。クリチバのマスタープランではこのように，都市の将来像を見据えつつ，地形などの自然条件，経済活動の現実，交通を含めた公共サービスの動線などを総合的に考慮し，きめ細

かいゾーニングを設定している。

また，クリチバでは歴史的建造物の保全を目的に，1982年の割増土地法（Lei do Solo Criado　法律第6337号）において開発権移転制度（Transferable Development Rights：TDR）が導入された。歴史的建造物が立地する土地の所有者で，開発を希望する者に対し，容積率を割り増しした別の地域の開発権を与える制度である（福島［1998］）。TDRは，1990年には市政令第7420号で一般住宅建設用地に，2000年の市政令第9803号で社会住宅建設用地に適用が拡大されることになった（Prefeitura Municipal de Curitiba［2008b］124-125）。TDRの導入によって，市中心部の社会環境を維持するとともに，開発に一定の制限を設けて町の歴史を保全し，都市のスプロール化・無秩序な発展を抑制している。

（2）公共交通と社会的包摂

このようにクリチバは先進的な公共交通システムを創出しているが，これが社会的包摂につながると解釈するには，より詳細な検討が必要である。

バスシステム全体を管轄するクリチバ都市公社（URBS）は，バスの運行を民間会社に委託しているが，路線や運行間隔，車両タイプの選択，バス会社の監査など，システム全体の統括と監視を行っている。バスシステムは基本的に独立採算制で，URBSは路線の整備費，チューブ型バス停の建設・運営費，信号機の設置費を負担する。その他の費用（バス運行費，車両償却費，将来の投資費用等を含む）はすべて乗客が支払う運賃から支出される。加えてバス会社には一定率の利益を保証している。URBSはこれらの費用と利益をカバーできるように運賃を設定する。

統合交通ネットワーク（RIT）によって導入された均一運賃システムは，高所得層から低所得層への所得再分配機能を果たした。市内では一般的に，所得の低い人々ほど都心から遠い地域に，所得の高い人々ほど都心に近い地域に住んでいる。したがって均一運賃は，高所得層にとっては利用距離に対して割高に，低所得層にとっては割安になる。この所得再分配機能は，RITの構想当初から意図されていたもので[7]，社会的包摂が実現されていると言える。

社会的包摂の観点からより重要なのは売上の配分である。運賃収入から毎月

バス会社に与えられる利益の収益配分基準は，乗客数ではなく運行距離である。乗客数を基準に配分すれば，利用者の少ない路線は採算がとれなくなり，1日の運行本数が減ったり，最悪の場合廃線となってしまう可能性がある。運行距離を基準とすることで，市内全域で確実にバスが運行されることになるのである。

　また，チューブ型バス停は，段差が解消されているだけでなくリフトも設置されており，高齢者やハンディキャップをもった人々にも利用できるバリアフリー設計となっている。

　ブラジルの大都市でも近年，ショッピングセンターなど大規模な商業施設の建設が増加しているが，クリチバも例外ではない。しかし，クリチバでは他の都市と異なり，「公共交通で行ける場所にあること」を商業施設建設の条件としている。したがって，そうした施設の多くは市の中心部に立地しているが，市全域を覆うバス網により，誰でもアクセス可能となっている[8]。

　しかし，このように公共交通が発達しているクリチバにおいても，個別の移動手段としての乗用車への依存度はいまだ高い。市民の乗用車保有台数は急増している（前掲図7-2）。2007年における市全体の自動車保有台数は103万6000台，うち乗用車は75万2000台と7割以上を占める。対人口比でみると，1人当たりの保有台数は自動車全体で0.58台，乗用車で0.42台となる。10年前の1997年はそれぞれ0.41台，0.31台だった（IPPUC［2009］342）ので，モータリゼーションが急速に進んでいると言える。ブラジルの多くの大都市では，高所得層だけでなく中間層も乗用車を選好する傾向が強いが，クリチバも例外ではないのである。大型商業施設に公共交通でアクセスできるとはいえ，その主たる利用者である中高所得層の多くは，自家用車で買い物に行く。所得階層間で場所の分断が起きていると思われる。

7）現クリチバ市環境局公共工事・サービス部長，元URBS社長　トクシオ（Sergio Galante Tocchio）氏からのヒアリング（2011年3月14日）による。
8）前出，中村ひとし氏からのヒアリング（2011年3月14日）による。

3. 住宅政策

公共交通政策とともに住宅政策も，クリチバの都市政策の根幹をなしている。1960年代後半から70年代にかけて，農村部から大量の人口が流入するのに伴い，住宅問題が市の重要な政策課題となった。急速な人口増加に対応しつつ，秩序ある住宅建設を行うことが目指された。その際，交通システム同様，ゾーニングが重視された。

（1）ファベーラ対策

クリチバの住宅問題の中心は，他のブラジルの大都市同様，不法な土地占拠とファベーラ（スラム）であった。市の人口は1960年代以降，農村からの人口流入によって急増した（前掲表7-1）。このころパラナ州では，農業の中心が労働集約的なコーヒー栽培から資本集約的な大豆栽培へと移行した。それにより，土地の集中と農業の機械化が過剰となった農村部の労働人口が都市に押し出された。その一部は都市の工業・サービス業に吸収されたが，雇用創出が不足しており，十分ではなかった。都市部ではインフォーマルセクターが拡大し，失業者が溢れ，その結果正規の住宅市場に参入できない人々がファベーラを形成するようになった。

クリチバ市は当初，ファベーラの強制的な撤去ないし移動の措置をとった[9]。1964年にコンペで選ばれたウィルヘルム・プランでは，ファベーラなどを劣悪な住宅と規定し，それらを撤去し，住民は別の場所に新たに建設した集合住宅に強制的に移住させることが提案されていた。1965年に設立されたクリチバ民衆住宅公社（Companhia de Habitação Popular de Curitiba：COHAB）[10]は，国立住宅銀行（BNH）から資金を得て，当時未開発だったエリア（現在は後述のクリチバ工業都市となっている）に，ブラジル初の集合住宅を建設した。続いて

9）フィゲイレド・デ・アルブケルケは，クリチバの住宅政策を3つの時期に分けている。第1期は1960～70年代で，ファベーラの撤去と移転が政策の中心である。第2期は1980年代で，ファベーラの都市化と住宅地の提供が実施された。第3期は1990年代で，民間主導の住宅プログラムが実施された（Figueiredo de Albuquerque [2007] 64-95）。

1968年には「クリチバ市ファベーラ撤去政策」を立案し、周辺部に「経過的住居地区」を設置し、ファベーラ住民が社会適合するまでの一時的な居住場所とした。1976年にはライズ（Saul Raiz）政権（1975〜79年）によって、「脱ファベーラ計画」（Plano de Desfavelamento　別名社会住宅政策 Política Habitacional de Interesse Social）が策定された。具体的には、①市が新たに建設する集合住宅にファベーラ住民を転居させ、②社会に適合するよう住民を教育することが目指された。しかし、これら一連の強引な排除政策は、十分な成果を挙げることはなかった。強制的な移転計画は、ファベーラの住民から就業機会を奪うなどの不利益をもたらした。1974〜79年に脱ファベーラ計画で移転した人口も、全体の20％に過ぎなかった（IPPUC [2008b] 25）。むしろ、非正規占拠地域（ocupação irregulares）[11]と占拠人口が増加するという結果をもたらした（図7-3）。

　こうした失敗を踏まえ、1980年代の住宅政策では、ファベーラの居住環境の改善と宅地の提供が重視された。レルネル政権の1980年、「ファベーラ憲章」（Carta de Favela）作成が、クリチバの住宅政策の画期となった。同年、社会住宅特別セクター（Setores Especiais de Habitação de Interesse Social : SEHIS）が設定された。SEHIS は、すでに不法占拠された土地のほか、新たな地域に設定される場合もあった。後者は、川沿いなどの危険な地域を占拠して居住している住民の転出用地とされるケースもあった。いずれの場合も実質的には非正規占拠の合法化である。市政府は電気・水道など最低限のインフラ整備のみを請け負

---

10) クリチバ民衆住宅公社は、市政府が過半を出資する第三セクターである。1980年代までは国の住宅金融システムを利用していたが、その後90年に設立された市住宅基金（Fundo Municipal da Habitação: FMH　2007年に市社会住宅基金 Fundo Municipal de Habitação de Interesse Social: MHIS に再編）を運用するようになり、一定の所得以下の人々に住宅を供給している。
11) 非正規占拠地域とは、ブラジル地理統計院（IBGE）が定義する、通常でない状態の集住地域（aglomerados subnormais）のことである（Prefeitura Municipal de Curitiba [2008b] 76）。具体的には、51以上の住居から構成され、公有地ないし私有地を占拠し、多くの場合公共サービスが欠落しており、ファベーラもしくはファベーラとほぼ同じ状態の地域を指す（http://www.ibge.gov.br/home/presidencia/noticias/guia_do_censo_2010_glossario.php）。

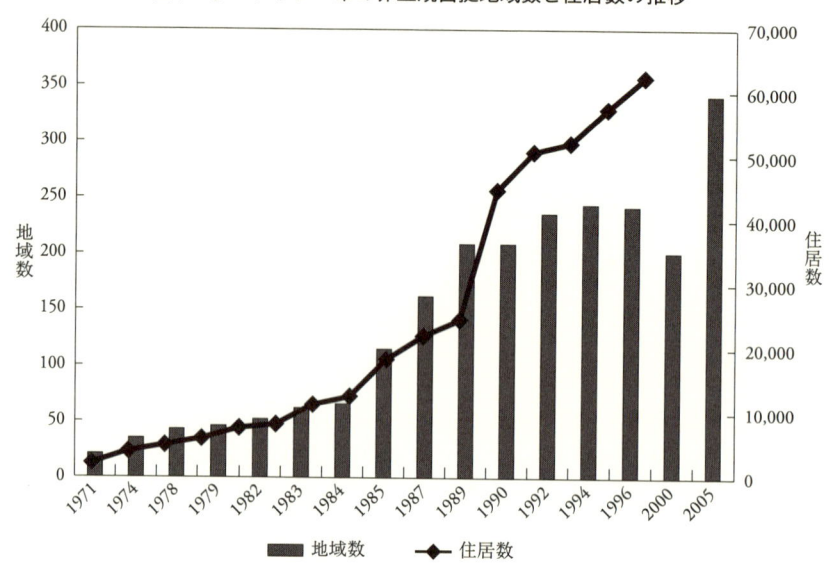

図7-3　クリチバ市の非正規占拠地域数と住居数の推移

出所：Prefeitura Municipal de Curitiba [2008] *Plano Municipal de Habitação de Interesse Social*, p. 77.

い，道路舗装はしない。住民は長期ローンで土地使用料を支払う。そこから他の地域に移転する場合，市が住宅を建設することもある。続くフルエット（M. Fruet）政権（1983〜86年）で策定された市住宅計画（1984年）も，ファベーラ住民への宅地分譲，ファベーラの規制および居住環境整備を目的としていた。

1980年代にはまた，低所得層向けの民衆住宅（habitação popular）の建設と供給が進んだ（IPPUC [2009] 372）。1990年には，民衆住宅の供給を強化するため，市住宅基金（Fundo Municipal de Habitação : FMH）が設立された。これらの施策は，低所得層に住宅を供給すると同時に，ファベーラの拡大を抑制しようとするものであった。

（2）工業都市

第一次レルネル政権（1971から74年）が1972年に設置したクリチバ工業都市

(Cidade Industrial de Curitiba : CIC) も，住宅政策の重要な要素である。これは，1966年のマスタープランにおける 4 つの開発軸に続く 5 番目の軸（Conectora 5）を設定し，その軸上に工業団地を建設する計画である。CIC は，工業誘致による雇用創造（産業政策）と，そこで働く労働者への住宅供給（住宅政策）の二つの機能を兼ね備えていた。つまり，雇用・所得の創造と住宅問題の解決の双方を同時に解決しようとする政策である。CIC は，工場排気による大気汚染が都心部に及ぶのを防ぐため，市の中心部から西方に10キロ離れた地点に設置された。面積は約43.7km^{2}で市の約10％を占める。うち27.6km^2（CIC 全体の63％）は緑地として残すことが定められた。ここにも，無秩序な開発を制御しようとするクリチバの都市政策理念が現れている。

　CIC は1973〜74年に造成され，75年に創業を開始した。国の工業再配置政策に沿い，進出企業には税制上の恩典措置が与えられた。運営は当初第三セクターのクリチバ開発会社（Companhia de Desenvolvimento de Curitiba S.A.）が担ったが，2007年にクリチバ開発公社（Agência Curitiba de Desenvolvimento S.A.）に引き継がれた。その目的は，市政府と私企業のパートナーシップによって企業誘致，インフラ整備，技術革新を促すことにあった。2007年には，進出企業6056社，うち工業1207社，商業2939社，サービス業1876社に達している[12]。これらの企業による直接雇用は 2 万8000人，間接雇用は 7 万9000人とされる。

　また CIC には，テクノパーク（Curitiba Tecnoparque），インキュベータ・パーク（Parque das Incubadoras de Curitiba），輸出促進プログラム（Curitiba Exporta），競争力センター（Núcleo da Competitividade）などの各種制度が設けられた。さらに CIC は，地区内の 2 つの病院，16の保健センター，36の託児所，23の学校，7 つの「知識の灯台」（Farol de Saber　後述）などを支援しており，地域の社会開発にも積極的に関わっている[13]。

12）こうした積極的な誘致政策によって，ニューホランド（農機），シーメンス，フィリップモリス，ボルボ，ボッシュ，日本電装など数多くの多国籍企業が進出した。
13）クリチバ開発公社ウェブサイト（http://www.agencia.curitiba.pr.gov.br/publico/conteudo.aspx?codigo=13）による（2011年1月16日閲覧）。

CICにおける住宅政策としては，工業地区住宅計画（Programa Habitacional da CIC）に基づき，180万m²に約1万6000戸の住宅が建設され，1982年に引き渡された。こうした工業誘致・住宅政策が多数の人口を呼び寄せ，CICの人口は2007年で17万4699人，クリチバ市の10％を占めるまでになった（IPPUCウェブサイト）。

（3）住宅政策と社会的包摂

 このようにクリチバでは，ファベーラの住民や低所得層に住宅を提供してきた。ファベーラについては，強制的な排除策の失敗を反省し，占拠を実質的に合法化した上で，住宅を安価で分譲する政策に転換していった。また低所得層向けには土地・住宅の分譲と並行して多数の集合住宅を建設した。他方，雇用創出と住宅政策を一体化したCICは，職住近接の一つのモデルとも言える。

 しかし，こうした政策にもかかわらず，クリチバでは依然として劣悪な住宅環境に暮らす人々が多い。ファベーラ，あるいはファベーラに近い非正規占拠地域や住宅の数も，絶対数では増加している（前掲図7-3）。非正規占拠地域・住居に住む人口の比率は，ブラジルの他の主要都市と大きくは変わらない。適切な住宅供給によって人々を社会に包摂するという目標はなお達成されてはいない。

 工業都市（CIC）政策の狙いは，雇用創出と住宅供給によって，都心部への無秩序な人口流入を抑制することにあった。つまり，CICを緩衝地帯として，都心部における都市問題の緩和が目指されたのである。しかし，CICに流入した人口の一部は失業者として滞留し，結果的にCICに低所得層が集中する事態ともなった。他方で，都心とCICを結ぶ5番目の開発軸上の土地は，政府と関係する大規模デベロッパーが取得し，長期にわたり利用されないまま放置された。その間に土地価格が上昇し，それらのエリアには高所得層向けの住宅地エコヴィレ（Ecoville）が開発された（Irazábel [2006] 78-79）。つまり，CICのなかで所得格差が広がった。

 CICに限らず，クリチバでは地域によって所得水準に大きな差がある。行政地区ごとに世帯主の所得水準をみると，最も高い市中心部の中央区地区（Matriz

世帯主数7万3112人）と，最も低い周辺部のバイフォ・ノーヴォ地区（Bairro Novo　同3万3745人）とでは，実に4.8倍もの差がある。中央区とCIC（同42167人）でも4.7倍の差がある（図7-4）。

また，クリチバ大都市圏にも，サンパウロなどで広く見られる要塞都市（gated city, gated community / condomínio fechado）が存在する。ブラジルにおいてもとりわけ1980年代以降，新自由主義的政策によって不動産市場が自由化され，都市計画が弱体化し，住宅政策における規制が軽視される傾向が強まった。そこに貧困や失業に起因する犯罪の増加，個人主義の高まりも相まって，経済的余裕のある人々はより安全で閉鎖的な居住環境を求めるようになり，高い塀で囲われた住宅群が建設されていった。公よりも私，共生よりも排除が都市を覆うことになった（Borsdorf and Hidalgo［2010］26）。クリチバ市北東のクリチバ大

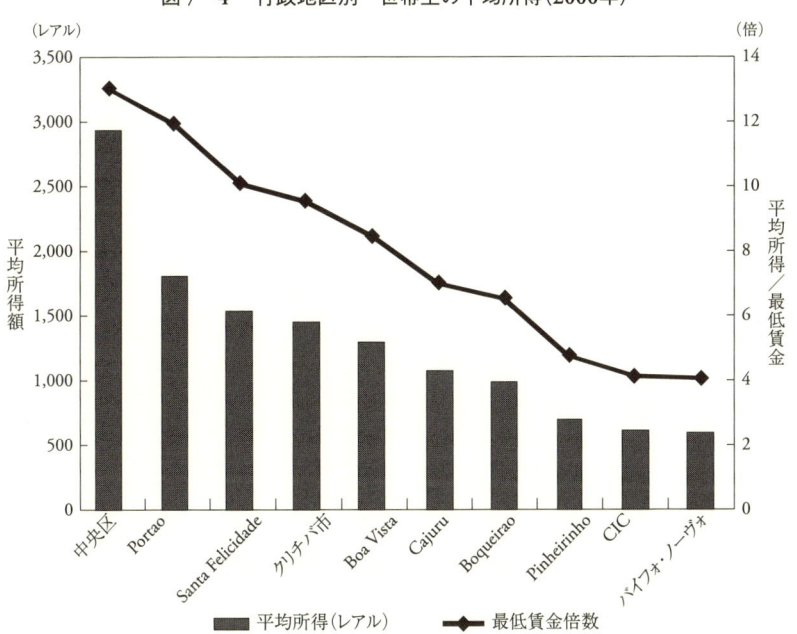

図7-4　行政地区別・世帯主の平均所得（2000年）

注：最低賃金：151.00レアル。
出所：IPPUC［2009］74.

都市圏にも，2002年にアルファヴィレ・グラシオーザ（Alpha Ville Graciosa），2003年にアルファヴィレ・ピネイロス（Alpha Ville Pinheiros）という二つの要塞都市が建設された[14]。いずれもサンパウロの建設会社が開発を担った。アルファヴィレ・グラシオーザには，瀟洒な住宅群のほか，ビジネスおよび商業スペースなどが併設されている（Irazábel [2006] 86）。サンパウロなどでは，同じ地域内に高級住宅とファベーラが混在する傾向がみられるが（Borsdorf and Hidalgo [2010]），クリチバでは所得水準によって居住地区が明確に分かれる二極化の傾向が強い。

4．社会政策

クリチバは社会政策においても，社会的包摂を目的とした革新的・先進的な政策を多数採用してきた。

（1）貧困・飢餓政策

1997年，クリチバ市政府はいくつかの貧困・飢餓対策プログラムを開始した。まず「家族買物袋プログラム」（Programa Sacolão da Família）は，市が中心部の中央区に常設市場（Mercado Municipal）を設置し，野菜・果物などを低価格で提供することで，低所得層の栄養改善を図るものである[15]。次に「市卸売」（Varejão Municipal）プログラムは，生産者向けに野菜・果物などの生鮮食料品の直売施設を設置し，流通を促すものである。同時に生産物の認証販売制度を設けることで，生産者の意識向上とともに市民の食生活の改善を目指した[16]。常設店舗「家族倉庫」（Armazém da Família）とバスによる移動販売「民衆市場」（Mercado Popular）は，低所得層向けの飢餓撲滅・貧困削減プログラムである。

---

14) アルファヴィレ（AlphaVille）とは，1970年代以降サンパウロ市郊外に建設され始めた，周囲を塀で囲まれた高所得層向けの住宅を指す。アルファはギリシャ語の最初の文字 Alpha から，ヴィレはフランス語の街 Ville からとったものである。したがってアルファヴィレは「ナンバーワンの街」を意味する。
15) 詳細はクリチバ市ウェブサイト（http://www.curitiba.pr.gov.br/conteudo/sacolao-smab-secretaria-municipal-do-abastecimento/247）を参照。

総所得1395レアル以下の世帯に対して，市場より30％安い価格で食料や衛生用品を提供している[17]。「民衆食堂」（Restaurante Popular）は栄養改善プログラムで，貧困から十分な栄養摂取ができずにいる人々に対して，1食1レアルで滋養のある食事を提供している[18]。

環境政策として始まったゴミ購入プログラムや「緑の交換」（Cambio Verde）プログラムも，貧困・飢餓政策としての役割をあわせもっている。1989年に開始されたゴミ購入プログラムは，行政によるゴミ収集がなく，衛生状態が悪化した地域において，住民が集めたゴミを市政府が買い取る制度である。特に，モッフォ[19]や河岸などの多くは非正規占拠地域となっており，ゴミ収集車が入れない状態にあるため，有効性が高い。住民への支払は現金ではなく食料の現物支給である。一方，「緑の交換」プログラムは，再利用可能な廃棄作物と食料を交換する制度である。このプロジェクトが開始された1991年当時，近郊農家は野菜，果物など，大量の余剰作物を抱えていた。そこで市政府はそれを環境政策および貧困・飢餓対策と結びつけたのである。対象となるのは最低賃金の3.5倍までの所得の世帯である。2011年の事例では，4キロの余剰作物と引き換えに1キロの野菜・果物を得ることができた（2リットルの油脂と交換することも可能）[20]。

これらのプログラムの設置・実施状況を行政地区ごとにみたのが表7-3である。公設市場と民衆食堂が中央区に置かれている以外は，周辺地域，所得が低い地域，交通などインフラが十分整備されていない地域で多く実施されている。

---

16) 同 前（http://www.curitiba.pr.gov.br/conteudo/varejao-smab-secretaria-municipal-do-abastecimento/248）。
17) 家族倉庫と民衆市場については，クリチバ市ウェブサイト（http://www.curitiba.pr.gov.br/servicos/cidadao/armazem-da-familia-e-mercadao-popular/42）および Perotto ［2010］を参照。
18) 詳細はクリチバ市ウェブサイト（http://www.curitiba.pr.gov.br/servicos/cidadao/restaurante-popular/949）参照。
19) モッフォ（morro）の原義は「丘陵」だが，ブラジルではしばしばファベーラと同義語として使われる。

表7-3 行政地区別・食料供給プログラムの実施件数(2008年)

行政地区／プログラム	家族倉庫	緑の交換	民衆市場*	家族買物袋	市卸売	合計
中央区(Matriz)	1	0	2	0	0	5**
ボケイラォ (Boqueirão)	4	6	3	3	0	10
カジュル(Cajuru)	3	15	7	1	1	12
ボア・ヴィスタ(Boa Vista)	4	12	7	2	0	13
サンタフェリダーデ(Santa Felicidade)	2	9	12	1	0	15
ポルタォ (Portão)	3	6	5	1	1	10
ピネイリーニョ (Pinheirinho)	4	12	4	1	0	9
バイフォ・ノーヴォ (Bairro Novo)	2	9	4	1	0	7
工業都市(CIC)	3	19	6	1	0	10
合計	26	88	50	11	2	91**

注：＊バス2台での移動販売を1ユニットとする数。
　　＊＊公設市場と民衆食堂各1を含む。
出所：IPPUC［2009］．

(2) 青少年政策

クリチバではすでに1960年代以降，計画的な教育政策が実施されてきた。その基準は，①学校までの距離を最大2kmとし，市民の教育へのアクセスを容易にする，②6～14歳のすべての児童に基礎教育を提供する，③基礎教育を2交代制にすることで普遍化に努める，というものであった。さらにレルネル市長下の1991年以降は，脆弱な環境に置かれている児童や青少年を対象に，社会・文化教育およびレジャーを提供する政策が講じられた。養育を放棄された子供や，総所得が最低賃金の3倍以下の世帯の子供を対象とした児童・青年統合プログラム（Programa Integrado da Infância e Adolescência : PIA）である。具体的には学校を拠点に，放課後の子供たちに居場所と学習の場を提供する形で行われた（おおよそ日本の放課後児童クラブなどにあたる）。また，PIAに先立って

---

20) クリチバ市食料供給部ウェブサイト（http://www.curitiba.pr.gov.br/conteudo/cambio-verde-smab-secretaria-municipal-do-abastecimento/246）による。なお，2007年の市の収集ゴミ全量約40万3000トンのうち，ゴミ購入プロジェクトの占める割合が0.87%，「緑の交換」が2.04%である。ほかに市民主体の収集・リサイクルプロジェクトとして「ゴミはゴミでない」（Lixo que não é lixo）があり，ゴミ全量に占める割合は2.04%である（IPPUC［2009］273）。

1990年に誕生した環境PIA（PIA Ambiental）は，環境教育およびファベーラの子供たちへの食事提供などを目的に非正規占拠地域に設置され，宗教団体との協定によって運営されるものであった[21]。

　1993年にレルネル市政を引き継いだグレカ市長（1993～97年）は，古代エジプトのファロス灯台（アレキサンドリア灯台）に想を得て，「知識の灯台」（Farol de Saber）と呼ばれる図書館の建設に着手した。建物の上部にはシンボルとして灯台型のタワーが設置された。1994年以降各地区に建設されたこの施設もまた，貧困層の子供たちに学習の場と居場所を提供した。PIA，「知識の灯台」はともに，教育の場として機能するだけではない。貧困にあえぐ児童や青少年が犯罪に走ったり，ストリートチルドレンになったりすることを防止し，若年時から社会に包摂するためのプログラムともなっている。

（3）母子衛生・社会扶助政策

　クリチバ市は母子衛生分野でも先進的な政策を実施してきた。1999年の「母親プログラム」（Pograma de Mãe）は，①家族計画，②産前・出産・産後の安全と健康，③乳幼児の健康衛生を目的としている[22]。資金は連邦政府の統一保健システム（SUS）[23]と市の財政から支出される。妊産婦手帳（Carteira de Pré-natal de Mãe）や乳幼児（5歳まで）健康手帳（Caderneta de Saúde da Criança）の交付，無料の母子相談・健診，緊急医療体制の整備など，きめ細かい医療・保健サービスが行われている。

　また，社会的に弱い立場に立たされた人々の支援を中心的に担っているのが，

21）PIAは市の児童局，環境PIAは環境局が管轄していたが，2003年に両者とも児童の保護，教育，環境教育を目的としたプログラムに統合され，教育局の管轄となった（http://www.fas.curitiba.pr.gov.br/conteudo.aspx?idf=203）。
22）詳細はPorto［2002］；Prefeitura Municipal de Curitiba［2010］参照。
23）統一保健システム（Sistema Único de Saúde：SUS）は，医療行政の地域分権，医療サービスの公正性と無償化，保健行政への住民参加などを原則としている。市や州が実施主体となり，SUSから補助を得て，予防接種や栄養改善のほか，母子保健，家族計画プログラムなどを行っている。

社会活動財団 (Fundação de Ação Social : FAS) である。FAS は，ブラジル国家社会扶助政策 (PNAS) および統一社会扶助システム (SUAS) の政策実行機関である[24]。組織発足は1991年であるが，1993年の条例第8155号によって FAS として再編された。社会的に脆弱な状況にある家族と個人のサポートを目的とし，NGO や NPO，前項でみた PIA とも連携しながら支援を実施している。具体的な活動内容は，貧困世帯への支援，ストリートチルドレンの社会復帰支援，児童虐待の防止，児童労働の抑制と就学支援，高齢者やハンディキャップをもつ人への支援など幅広い[25]。

(4) 社会政策と社会的包摂

本節でとりあげた貧困・飢餓政策，青少年政策，母子衛生・社会扶助政策は，住民の厚生向上と社会的包摂を目的とする。現実には，貧困，飢餓，不就学，児童労働，疾病などを要因として，社会からドロップアウトしてしまう人々がいまだ数多くいる。それを未然に防ぎ，行政が栄養，教育，健康の向上に責任をもつことで，人々の労働能力を高め，社会への参加を促すことが目指されている。クリチバはこのように多様な社会政策を通じて，市民の社会的包摂に取り組んできた。表7-4は，クリチバ市の主要な社会指標をみたものである。より包括的な人間開発指数だけでなく，所得，寿命，教育，児童，保健の各分野で指標は概ね改善してきている[26]。住宅環境に関しては，2-(1) で述べたように，社会住宅特別セクター (SEHIS) の設置やファベーラの環境整備によって，上下水道の普及が進んだことが特記できる。

---

[24] 国家社会扶助政策 (Política Nacional de Assistência Social: PNAS) は，1998年にカルドーゾ政権によって策定され，これに基づいて関連組織を統合再編した統一社会扶助システム (Sistema Único de Assistência Social: SUAS) が構築された。
[25] 詳細は FAS のウェブサイト (http://www.fas.curitiba.pr.gov.br) を参照。
[26] うち母子衛生に関しては，「クリチバ母親プログラム」のデータによれば，妊婦の死亡率は1999年の71‰から2009年には16‰に低下した。1歳未満の乳児死亡率は2009年に8.8‰に，幼児死亡率は10.7‰に低下した。さらに妊婦健診の普及によって，5歳未満の HIV/AIDs 感染件数は1999年の31件から2008年の2件へと減少した (Prefeitura Municipal de Curitiba [2010])。

表7-4 クリチバ市の主要社会指標

指標	1970	1980	1991	1999	2000	2010年頃
人間開発指数						
クリチバ市	0.713	0.760	0.799		0.856	0.823
パラナ州	0.440	0.700	0.711		0.787	
ブラジル	0.462	0.685	0.696		0.766	0.749
寿命・余命						
平均寿命	53.92	59.23	68.70		71.57	
乳児死亡率(‰)			30.17		20.92	8.79 (2011)
幼児死亡率(‰)			34.75		24.26	
教育						
15歳以上人口の非識字率(%)	9.00	7.70	5.49		3.38	2.13
25歳以上人口の8年以上就学率(%)			50.04		60.08	
就学前教育率(%)				41.54		32.33 (2004)
所得						
1人当たり家族所得(最低賃金倍数)	1.36	2.48	2.56		4.10	
ジニ係数			0.55		0.59	0.57
貧困人口比率(%) *			14.5		6.9	10.2
児童						
非就学児童(7-14歳)比率(%)	14.2	12.2	8.9			
児童労働(10-14歳)比率(%)	5.2	6.1	4.7			
保健・衛生						
上水保有住宅比率(%)	58.70	84.2	96.1		99.6	
下水保有住宅比率(%)	52.9	73.3	82.4			
1歳未満児童の三種混合・髄膜炎ワクチン接種率(%)				100.0		91.56 (2004)
6回以上受診妊婦比率(%)				65.73		79.85 (2004)

注:1人当たり所得が最低賃金の1/2未満の人口割合。
出所:IPPUC [2009];IPARDES [2013];IPPUC ウェブサイト (http://curitibaemdados.ippuc.org.br/Curitiba_em_dados_Pesquisa.htm) を基に筆者作成。

　しかし，社会的包摂の実現はなお不十分である。所得は増加しているが，分配は不公正である。ジニ係数は1991年の0.55から2000年の0.59へと悪化している[27]。人間開発指数は全国の中では高いが，ポルトアレグレ（リオグランデドスル州），フロリアノポリス（サンタカタリーナ州）など南部の州都に比べるといまだ劣っている。

5．市民の政治参加と社会的包摂

クリチバの都市政策を論じる際，しばしば行政の強いリーダーシップとともに市民参加の意義が強調される。クリチバの例に学ぶなら，市民の政治・政策への参加を保証することは，社会的包摂の重要な基礎だということになる。

ただし，この問題については議論が分かれている部分もある。ホーケンらは，幾多の都市問題に直面する開発途上国の町のなかで，クリチバが特異な成功例となった要因は，市民が都市政策の主体として尊重されたからだと述べる。ホーケンらによれば，総じて低コスト，小規模，単純で，地域に根ざしたプロジェクトを市民が主体となって提案し，それを責任感の強い行政が受けとめ，市場経済や地元の技術と巧みに結びつけたことがクリチバの成功の要因である。そしてそれが実を結んだのは，すべての市民（特に児童や青年）を，都市の未来を創造する貴重な存在として扱った町の姿勢による。すなわち，まずは市民からの政策提案があって，そこに行政の先見性と実践的な指導力，統合的な計画，市民と企業の積極的な参加，社会性に関するビジョンの共有といった要素がうまく結びついたことがクリチバの成功要因だとする（ホーケンほか [2001] 456-457）。

これに対して，クリチバの成功要因は主に市政府の強いリーダーシップによるものであり，市民参加は重要ではなかったとする議論がある。ムーアは，3期にわたってクリチバ市長を務めたレルネルの政治姿勢を「有能な家父長主義（パターナリズム）」[28]とし，住民はレルネルにとって「市民」ではなく「顧客」であったとしている（Moore [2007] 79-81）[29]。加えて，レルネル政権期に都市開発に関わった建築家ロドルフォ・ラミーナの発言を引いて，「レルネルと

---

27) ブラジル全国のジニ係数は，1990年が0.614，2001年が0.596であった（http://www.ipeadata.gov.br）。
28) 有能なパターナリズム（effective paternalism）という表現はMckibben [1995] によるものである。
29) 山崎もまた，クリチバの発展は民主化や住民自治によるものではなく，地方行政（市長と優秀な行政スタッフ）による「賢人主導」によって実現したとする（山崎 [2011] 232）。

そのチームは市場（企業）に信頼を置いており，市民参加には懐疑的だった」としている (*Ibid.*, 81)[30]。

ムーアはまた，クリチバの都市政策が統合的な計画に基づいて実施されたというホーケンらの理解にも異を唱え，むしろそれは場当たり的 (ad-hoc) なものであったと述べる (*Ibid.*, 84)。一方シュワルツは，クリチバの成功要因は，統合的計画よりも個々のビジョンとその確実な実行，実施過程で政策の内容を柔軟に改善していく発見的解決法にあったと述べている。同時に，政策の立案や実施に関わったのは都市計画の専門家や経済学者など少数の人々であり，一般市民は関心を示していなかったとしている (Schwartz [2004] 4-5)。

確かに，ムーアやシュワルツの議論にも一理はある。例えば，市中心部を走る「11月15日通り」（ブラジルの共和制宣言記念日に因む）の歩行者専用道路化は，クリチバの都市計画の目玉ともいえるものであるが，これはレルネルの強いリーダーシップによって進められた政策だった。レルネルは，都市は車ではなく人のためにあるとの考えから，1972年に「11月15日通り」からの車の排除を決行した。それは市民の同意を得ずに行われた。客足に響くと反発する商店主たちに対して，その場合は道路を元通りにすると約束して強行した。多くの店が閉まる週末に，警官を動員して警備体制を敷き，48時間で歩行者専用道路への改装を完了させた。今日この通りは「花通り」と呼ばれ，多くの買い物客や市民が集う場となっている。

クリチバに限らず，都市が抱える問題は多様である。それらの解決のために政策を立案し，個々のプロジェクトを実行に移す際には，さまざまな利害対立が生じる。財政に制約があれば，政策やプロジェクトを縮小したり，内容や優先順位を変更せざるをえず，それが利害対立をさらに先鋭化させる場合もある。市民・民間の複雑な利害が絡む都市政策においては，行政の高い能力と強い

---

30) 第2章で述べたように，ブラジルでは多くの都市で参加型予算が導入されている。しかしクリチバ市では，参加型予算に積極的な労働者党の市長を含め，参加型予算を採用しなかった。唯一，クリチバ大都市圏のピーニャス Pinhas 市で，2009年に労働者党市長のアルベス (Luiz G. Alves) が参加型予算を導入した。

リーダーシップが必然的に要求される。市民の参加が重要であることは論をまたないが，スケールの大きな都市計画において，実務面で行政の役割が大きいことは否めない。都市計画を専門とする建築家でもあり，強いリーダーシップをもつレルネルは，そのような要求に合致した市長だったと言える。ただし，当然ながら，トップダウンの都市政策が正統性をもつには，地域性に即した優れた内容と確実な実現性が求められる。レルネルは，「改善に向けて目に見える変化があれば，市民の希望をつなぎとめることができる」と考えていた（ホーケンほか［2001］471）。

　一方，クリチバの都市計画に統合性がなかったという指摘は必ずしも当たっていないと思われる。レルネルの都市政策の多くはマスタープランに沿ったものである。確かにその実施に際しては，シュワルツが述べているように，臨機応変の柔軟性があった。しかし，そこには明らかに，「包括的で調和のとれた開発」，「クリチバ大都市圏におけるコミュニティの生活水準向上」というマスタープランの理念（＝都市計画の統合性）が貫かれている。例えば「緑の交換」は，ゴミのリサイクル，貧困・飢餓対策，余剰作物の有効利用など，複数の機能をもったプログラムであるが，そのような多機能性が事前にデザインされていたわけではない。しかしかといって，「場当たり的」にプログラムがつなぎ合わされたわけではない。「包括的で調和のとれた開発」と「コミュニティの生活水準向上」を目指すプログラムが，有機的に連結した結果と言える。いわば，クリチバの都市政策の成功要因は，開発理念とプラグマティズムの結合にある。

むすび

　最後に，クリチバの都市政策の経験がもつ政策的含意を考えてみたい。クリチバの都市政策は，基本的には1960年代に作成されたマスタープランに沿って策定されたものであった。このマスタープランをベースに，急速な都市化と人口増加のなかで，公共交通システム，ゾーニング，ファベーラ対策などハード面だけでなく，貧困・飢餓，青少年・児童，母子衛生などの分野においても，革新的で先駆的な政策を多数実施してきた。そしてその背景には社会的包摂の

理念があった。

　しかし，クリチバはなお多くの課題に直面している。国内の他の大都市同様，貧困，格差，スラムなどの社会問題を抱え，社会的包摂の実現にはいまだほど遠い。公共交通が発達している一方で，乗用車への依存度は依然として高い。高い塀で囲われた要塞都市と，劣悪な環境に苦しむ非正規占拠地域の格差も激しい。また，政策の立案実行がトップダウンで強権的な面があり，それでうまくいった部分もあるにせよ，市民参加が不足しているのも事実である。個々の政策やプログラムが場当たり的にならないよう，常にマスタープランや社会的包摂の理念とのすり合わせを行うことも必要であろう。

　クリチバが他の都市と異なるのは，何よりも，都市が抱える問題を早くから認識し，都市計画に果敢に挑んできた点にある。今後は，行政のリーダーシップのみに依存することなく，市民，民間企業，NGO，NPOなど，町に存在する多様な組織や制度もまた都市計画に参加しうるようなシステムを整備することが求められる。優れた都市政策を可能とするのは，賢明な政府と賢明な市民による「共同統治」(Evans [1996]) である。クリチバの都市政策への挑戦は，良き共同統治を目指す世界中の都市に多くの示唆を与えうる。

あとがき

　本書は、ここ数年書きためてきたブラジルの開発に関する論文を加筆修正し、2本の書き下ろしを加えてまとめたものである。転載をご快諾いただいた関係各位にお礼を申し上げたい。初出は次の通りである。

- 第1章：「国家、市場を社会に埋めこむ――ブラジルにおける多元的社会創造への挑戦」、野村亨・山本純一編『グローバル・ナショナル・ローカルの現在』慶應義塾大学出版会、2009年11月。
- 第2章：「ブラジル・ポルトアレグレの参加型予算」、『海外事情』第52巻12号（2004年12月）、「ブラジル・ベロオリゾンテ市の参加型予算――制限された市民参加と競争的統治」、『立命館経済学』第59巻6号（2011年3月）。
- 第3章：書き下ろし。
- 第4章：「CSRと企業の社会的統治――ブラジルの事例」、田島英一・山本純一編『協働体主義――中間組織が開くオルタナティブ』慶應義塾大学出版会、2009年11月。
- 第5章：書き下ろし。
- 第6章：「ブラジルの労使関係――グローバル化と制度改革」、『アジア経済』第40巻8号（1999年8月）。
- 第7章：「ブラジル・クリチバの都市政策と社会的包摂」、『立命館経済学』第61巻1号（2012年5月）。

　本書の出版にあたっては、立命館大学の学術図書出版推進プログラムの助成を受けた。ご支援に厚くお礼を申し上げたい。また、出版事情が厳しいなかで本書の出版をお引き受けいただいた新評論にお礼を申し上げたい。同社編集長の山田洋さんには、以前から単著の刊行を勧められていたが、筆者の努力不足

でなかなか実現しなかった。それでも忍耐強く待って下さった。同社編集部の吉住亜矢さんは，雑事に追われ，体調も優れない筆者を見守り，推敲が不十分であった原稿を丹念に読んで下さった。吉住さんは本書の共著者のような存在である。お二人に心から感謝したい。

＊　　＊　　＊

　本書のテーマは，広い意味では開発の制度の枠組みとその将来像である。これは西島章次さん（元神戸大学教授）とともに研究を始めた課題であった。筆者はすでに西島さんとの共編著『市場と政府——ラテンアメリカの新たな開発枠組み』（アジア経済研究所，1997年）で，「市場か国家か」という従来の二者択一的な議論ではなく，市場と国家を相補的な制度として考える必要性を強調していた。その意味でこのテーマは筆者にとって，20年来の課題ということになる。

　こうした開発の制度をめぐる議論は，ラテンアメリカあるいは開発途上国だけでなく，日本を含めた先進国においても論じられるべきものである。開発をそのように地球規模で捉えたうえで，世界に先んじて新自由主義の洗礼を受けたラテンアメリカから日本を照射するという課題については，佐野誠さん（元新潟大学教授）らとともに研究を重ねた。その成果は，最も早い時期から日本の構造改革を批判してこられた経済評論家の内橋克人さんにもご参加いただき，筆者も共同編集代表に名を連ねて，シリーズ〈「失われた10年」を超えて——ラテン・アメリカの教訓〉（新評論，全3巻，2005〜10年）として公刊することができた。

　西島さん，佐野さんは，それぞれディシプリンは異なるものの，ともにラテンアメリカ研究を通じて経済のあるべき姿を追求した学者であった。そのお二人が，2012年から13年にかけて相次いで逝去された。筆者を含めたラテンアメリカ研究者のもとには，深い悲しみとともに，開発の新たなモデルを探り続けるという課題が残された。本書はその課題を究めることからはほど遠く，もし読んでもらうことができたなら，お叱りと厳しい批判を受けそうである。それでも，願わくは西島さん，佐野さんが示してくれた研究への姿勢を，筆者も受

け継いでいきたいと思っている。ご冥福を改めて祈るとともに，本書をお二人に捧げたい。

2014年2月

小池洋一

参考文献

◎第1章

Amsden, Alice H. [1989] *Asia' New Giant: South Korea and Late Industrialization*, New York: Oxford University Press.

Bonelli, Regis e Julia Fontes [2013] "Desafios brasileiros no longo prazo," *Texto para Discussção* (IBRE, FGV), maio.

Bresser Pereira, Luiz Carlos [1998] *Reforma do estado para a cidadania: a reforma gerencial brasileira na perspectiva internacional*, São Paulo: Editora 34.

Bresser Pereira, Luiz Carlos [2001] "Uma nova gestão para um novo estado: liberal, social e repblicano," *Revista do Serviço Público*, Vol. 52, No. 1.（田中祐二訳「新しい国家のための管理──社会自由主義共和制」,『立命館大学経済学』58巻5・6号）

Calinicos, Alex T. [2003] *Anti-Capitalist Manifesto*, Oxford: Blackwell Publishing Ltd.（渡辺雅男・渡辺景子訳『アンチ資本主義宣言──グローバリゼーションに挑む』こぶし書房, 2004年）

Campello, Tereza e Marcelo Cortês Neri orgs. [2013] *Programa bolsa família: Uma década de inclusão e cidadania*, Brasília: IPEA.

Castro, Jorge Abranhão de e outros [2012] "Gasto social federal: prioridade macroeconômica no período 1995-2010," *Nota Técnica* (IPEA), No. 9, Brasília: IPEA.

Evans, Peter [1995] *Embedded Autonomy: State and Industrial Transformation*, Princeton: Princeton University Press.

Fiszbein, Ariel et al. [2009] *Conditional Cash Transfer : Reducing Present and Future Poverty*, Washington D.C.: World Bank.

Giddens, Anthony [1998] *The Third Way*, London: Policy Press（佐和隆光訳『第三の道──効率と公正の新たな同盟』日本経済新聞社, 1999年）.

Jessop, Bob [1994] "Post-Fordism and the State," in Ash Amin, ed., *Post-Fordism A Reader*, Oxford & Cambridge: Blackwell.

Nascimento, Caladio [2004] "A autogestão e novo cooperatismo," *Texto para Discussão*（Ministério do Trabalho e Emprego）.

Singer, Paulo [2002] *Introdução à economia solidária*, São Paulo: Editora Fundação Perseu Abramo.

Tomkins, R. [2001] "When Caring is a Good Investment," *Financial Times*, 5 October.

Utzig, José Eduardo [n.d.] "Participatory budgeting of Porto Alegre: A Discussion in the Light of the Principle of Democratic Legitimacy and Criterion of Governance Performance," Washington

D.C.: World Bank.
Wade, Robert [1990] *Governing the Market: Economic Theory and the Role of Government in the East Asian Industrialization*, Princeton: Princeton University Press.
内橋克人 [1995] 『共生の大地——新しい経済がはじまる』岩波書店。
金子勝 [1999] 『市場』岩波書店。
柄谷行人 [2000] 『可能なるコミュニズム』太田出版。
小池洋一 [2003] 「自由と公平——ブラジルの経済改革」, 『ラテンアメリカ・レポート』 Vol. 20, No. 2, 11月。
小池洋一・西島章次編 [1997] 『市場と政府——ラテンアメリカの開発の新たな枠組み』アジア経済研究所。
篠原一 [2004] 『市民の政治学——討議デモクラシーとは何か』岩波書店。
西島章次 [2011] 「グローバリゼーションと市場自由化」, 西島章次・小池洋一編 『現代ラテン経済論』, ミネルヴァ書房。
西島章次・浜口伸明 [2010] 『ブラジルにおける経済自由化の実証研究』神戸大学経済経営研究所。
浜口伸明 [2007] 「ボルサ・ファミリア——ブラジル・ルーラ政権の貧困政策」, 『海外事情』55巻2号, 2月。
堀坂浩太郎 [1998] 「ブラジルの民営化・民活化」, 堀坂浩太郎・細野昭雄・長銀総合研究所編 『ラテンアメリカ民営化論——先行的経験と企業社会の変化』日本評論社。

◎第2章
Abers, Rebecca Neaera [2000] *Inventing Local Democracy: Grassroots Politics in Brazil*, Boulder, Colorado & London: Lynne Rienner Publishers.
Ackerman, John [2003] "Co-Governance for Accountability : Beyond 'Exit' and 'Voice'," *World Development*, Vol. 32, No. 3.
Avritzer, Leonardo [2009] *Participatory Institutions in Democratic Brazil*, Baltimore: The John Hopkins University Press.
Avrirzer, Leonardo and Brian Wampler cords. [2008] "The Expansion of Participatory Budgeting in Brazil: An Analysis of the Successful Cases Based upon Design and Socio-Economic Indicators," Belo Horizonte.
Baiocchi, Gianpaolo [2001] "Participation, Activism, and Politics: The Porto Alegre Experiment and Deliberative Democratic Theory," *Politics & Society*, Vol. 29, No. 1, March.
Baiocchi, Gianpaolo [2003] "Participation, Activism, and Politics: The Porto Alegre Experiment," in Archon Fung and Erik Olin Wright eds., *Deepening democracy: Institutional Innovations in Empowered Participatory Governance*, London & New York: Verso.
Evans, Peter [1996a] "Introduction: Development Strategies across the Public-Private Divide," *World*

Development, Vol. 24, No. 6.

Evans, Peter [1996b] "Government Action, Social Capital and Development: Reviewing the Evidence on Synergy," *World Development*, Vol. 24, No. 6.

Evans, Peter [2004] "Development as Institutional Change: Pitfall of Monocropping and the Potentials of Deliberation," *Studies in Comparative International Development*, Vol. 38, No. 4, Winter.

Fedozzi, Luciano [2007] *Observando o orçamento participativo de Porto Alegre: análise histórica de dados: perfil social e associativo, avaliação e expectativas*, Porto Alegre: Tomo Editora.

Fedozzi, Luciano, Adriana Furtado, Carlos Eduardo Gomes Macedo, Cidriana Parenza e Valencia Dozolina Sartoni Bassani [2012] "Observando o orçamento participativo de Porto Alegre: perfil social e associativo, avaliação, formação de uma cultura política democrática e possíveis inovações," Observa POA e UFRGs.

Genro, Tarso [1997] "O Orçamento participativo e a democracia," em Tarso Genro e Ubiratan de Souza, *O orçamento participativo: A experiência de Porto Alegre*," São Paulo: Editora Fudação Perseu Abramo.

Hirschman, Albert O. [1970] *Exit, Voice, and Loyalty: Responses to Decline in Firms, Organizations, and States*, Cambridge: Harvard University Press（矢野修一訳『離脱・発言・忠誠——企業・組織・国家における衰退への反応』ミネルヴァ書房，2005年）

Nabuco, Ana Luiza, Ana Lúcia Macedo e Rodrigo Nunes Macedo Ferreira [2009] "A experiência do orçamento participativo digital em Belo Horizonte: o uso das novas tecnologia no fortalecimento da democracia participativa," *Informática Pública*, ano 11(1).

Nylen, William R. [2002] "Testing the Empowerment Thesis: The Participatory Budget in Belo Horizonte and Betim, Brazil," *Comparative Politics*, Vol. 34, No. 2, January.

OECD/DAC [1993] "DAC Orientations on Participatory Development and Good Governance," Paris: OECD/DAC, January.

Prefeitura Municipal de Belo Horizonte coord. [2007] "Estudo de caso: instrumentos de articulação entre planejamento territorial e orçamento participativo," Belo Horizonte.

Prefeitura Municipal de Belo Horizonte [n.d.1] "Transformer BH é uma escolha a sua," Belo Horizonte.

Prefeitura Municipal de Belo Horizonte [n.d.2] "Participatory Budgeting in Belo Horizonte Fifteen Years."

Prefeitura Municipal de Porto Alegre [2004] "Títulos e conquistas: 16 anos de administração popular."

Prefeitura Municipal de Porto Alegre [2012a] "Orçamento participativo (OP) de Porto Alegre-Rio Grande do Sul- Brasil: Dados quantitativos para o relatório do observatório global da descentalizaçao e democracia (GOLD)."

Prefeitura Municipal de Porto Alegre [2012b] *Anuário estatístico 2012*.

Reuben, William e outros [2008] "Rumo a um orçamento participativo: mais inclusivo e efetivo em

Porto Alegre," Banco Mundial.
Shah, Anwar, ed. [2007] *Participatory Budgeting*, Washington D.C.: World Bank.
Wampler, Brian [2004] "Expanding Accountability through Participatory Institutions: Mayors, Citizens, and Budgeting in Tree Brazilian Municipalities," *Latin American Politics and Society*, Vol. 46, No. 2, Summer.
Wampler, Brian [2007a] *Participatory Budgeting in Brazil: Contestation, Cooperation, and Accountability*, University Park, PA: The Pennsylvania State University Press.
Wampler, Brian [2007b] "A Guide to Participatory Budgeting," in Shah [2007].
Wood, Terence and Warwick E. Murray [2007] "Participatory Democracy in Brazil and Local Geographies: Porto Alegre and Belo Horizonte Compared," *European Review of Latin American and Caribbean Studies*, No. 83, October.
出岡直也［2012］「参加型予算（ブラジル，ポルト・アレグレ市——大規模政治体における民衆集会的政治の可能性）」，篠原一編『討議デモクラシーの挑戦——ミニ・パブリックスが拓く新しい政治』岩波書店。
小池洋一［2011］「ブラジル・ベロオリゾンテの参加型予算——制限された市民参加と競争的統治」『立命館大学経済学』，59巻6号，3月。
小池洋一［2004］「ブラジル・ポルトアレグレの参加型予算——グッドガバナンスと民主主義の深化」，『海外事情』52巻12号，12月。
松下冽［2006］「ブラジルにおける参加・民主主義・権力——労働者党とローカル政府への参加型政策」，『立命館国際研究』18巻3号，3月。
矢谷通朗編訳［1991］『ブラジル連邦共和国憲法1988年』アジア経済研究所。
山崎圭一［2009］「ブラジルの都市自治の新手法——『参加型予算』の動向と課題」，住田育法監修／萩原八郎・田所清克・山崎圭一編『ブラジルの都市問題——貧困と格差を越えて』春風社。

◎第3章
ANTEAG（Associação Nacional de Trabalhadores em Empresas de Autogestão e de Participação Acionária）［2004］*Autogestão e economia solidária : uma nova metodologia*, São Paulo: ANTEAG.
ANTEAG org.［2009］*Atlas da Economia Solidária no Brasil 2005-2007*, São Paulo: N.T. Mendes Editora.
Cáritas Brasileira［2003］*20 anos de economia popular solidária*, Brasília: Cáritas Brasileira.
Culti, Maria Nezilda［2003］"O cooperativismo popular no Brasil: importância e representatividade," Trabalho apresentado no Tercer Congreso Europeu de Latinoamericanistas, em Amsterdam-Horanda, 3-6 de julho.
FBES（Forum Brasileiro de Economia Solidária）［n.d.1］"Trajetória do movimento da economia solidária: do Fórum Social Mundial ao Forum Brasileiro de Economia Solidária, Brasília.

FBES [n.d.2] "Campanha pela lei da economia solidária" , Brasília.

Gaiger, Luiz Inácio [2003] "A economia solidária frente a novos horizontes," mimeo, julho.

Gaiger, Luiz Inácio, org. [2004] *Sentidos e experiências da economia solidária no Brasil*, Porto Alegre : Editora da UFRGS.

Henrique, Flávio Chedid [2013] "Empresas recuperadas por trabalhodores no Brasil e na Algentina," Tese apresentado ao Curso de Doutorado de Programa de Pós-Graduação em Planejamento Urbano e Regional da Universidade Federal do Rio de Janeiro.

Instituto Palmas (Instituto Palmas de Desencolvimento e Socioeconomia Solidária) [2013] *Relátorio Anual 2012*, Fortaleza.

Instituto Palmas & NESOL-USP, orgs. [2013] *Banco Palmas 15 Anos: Resistindo e Inovando*, Vol. 1, São Paulo: A9 Editora.

IPECE (Instituto de Pesquisa e Estratégia Econômica do Ceará) [2012a] *IPECE Informe*, No. 42, outubro.

IPECE [2012b] *IPECE Informe*, No. 43, novembro.

Juvenal, Thais Linhares [2006] "Empresas recuperadas por trabalhadores em regime de autogestão: reflexões à luz do caso brasileiro," *Revista do BNDES*, Vol. 13, No. 26.

Laville, Jean-Louis [2007] *L'économie solidaire: une perspective internationale*, Paris: Hachette Littératures, "Pluriel".

Lechat, Noëlle [2009] "Organizing for the Solidarity Economy in South Brazil," in Ash Amin, ed., *The Social Economy: International Perspectives on Economic Solidarity*, London & New York: Zed Books.

Lipietz, Alain [2001] *Pour le tiers secteur, l'économie sociale et solidaire: pourquoi et comment*, La Documentation française / La Découverte.

Morais, Leandro e Adrino Borge [2010] *Novo paradigmas de produção e consumo: Experiências e inovadoras*, São Paulo: Instituto Pólis.

Nascimento, Caladio [2004] "A autogestão e novo cooperativismo," *Texto para Discussão*, Ministério do Trabalho e Emprego.

Neiva, Augusto Câmara, Juliana Braz, Diogo Jamra Tsukumo and Joaquim Melo [2013] "Solidarity Finance and Public Policy: The Brazilian Experience of Community Development Banks," *Working Paper* (The United Nations Non-Governmental Liaison Service).

Pires, Aline Suelen [2011] "As fábricas recuperadas no Brasil: A autogestão entre a teoria e a prática," artigo apresentado no XV Congresso Brasileiro de Sociologia, 26 a 29 de julho de 2011, Curitiba, PR.

RTS (Rede de Tecnologia Social) [2011] *Relatório de seis anos da RTS*, Brasília.

Schochet, V. [2006] "Empresas recuperadas no Brasil: um retrato a partir do Sistema Nacional de Informação em Economia Solidária", Brasília : SENAES.

SENAES（Secretáris Nacional de Economia Solidária）[2012] *Avanços e desafios para as políticas públicas de economia solidária no Governo Federal 2003/2010*, Brasília: SENAES.
SENAES [2013] *Boletim acontece SENAES*, Edição Especial.
Singer, Paulo [2002] *Introdução à economia solidária*, São Paulo: Editora Fundação Perseu Abramo.
Souza, Maria Carolina de Azevedo Ferreira e outros [2003] "Incuvadora tecnológica de cooperativas: ITCP x Incuvadora Tecnológicas de Base Tecnológica, artigo apresentado no Altec, Cidade de México, 22-24 de outubro.
北島健一 [2004]「フランスにおける『社会的経済』と『連帯経済』」,『社会運動』No. 292, 7月。
松尾匡 [2001]『近代の復権——マルクスの近代観から見た現代資本主義とアソシエーション』晃洋書房。

◎第4章
ABRAPP（Associação Brasileira das Entidade Fechadas de Previdência Complementar）[2008] *Consolidado estatístico*, maio.
BVSA（Bolsa de Valores Sociais e Ambientais）[2013] *Notícias*, 20 de maio.
BVSA [n.d.] "Regulamento."
Caló, Beth [2003] "Ética, responsabilidade social e lucros: a lógica de bem," *Conjuntura Econômica*, Vol. 57, No. 6, junho.
FIESP（Federação das Indústrias do Estado de São Paulo）=CIESP（Centro das Indústrias do Estado de São Paulo）[2003] "Resposabilidade social empresarial: panorama e perspectivas na indústria paulista."
Instituto Ethos（Instituto Ethos de Empresas e Responsabilidade Social）[2003] *Social, Racial and Gender Profile of the 500 Brazilian Largest Companies and Their Affirmative Actions*.
Instituto Ethos [2004a] "Indicadores Ethos de responsabilidade social empresarial 2004."
Instituto Ethos [2004b] "Guia de compatibilidade de ferramentas 2004."
Instituto Ethos [2004c] "Guia de elaboração do balanço social 2004."
Instituto Ethos [2007] "Guia para elaboração de balanço social e relatório de sustetabilidade 2007."
IPEA（Instituto de Pesquisa Econômica Aplicada）[2006] "A iniciativa privada e o espírito público: a evolução da ação social das empresas privadas no Brasil."
Lourenço, Alex Guimarães e Deborah de Souza Schöder [2003] "Vale investir em responsabilidade social empresarial? Stakeholders, ganhos e perdas," em Instituto Ethos, ed., *Responsabilidade social das empresas: a contribuição das universidades*, Vol. 2, São Paulo: Editora Petrópolis.
Sucupira, João [2003] "Resposabilidade social das empresas," 27 de agosto, www.balancosocial.org.br/
Zandee, Danielle [2004] "BOVESPA and the Social Stock Exchange: Mobilizing the Financial Market for Development," The Global Compact Office, United Nations.

出見世信之［2004］「CSRとステイクホルダー」，谷本寛治編著『CSR経営——企業の社会的責任とステイクホルダー』中央経済社。
小池洋一［2008］「ブラジル：産業発展と社会的包摂」，岡田亜弥・山田肖子・吉田和浩編『産業スキルディベロプメント：グローバル化と途上国の人材育成』日本評論社。
神野直彦［2004］「新しい市民社会の形成——官から民への分権」，神野直彦・澤井安勇編著『ソーシャル・ガバナンス——新しい分権・市民社会の構図』東洋経済新報社。
谷本寛治［2005］「持続可能な発展と求められる企業の社会的責任（CSR）」，『グローバリゼーションと企業の社会的責任——主に労働と人権の領域を中心として』労働政策研究・研修機構。
ブラジル日本商工会議所編［2005］『現代ブラジル事典』新評論。
矢谷通朗，カズオ・ワタナベ，二宮正人編［1994］『ブラジル開発法の諸相』アジア経済研究所。

◎第5章
ABICARÇADOS（Associação Brasileira das Indústrias de Calçados）［2012］"Indústria de carçados do Brasil 2012," Nova Hamburgo.
Amin, Ash and Nigel Robins［1992］"Neo-Marshallian Nodes in the Global Networks," *International Journal of Urban and Regional Research*, Vol. 16, No. 4.
Rodríguez, Ángela, Luz, María Elisa Bernal e Luis Mauricio Cuervo［2011］"Innovación social y desarrollo económico local," *Serie Políticas Sociales*, No. 170.
Bernardes, Roberto e Marcelo Pinho［2002］"Aglomeração e aprendizado na rede de fornecedores locais da Embraer," Projeto de Pesquisa e Sistemas Produtivos Locais e as Novas Políticas de Dsenvolvimento Industrial e Tecnológico, IE/UFRJ.
Britto, Jorge［2000］"Características estruturais dos clusters industriais na economia brasileira," Projeto de Pesquisa e Sistemas Podutivos Locais e as Novas Políticas de Dsenvolvimento Industrial e Tecnológico, IE/UFRJ.
Cano, Wilson e Ana Lucia Gonçalves da Silva［2010］"Política industrial do governo Lula," *Texto para Discussão*（*IE/UNICAMP*）, No. 181.
Campos, Renato Ramos, Fabio Stallivieri, Marcos Antônio Vargas e Marcelo Matos orgs.［2010］*Política estaduais para arranjos produtivos locais no Sul, Sudeste e Centro-Oeste do Brasil*, Rio de Janeiro: E-papers.
Campos, Renato Ramos, Marco Antonio Vargas e Fabio Stallivieri［2010］"As experiências estaduais de políticas para arranjos produtivos locais," em Campos e outros［2010］.
Cassiolato, José Eduardo e Helena M.M. Lastre eds.［1999］*Globalização & inovação localizada: experiências de sistemas locais no Mercosul*, Brasília, IBICT/MCT.
Cooke, Philip, Hans-Joachim Braczyk and Martin Heidenreich eds.［1998］*Regional Innovation*

Systems: *The Role of Governance in a Globalized World*, London: CLL Press.

Erber, F. S. [1991] "A política industial e comércio exterior: uma avaliação," *Perspectiva da Economia Brasileira 1992*, Brasília: IPEA.

Farfus, Daniele e Maria Cristina de Souza Rocha [2007] "Inovação social: um conceito em construção," em Daniele Farfus e outros orgs., *Inovações sociais*, Curitiba: Federação das Indústrias do Estado do Paraná.

Florida, Richard [1995] "Toward the Learning Region," *Futures*, Vol. 27, No. 5, June.

Freeman, Christopher [1995] "The National System of Innovation in Historical Perspective," *Cambridge Journal of Economics*, No. 19.

Gereffi, Gary and Raphael Kaplinsky eds. [2001] *IDS Bulletin*, No. 32, No. 3, July (Special Edition on The Value of Value Chains: Spreading the Gains from Globalization).

Gereffi, Gary and Miguel Korzeniewics [1994] *Commodity Chains and Global Capitalism*, London: Praeger.

Goldstein, Andrea [2002] "EMBRAER: de campeón nacional a julgador global," *Revisita CEPAL*, No. 77, agosto.

GTPAPL (Grupo de Trabalho Permanente para Arranjos Produtivos Locais) [2006] "Manual de apoio aos arranjos produtivos locais," Brasília: MDIC.

Hobday, Michael [1995] *Innovation in East Asia: The Challenge to Japan*, Aldershot, England: Edward Elgar Publishing Ltd.

Kaplinsky, Raphael [2000] "Spreading the Gains from Globalization: What Can Be Learned from Value Chain Analysis," *IDS Working Paper*, No. 110.

Kline, Stephan and Nathan Rosenberg [1986] "An Overview of Innovation," in Ralph Lamdau eds., *The Positive Sum Strategy*, Washington D.C.: National Academy Press.

Lastres, Helena M. M. e José E. Cassiolato coord. [2003] "Glossário de arranjos e sistemas produtivos locais," Rio de Janeiro, Rede de Pesquisa em Sistemas Produtivos e Inovativos Locais, Instituto de Economia, Universidade Federal do Rio de Janeiro.

Lundvall, Bengt-Åke ed. [1992] *National Innovation Systems: Towards a Theory of Innovation and Interactive Learning*, London: Pinter.

Moreira, Maurício Mesquita [1998] "A First Look at the Impacts of Trade Liberalization on the Brazilian Manufacturing Industry," mimeo, Rio de Janeiro: BNDES.

Mulgan, Geoff [2012] "The Theoretical Foundations of Social Innovation," in Alex Nicholls and Alex Murdock eds., *Social Innovation: Blurring Boundaries to Reconfigure Markets*, Basingstoke, Hampshire: Palgrave Macmillan.

Nassif, André [2007] "National Innovation System and Macroeconomic Policies: Brazil and India in Comparative Perspective," *UNCTAD Discussion Paper*, No. 184.

Nelson, Richard ed. [1993] *National Innovation Systems. A Comparative Analysis,* New York/Oxford:

Oxford University Press.

Piore, Michael and Charles Sabel [1986] *The second Industrial Divide: Possibilities for Prosperity*, New York: Basic Books. （山之内靖・永易浩二・石田あつみ訳『第二の産業分水嶺』筑摩書房，1993年）

Porter, Michael [1998] "Clusters and the New Economics of Competition," *Harvard Business Review*, November-December.

Rasmussen, Jesper, Hubert Schmitz and Meine Pieter van Dijk eds. [1992] *IDS Bulletin* (Special Edition on Flexible Specialization: A New View on Small Industry?), Vol. 23, No. 3, July.

Rattner, Henrique [1988] *Política industrial: um projeto social*, São Paulo: Brasiliense.

Rey de Marulanda, Nohra and Francisco B. Tancredi [2010] *From Social Innovation to Public Policy: Success Stories in Latin America and the Caribbean*, Santiago: ECLAC.

Schmitz, Hubert and Peter Knorringa [2000] "Learning from Global Buyers," *The Journal of Development Studies*, No. 37, No. 2, December.

Späth, Brigitte [1994] "Implications of Industrial Districts for Upgrading Small Firms in Developing Countries," *Technological Dynamism in Industrial Districts: An Alternative Approach to Industrialization in Developing Countries*, Geneva: UNCTAD.

Suzigan, Wilson and João Furtado [2006] "Industrial Policy and Development," *CEPAL Review*, No. 89, August.

Tatsch, Ana Lúcia, Janaina Ruffoni e Vanessa de Souza Batisti [2010] "Trajetória, análise e diretrizes para a política de apoio a arranjos produtivos locais no Rio Grande do Sul," em Campos e outros [2010].

Tiffin, Scot and Isabel Bortagaray [2008] "Fostering Innovation: Technological Innovation in Urban Clusters," in Jerry Haar and John Price eds., *Can Latin America Compete?: Confronting the Challenges of Globalization*, New York: Palgrave Macmillan.

UNICA (União da Indústria de Cana-de Açúcar) [2011] *Sustainability Report 2010*, São Paulo: UNICA.

ウォーラーステイン，イマニュエル [1985] 川北稔訳『史的システムとしての資本主義』岩波書店（原著：1983年）

小池洋一 [1997]「中小企業の組織化と政府の見える手」，小池洋一・西島章次編『市場と政府 -』アジア経済研究所。

小池洋一 [2002]「ブラジル：グローバル化と企業の競争戦略」，星野妙子編『発展途上国の企業とグローバリゼーション』アジア経済研究所。

小池洋一 [2009]「資源を軸にした産業コンプレックス」，『資源国ブラジルと日本の対応』日本経済調査協議会。

小池洋一 [2013]「ブラジルのバイオ・エネルギー政策と社会的包摂」，『立命館経済学』61巻5号，1月。

鈴木美和子［2013］「ブラジル：デザインと工芸の融合」,『文化資本としてのデザイン活動——ラテンアメリカ諸国の新潮流』水曜社。
田中祐二［2010］「ブラジル航空機産業の公共性——航空機製造企業エンブラエル社のクラスター形成と企業の社会的責任」,田中祐二・小池洋一編『地域産業はよみがえるか——ラテンアメリカの産業クラスターに学ぶ』新評論。
ポーター, マイケル・E.［1985］土岐坤・中辻萬治・小野寺武夫訳『競争優位の戦略——いかに高業績を持続させるか』ダイヤモンド社。

◎第6章

ABC Metalworkers Union-CUT and Subsection of DIEESE [1997] "Brazilian Automotive Industry: Main Information," São Paulo.

Amadeo, Edwardo J. [1996] "Negociações coletivas e desempenho do mercado de trabalho," in Rogerio Valle e Achim Wachendorfer coords., *Mercado de trabalho e politica industrial: obstáculos instituicionais à produtividade*, São Paulo:Macro Zero.

Amadeo, Edwardo J. e José Márcio Camargo [1996] "Instituições e o mercado de trabalho," in José Márcio Camargo org., *Flexibilidade do mercado de trabalho no Brasil*, Rio de Janeiro: Fundação Getúlio Vargas.

Amadeo, Edward J., João Carlos Scandiuzzi e Valéria Pero [1996] "Ajuste empresarial, emprego e terceilização," *Revista de Economia Politica*, Vol. 16, No. 1 (61), janerio-março.

Bonelli, Regis e Renato Fonseca [1998] "Produtividade, salários e emprego na indústria brasileira: uma avaliação da evolução recente," *Notas sobre o Mercado de Trabalho (IPEA)*, No. 3, julho.

Cacciamali, Maria Cristina e Lindemberg de Lima Bezerra [1997] "Produtividade e emprego no Brasil," *Revista Brasileira de Economia*, Vol. 51, No. 1, jan./mar.

Camargo, José Márcio and Edwardo J. Amadeo [1993] "Labour Legislation and Institutional Aspects of the Brazilian Labour Market," in *Reestructuración y regulatión institucional del mercado de trabajo en América Latina*, Geneva:International Institute for Labour Studies.

CNI (Confederação Nacional de Indústrias) [1998] "Um novo contrato de trabalho," *Revista de CNI*, fevereiro.

DIEESE [1997] "Encargos sociais:conceitos, magnitude a reflexos no emprego," *Pesquisa DIEESE*, No. 12.

Flury, Afonso and John Humphrey [1992] "Human Resources and the Diffusion and Adaptation of the New Quality Methods in Brazilian Manufacturing," *IDS Research Report*, No. 4, Brighton: Institute of Development Studies.

Giambiagi, Fabio e outros [2005] *Economia brasileira comtemporânea (1945-2004)*, Editora Campus.

IDB (Inter-American Development Bank) [1997] *Economic and Social Progress in Latin America 1997*, Washington D.C.: IDB.

Kassouf, Ana Lúcia, Alexandra Nunes de Almeida, Rosangela Maria Pontili e Ferro Andrea Rodrigues ［2004］ *Análise das políticas e programas sociais no Brasil*, Brasília: Organização Internacional do Trabalho.

Mercado de Trabalho ［1998］ *Conjuntura e Análise*, No. 8.

MTB （Ministério de Trabalho e Emprego）［1998a］ *Emprego no Brasil: diagnóstico e políticas*, Brasília.

MTB ［1998b］ "Mercado de trabalho brasileiro" (exposição na Cámara de Deputado), 14 de maio.

MTB ［1998c］ "Nova modalidade de contrato por prazo determinado e banco de horas," Brasília.

Pastore, José ［1998］ "Trabalho temporário e jornada flexível," *O Estado de São Paulo*, 20 de janeiro.

Pastore, José e Hélio Zylberstajn ［1988］ *A administração do conflito trabalhalisto no Brasil*, 3° edição, São Paulo: IPE-USP.

Pastore, José e Hélio Zylberstajn ［1994］ *Flexibilização e contratação coletiva*, São Paulo: Ltr.

Pastore, José e Hélio Zylberstajn ［1996］ "Batalha dos encargos sociais," *Folha de São Paulo*, 28 de fevereiro.

Sengenberger, Werner and Frank Pyke ［1992］ "Industrial District and Local Economic Regeneration," in Pyke, Frank and Werner Sengenberger eds., *Industrial District and Local Economic Regeneration*, Geneva: International Institute for Labour Studies.

Simão, Anna Rosa Alux ［2009］ "Sistema de vigilância e fiscalização do trabalho no Brasil: efeitos sobre a expansão do emprego formal no período 1999-2007," *Mercado de Trabalho*, No. 39, maio.

Siqueira Neto, José Francisco ［1997］ "Contrato coletivo de trabalho no Brasil," in Carlos Afonso de Oliveira, Jorge Eduardo Mattoso e José Francisco Siqueira Neto orgs., *O mundo de trabalho: crise e mudança no final de século*, São Paulo: MTB/Cesit/Scritta.

Varsano, Ricardo ［1997］ "A guerra fiscal do ICMS: quem ganha e quem perde," *Texto para discussão* (*IPEA*), No. 500.

World Economic Forum ［各年］ *The Global Competitiveness Report*, Geneva.

小池洋一［1991］『ブラジルの企業——構造と行動』アジア経済研究所。

小池洋一［1996］「ブラジルの経済自由化と企業の革新行動」，星野妙子編『ラテンアメリカの企業と産業発展』アジア経済研究所。

小池洋一［1998a］「ブラジル——産業発展と社会的包摂」，岡田亜弥・山田肖子・吉田和浩編『産業スキルディベロプメント——グローバル化と途上国の人材育成』日本評論社。

小池洋一［1998b］「地域統合と多国籍企業——メルコスルの自動車産業政策と企業行動」，浜口伸明編『ラテンアメリカの国際化と地域統合』アジア経済研究所。

篠田武司［1994］「EUと社会政策」，『立命館産業社会論集』30巻1号，6月。

篠田武司［1997］「新自由主義ともう一つの『蓄積戦略』——自己求心的な開発」，小池洋一・西島章次編『市場と政府』アジア経済研究所。

田幡博邦［1998］「生産方式の変化と労使関係——グローバル化への対応」，東京大学社会

科学研究所編『20世紀システム5 国家の多様性と市場』東京大学出版会。
矢谷通朗［1998］「新自由主義下のラテンアメリカと政治の課題」,『ラテンアメリカ・レポート』15巻2号, 6月。

◎第7章

Bhalla, Ajit S. and Frédéric Lapeyre［2004］*Poverty and Exclusion in a Global World*, 2nd edition, Palgrave Macmillan（福原宏幸・中村健吾監訳『グローバル化と社会的排除——貧困と社会問題への新しいアプローチ』昭和堂, 2005年）。

Borsdorf, Axel and Rodrigo Hidalgo［2010］"From Polarization to Fragmentation: Recent Changes in Latin America Urbanization," in Lindert Paul van and OttoVerkoren eds., *Decentralized Development in Latin America: Experiences in Local Governance and Local Development*, Springer-Verlag.

Evans, Peter［1996］"Government Action, Social Capital and Development: Reviewing the Evidence on Synergy," *World Development*, 24（6）.

Figueiredo de Albuquerque, Aline［2007］"A questão habitacional em Curitiba: o enigma da "cidade-modelo," Dissetação apresentada à Faculdade de Arquitetura e Unbanismo da Universidade de São Paulo.

IPARDES（Instituto Paranaense de Desenvolvimento Econômico e Socia）［2005］*Anuário estatístico do Estado do Paraná 2005*.

IPARDES［2013］*Caderno estatístico Município de Curitiba*, setembro.

IPPUC（Instituto de Pesquisa e Planajemanto Urbana de Curitiba）［2008a］*Planos setoriais: relatório 2008*.

IPPUC［2008b］*Plano municipal de habitação e de habitação de interesse social*.

IPPUC［2009］*Curitiba em Dados*.

Irazábal, Clara［2006］"Localizing Urban Design Traditions: Gated and Edge Cities in Curitiba," *Journal of Urban Design*, Vol. 11, No. 1, February.

Lerner, Jaime［2005］中村ひとし・服部圭郎共訳『都市の鍼治療——元クリチバ市長の都市再生術』丸善。

Mckibben, Bill［1995］"Curitiba," in *Hope, Human and Wild*, Boston: Little Brown.

Moore, Steven A.［2007］*Alternative Routes to the Sustainable City: Austin, Curitiba, and Frankfurt*, Lanham, MA: Lexington Books.

MTD（Movimento Nacional pelo Direito ao Transporte）［2009］"Mobilidade urbana e inclusão social," Brasília.

Perotto, Maíra Botelho［2010］"A promoção da alimentação saudável: experiência da Secretária Municipal de Abastecimento de Curitiba," Conselho Regional de Nutrionistas 8 região, Paraná.

Porto, Dora［2002］"Programa Mãe Curitibana," in Barboza, Hélio Batista e Peter Spink, orgs., *20*

Experiências de gestão pública e cidadania, Fudação Getúlio Vargas.
Prefeitura Municipal de Curitiba［2010］"Programa Mãe Curitibana."
Schwartz, Hugh［2004］*Urban Renewal, Municipal Revitalization: The Case of Curitiba, Brazil*, Alexandria, VA.
服部圭郎［2004］『人間都市クリチバ――環境・交通・福祉・土地利用を統合したまちづくり』学芸出版社。
中村ひとし［1997］「特徴あるクリチバの交通システム――バスを最大限利用した都市内交通」,『GEE Monthly Global Net』
中村ひとし［2010］「人間の生活を中心に据えた都市計画――環境都市クリチーバの取り組み」,篠田武司・宇佐見耕一編『安心社会を創る――ラテン・アメリカ市民社会の挑戦に学ぶ』新評論。
幡谷則子［1999］『ラテンアメリカの都市化と住民組織』古今書院。
福島義和［1998］「エコシティ・クリチバの都市計画」,『ラテンアメリカ・レポート』15巻1号。
福原宏幸編［2007］『社会的排除／包摂と社会政策』法律文化社。
ホーケン,ポール,ロビンズ,エイモリー・B,ロビンズ,L・ハンター［2001］佐和隆光監訳／小幡すぎ子訳『自然資本の経済――「成長の限界」を突破する新産業革命』日本経済新聞出版社。
山崎圭一［2011］「地方分権化と課題」,西島章次・小池洋一編『現代ブラジル経済論』ミネルヴァ書房。

【ウェブサイト】
クリチバ市政府（Prefeitura Municipal de Curitiba）www.curitiba.pr.gov.br/
クリチバ都市計画研究所
　　（Instituto de Pesquisa e Planejamento Urbana de Curitiba: IPPUC）www.ippuc.org.br/ippucweb/sasi/home/
クリチバ開発公社
　　（Agência Curitiba de Desenvolvimento S/A）www.agencia.curitiba.pr.gov.br/publico/conteudo.aspx?codigo=40
クリチバ都市公社
　　（Urbanização de Curitiba S/A: URBS）www.urbs.curitiba.pr.gov.br/PORTAL/
クリチバ大衆住宅公社
　　（Companhia de Habitação:Popular de Curitiba: COHAB:）www.cohabct.com.br/
社会活動財団（Fundação de Ação Social: FAS）www.fas.curitiba.pr.gov.br/
パラナ経済社会開発研究所
　　（Instituto Paranaense de Desenvolvimento Econômico e Social: IPARDES）www.ipardes.gov.br

人名索引

アナニアス（Ananias, Patrus）　62
ヴァルガス（Vargas, Getúlio）　55, 88
内橋克人　25
エヴァンス（Evance, Peter）　19, 48, 49
金子勝　34
柄谷行人　33-34
カルドーゾ（Cardoso, Fernando H.）　25, 27, 28,
　29, 32, 38, 39, 45, 54, 108, 114, 128, 137, 138,
　160, 165, 175, 178, 185, 208
ギデンズ（Giddens, Anthony）　27
コロール（Collor de Mello, Fernando）　29, 136
ジェソップ（Jessop, Bob）　27
ジェンロ（Genro, Tarso F. H.）　50, 59
シンジェル（Singer, Paul）　80, 81, 82
ソウザ（Souza, Herbert José de）　117
ドゥトラ（Dutra, Olívio）　59, 146
バイオッシ（Baiocci, Gianpaolo）　50
パストーレ（Pastore, José）　176, 177, 179
ブレア（Blair, Tony）　4, 27
ブレッセル・ペレイラ（Bresser Pereira, Luiz
　Carlos）　25-27, 45
ポーター（Porter, Michael）　142, 148
ルセフ（Rousseff, Dilma V.）　41, 138
ルーラ（Lula da Silva, Luiz Inácio）　3, 38, 40, 42,
　45, 79, 80, 137-138, 153, 165, 175, 182, 185
レルネル（Lerner, Jaime）　188, 192, 199, 200,
　206, 210-211, 212,
ワンプラー（Wampler, Brian）　50, 56, 57

事項索引

＊本書の主題である社会自由主義国家のほか，国家改革，市民社会，社会的公正，経済自由化など，本書全体を通じて頻出する語は省いた。

ア行

愛情あるブラジル計画　41
アグリビジネス　150
アグロインダストリー　144, 157
アグロエネルギー　150, 151
　国家アグロエネルギー計画（PNA）　151
アソシエーション　24, 29, 31, 54, 82, 85, 90

イノベーション　4, 36-37, 45, 132-134, 135, 136, 137, 138, 139, 142, 156-157, 186
　イノベーション法　138
　国家イノベーション・システム（NSI）　37, 132, 133-134, 156
　地域イノベーション・システム（LSI）　37, 139, 142
　社会的イノベーション　37, 109, 133, 151-155, 156, 157
インキュベータ　79, 80, 96, 97

エージェンシー問題　19, 53, 72
エートス研究所→企業エートス社会的責任研究所
エンブラエル（EMBRAER）　134, 149-150

オランダ病　23

カ行

外注化　26, 169, 170, 172-173
開発権移転制度（TDR）　196
開発のためのロードマップ　138
回復企業→労働者自主管理企業
科学技術革新省（MCT）　135
学習する地域　142
家族支援プログラム（PBF，ボルサファミリア）　40, 41
学校審議会（CE）　39
カリタス　78
環境犯罪法　31, 127
間接民主主義　4, 28, 30, 53, 60, 72

飢餓ゼロ・プログラム　40
期間フレックス・タイム制　179
企業エートス社会的責任研究所（エートス研究所）　115, 117, 125
企業社会開発研究財団（FIDES）　115
企業統治（論）　110, 111, 112, 126
企業の社会貢献活動　32, 108, 109, 115, 122-124, 126, 127
企業の社会的責任（CSR）　17, 31-32, 35-36, 45,

232

103, 106-129
企業の社会的統治　107, 108, 110, 112-113, 120, 122, 127, 128-129
教育の方針と基礎に関する法律（LDB）　39
強化された参加型統治　50
共生経済　25
協同組合　4, 17, 24, 31, 33, 34, 82, 85, 88-89, 90
　民衆協同組合　76, 89
共同統治　30, 48, 49, 50, 72, 213
キリスト教経営者協会（ADCE）　114
勤続年限保障基金（FGTS）　163-164, 176, 178

グッド・ガバナンス（良き統治）　33, 48, 52, 54, 73
組合国家体制　55, 127, 161
クライエンテリズム（恩顧主義）　18, 48, 53, 55, 56, 68
クリチバ工業都市（CIC）　200-202
クリチバ都市計画研究所（IPPUC）　192
クリチバ都市公社（URBS）　194, 196
クリチバ民衆住宅公社（COHAB）　198, 199
グローバル・レポーティング・イニシアティブ（GRI）　117

経済社会開発審議会（CDES）　43
経済力濫用禁止法　31, 127
ケインズ主義　16, 22
研究開発（R&D）支出　37, 139, 140, 156
研究プロジェクト金融支援機構（FINEP）　97, 103, 135

交換クラブ　31, 76, 82
公共化　26
公共交通（システム）　192-197
国民投票　4, 53
国立経済開発銀行（BNDE）　135
国立経済社会開発銀行（BNDES）　99, 121, 135, 137, 144, 145
国立職業訓練所（SENAI）　127, 145
国連グローバル・コンパクト（GC）　32, 35, 116, 118
国家改革のマスタープラン　28
国家科学技術委員会（CNPq）　134
国家科学技術開発基金（FNDCT）　135
国家科学技術・革新計画　144
国家公正・連帯取引システム（SCJS）　94, 99, 100
国家電力庁（ANEEL）　29-30
国家能力開発計画（PNQ）　165-166
国家（政府）の失敗　2, 16, 18-19
国家民衆協同組合インキュベータ・プログラム（PRONINC）　97, 100
国家連帯経済基金（FNAES）　101-102
国家連帯経済局（SENAES）　31, 80-82, 94, 97, 98, 103
国家連帯経済審議会（CNES）　81, 94
国家労働者能力開発計画（PLANFOR）　165
コミュニティバンク　76, 91-93, 99
雇用・所得創造プログラム（PROGERO）　165
雇用のインフォーマル化（非正規化）　24, 38, 114, 160, 168, 171-172, 184
雇用のグリーンフィールドへの移動　168, 173-

事項索引　233

174

サ行

再生可能エネルギー開発　109, 138
最低賃金の引き上げ　42, 43
財政責任法　4, 29, 54
参加型開発　48
参加型予算　4, 17, 29, 30, 33, 45, 59-74
　参加型予算審議会（COP）　59, 60, 61
　参加型予算ブラジル・ネットワーク　51
　管理された参加型予算（ベロオリゾンテ）
　　50, 62-67, 71, 72
　住民の熟議による参加型予算（ポルトアレグレ）　49, 58-62
産業・技術・貿易政策（PITCE）　138, 149
産業・貿易政策（PICE）　137
産業クラスター／産業集積　37, 38, 139, 141-143, 150, 156
産業地区　141, 142
サンパウロ州研究支援財団（FAPESP）　136
サンパウロ州工業連盟（FIESP）　123, 124, 125
サンパウロ証券・商品・先物取引所（BM & BOVESPA）　32, 118

市場の失敗　16, 22, 23
失業保険（制度）　43, 164-165
　失業保険プログラム　164, 165
失業率　23, 24, 124, 168-169
児童・青年統合プログラム（PIA）　206
資本市場法　126
社会会計　32, 35, 114, 115, 117, 118, 119, 124, 126, 127-128
社会活動財団（FAS）　194, 208
社会環境証券取引所（BVSA）　32, 118-120
社会技術　94, 97, 152
　社会技術研究所（ITS BRASIL）　152
　社会技術ネットワーク（RTS）　94, 97
社会資本　30, 49, 52, 53, 62, 68, 72
社会住宅特別セクター（SEHIS）　199, 208
社会組織（OS）　4, 26, 32, 94, 119
社会通貨　92
社会的責任指標　115
社会的責任投資（SRI）　120-121
社会的ダーウィニズム　24
社会的デザイン　154-155
社会的排除　31, 53, 56, 58, 71, 81, 133, 188, 192
社会的負担　172, 176-178, 179, 185
社会的包摂　71, 82, 96, 114, 156, 188, 189, 196, 202, 204, 208-209, 210, 212, 213
社会投資国家　27
柔軟な分業　141
住民組織　54, 55
熟議開発　49
条件付現金給付（CCT）　41
消費者保護法　31, 127
所得主導戦略　42
新市場　120-121
人民発議　53, 100
新自由主義（―政策，―改革）　4, 16, 22, 23, 24, 31, 38, 48, 76, 106, 114, 137, 160, 184, 203

ステークホルダー・カンパニー　110

ストライキ　162-163, 164, 181, 183

税減免戦争　173
生産開発政策　144
生産チェーン　37, 98, 148-151, 153, 156, 157
　　生産チェーン競争力フォーラム　149
生産発展政策（PDP）　138
制度的厚み　142
世界社会フォーラム（FSM）　76, 80
責任消費　101
積極的福祉国家　27
1988年憲法　28, 31, 53, 100, 126, 164, 165, 166, 172, 182
全国自主管理企業・株式参加労働者連盟（ANTEAG）　79, 90, 94, 98
全国奨学金プログラム（ボルサエスコーラ）　39

ゾーニング　195, 198

タ行

大学間民衆協同組合技術インキュベータ・ネットワーク（Rede ITCP）　96, 97
大学間労働研究ネットワーク　96
第三イタリア　141, 142
第三セクター　24, 25, 30, 76, 77
第三の道　4, 27
大ブラジル計画（PBM）　139
多元的経済（社会）制度　5, 25, 76, 77, 102, 103
団体交渉（制度）　162, 175, 179, 180-181

地域生産アレンジメント（APLs）　141, 142- 147, 149, 153, 156
知識の灯台　201, 207
知識労働　168, 174
中央統一労働組合（CUT）　79
直接民主主義　28, 30, 53, 59, 72

討議民主主義　33
統合交通ネットワーク（RIT）　194, 196
統合労働法（CLT）　38, 126, 161-163, 166-168, 176, 182, 184, 185
都市法典　29, 54
土地なし農民運動（MST）　79

ハ行

バイオエネルギー　151, 153-154, 157
　　社会燃料認証（SCS）制度　153-154
　　国家アルコール計画　153
　　国家バイオ・ディーゼル計画（PNPB）　153
母親プログラム　207
バリューチェーン（論）　148
　　グローバル・バリューチェーン（GVC）（論）　148-149
パルマス銀行　91-93

東アジアの奇跡　22
悲惨なきブラジル計画　41

ファベーラ対策　198-200, 208
フェアトレード（公正取引）　37, 76, 94, 98, 101
ブラジルNGO協会（ABONG）　128
ブラジル銀行（BB）　97, 99

事項索引　235

ブラジル社会経済分析研究所（IBASE）　117,
　　125
ブラジル消費者保護研究所（IDEC）　128
ブラジル・デザイン・プログラム（PBD）　155
ブラジル年金基金協会（ABRAPP）　121
ブラジル農牧公社（EMBRAPA）　135, 145
ブラジル品質・生産性研究所（IBQP）　152
ブラジル連帯経済フォーラム（FBES）　81, 94,
　　100

ポピュリズム　53, 55, 56

マ行

マイクロクレジット（小額融資）　31, 76, 92, 99
　　国家生産マイクロクレジット・プログラム
　　（PNMPO）　99

緑の交換プログラム　205, 212
民衆住宅　200
民衆生産信用プログラム（PCPP）　99

ヤ行

有期雇用制度　38, 178-179, 180, 185
輸入代替工業化　4, 18, 19, 20, 134

要塞都市　203-204

ラ行

ラディカル・デモクラシー　33

隣人組織　55

倫理コード　124, 126
倫理・連帯取引フォーラム（Faces do Brasil）
　　94, 98

レアル・プラン　23, 25,
レイオフ（一時的雇用）制度　38, 179-180
零細中小企業支援サービス（SEBRAE）　143,
　　145, 155
連帯経済　4, 17, 30-31, 33, 45, 76-103, 154
　　連帯経済基本法（案）　31, 99-102
　　連帯経済支援組織（EAF）　81, 83, 84, 94-95
　　連帯経済事業体（EES）　81, 83, 84, 85-87, 101
　　連帯経済情報システム（SIES）　81, 83, 84, 90
連帯協同組合・事業センター（UNISOL）　79
レント・シーキング（特殊利益追求）　4, 18

労使関係の柔軟化　38, 160-161, 175, 176, 178-
　　179, 184-185
労働基準監督　182, 184
労働組合　31, 38, 125, 162, 164, 167, 173, 176,
　　180-182, 183, 184, 186
労働雇用省（MTE）　31, 97, 182
労働裁判（所）　162, 181
労働者支援基金（FAT）　99, 102, 165, 180
労働者自主管理企業（回復企業）　4, 17, 24, 31,
　　76, 79, 82, 89-91, 103
労働者党（PT）　50, 51, 54, 55-56, 59, 62, 72, 76,
　　127

ワ行

私の家，私の生活プログラム　43

【略号一覧】

ABONG：ブラジルNGO協会
ABRAPP：ブラジル年金基金協会
ADCE：キリスト教経営者協会
APLs：地域生産アレンジメント
ANEEL：国家電力庁
ANTEAG：全国自主管理企業・株式参加労働者連盟
BB：ブラジル銀行
BM & BOVESPA：サンパウロ証券・商品・先物取引所
BNDE：国立経済開発銀行
BNDES：国立経済社会開発銀行
BVSA：社会環境証券取引所
CCT：条件付現金給付
CDES：経済社会開発審議会
CE：学校審議会
CIC：クリチバ工業都市
CLT：統合労働法
CNES：国家連帯経済審議会
CNPq：国家科学技術委員会
COP：参加型予算審議会
CSR：企業の社会的責任
EAF：連帯経済支援組織
EES：連帯経済事業体
EMBRAER：エンブラエル
EMBRAPA：ブラジル農牧公社
Faces do Brasil：倫理・連帯取引フォーラム
FAPESP：サンパウロ州研究支援財団
FAS：社会活動財団
FAT：労働者強化基金
FBES：ブラジル連帯経済フォーラム
FGTS：勤続年限保障基金
FIDES：企業社会開発研究財団
FIESP：サンパウロ州工業連盟
FINEP：研究プロジェクト金融支援機構

FNAES：国家連帯経済基金
FNDCT：国家科学技術開発基金
FSM：世界社会フォーラム
GC：グローバル・コンパクト
GRI：グローバル・レポーティング・イニシアティブ
GVC：グローバル・バリューチェーン
IBASE：ブラジル社会経済分析研究所
IBQP：ブラジル品質・生産性研究所
IDEC：ブラジル消費者保護研究所
IPPUC：クリチバ都市計画研究所
ITS BRASIL：社会技術研究所
LDB：教育の方針と基礎に関する法律
LSI：地域イノベーション・システム
MCT：科学技術革新省
MST：土地なし農民運動
MTE：労働雇用省
NSI：国家イノベーション・システム
OS：社会組織
PBD：ブラジル・デザイン・プログラム
PBF：家族支援プログラム
PBM：大ブラジル計画
PCPP：民衆生産信用プログラム
PDP：生産発展政策
PIA：児童・青年統合プログラム
PICE：産業・貿易政策
PITCE：産業技術貿易政策
PLANFOR：国家労働者能力開発計画
PNA：国家アグロエネルギー計画
PNPB：国家バイオ・ディーゼル計画
PNMPO：国家生産マイクロクレジット・プログラム
PNQ：国家能力開発計画
PROGERO：雇用・所得創造プログラム
PRONINC：国家民衆協同組合インキュベータ・

プログラム
PT：労働者党
Rede ITCP：大学間民衆協同組合技術インキュベータ・ネットワーク
RIT：統合交通ネットワーク
RTS：社会技術ネットワーク
SCJS：国家公正・連帯取引システム

SEBRAE：零細中小企業支援サービス
SEHIS：社会住宅特別セクター
SENAES：国家連帯経済局
SENAI：国立職業訓練所
SIES：連帯経済情報システム
TDR：開発権移転制度
UNISOL：連帯協同組合・事業センター

著者紹介

小池洋一（こいけよういち）

1948年埼玉県生まれ。立命館大学経済学部教授。
専門は開発研究および地域研究（ラテンアメリカ）。
立教大学経済学部卒業。アジア経済研究所研究員，同地域研究第二部長，サンパウロ大学経済研究所客員教授，英国開発研究所（IDS）客員研究員，拓殖大学開発学部教授などを経て現職。
主な著作に『市場と政府——ラテンアメリカの新たな開発枠組み』（共編著，アジア経済研究所，1997年），『アマゾン——保全と開発』（共著，朝倉書店，2005年），『地域経済はよみがえるか——ラテンアメリカの産業クラスターに学ぶ』（共編著，新評論，2010年），『現代ラテンアメリカ経済論』（共編著，ミネルヴァ書房，2011年）など。

社会自由主義国家
ブラジルの「第三の道」

2014年3月31日　初版第1刷発行

著　者　小　池　洋　一

発行者　武　市　一　幸

発行所　株式会社　新　評　論

〒169-0051　東京都新宿区西早稲田3-16-28
http://www.shinhyoron.co.jp
電話　03（3202）7391
FAX　03（3202）5832
振替　00160-1-113487

落丁・乱丁本はお取り替えします
定価はカバーに表示してあります

印刷　神谷印刷
製本　日進堂製本
装訂　山田英春

© 小池洋一　2014
ISBN978-4-7948-0966-7
Printed in Japan

JCOPY　〈(社)出版者著作権管理機構　委託出版物〉

本書の無断複写は著作権法上での例外を除き禁じられています。複写される場合は，そのつど事前に，(社)出版者著作権管理機構（電話 03-3513-6969，FAX 03-3513-6979，E-mail: info@jcopy.or.jp）の許諾を得てください。

好評既刊

内橋克人・佐野　誠 編　　　シリーズ〈「失われた10年」を超えて〉❶
ラテン・アメリカは警告する
「構造改革」日本の未来

日本の知性・内橋克人と第一線の中南米研究者による注目の共同作業，第一弾！中南米の経験を軸に日本型新自由主義を乗り越える戦略的議論を提示。

四六上製　355頁　2600円　ISBN4-7948-0643-4

田中祐二・小池洋一 編　　　シリーズ〈「失われた10年」を超えて〉❷
地域経済はよみがえるか
ラテン・アメリカの産業クラスターに学ぶ

多様な資源，市民・行政・企業の連携，厚みある産業集積を軸に果敢に地域再生をめざす中南米の経験に，現代日本経済への示唆を探る。

四六上製　432頁　3300円　ISBN978-4-7948-0853-0

篠田武司・宇佐見耕一 編　　　シリーズ〈「失われた10年」を超えて〉❸
安心社会を創る
ラテン・アメリカ市民社会の挑戦に学ぶ

新自由主義によって損なわれた社会的紐帯を再構築しようとする中南米の人々の民衆主体の多彩な取り組みに，連帯と信頼の社会像を学びとる。

四六上製　320頁　2600円　ISBN978-4-7948-0775-5

佐野　誠
もうひとつの「失われた10年」を超えて
原点としてのラテン・アメリカ

「新自由主義サイクル」の罠に陥り迷走を続ける現代日本。その危機の由来と解決の指針を，70年代以降の中南米の極限的な経験に読みとる。

A5上製　304頁　3100円　ISBN978-4-7948-0791-5

佐野　誠
99％のための経済学【教養編】
誰もが共生できる社会へ

脱・新自由主義を掲げ続ける「いのち」と「生」のための経済学。震災後に開始した問題提起のブログ『共生経済学を創発する』を再編集。

四六並製　216頁　1800円　ISBN978-4-7948-0920-9

佐野　誠
99％のための経済学【理論編】
「新自由主義サイクル」，TPP，所得再分配，「共生経済社会」

閉塞する日本の政治経済循環構造をいかに打ち破るか。共生のための「市民革命」のありかを鮮やかに描いた【教養編】の理論的支柱。

四六上製　176頁　2200円　ISBN978-4-7948-0929-2

＊表示価格はすべて税抜本体価格です